中国共产党与大革命丛书

农民运动的摇篮

广州农民运动讲习所

吴九占 孟凤英等 著

中央文献出版社

《中国共产党与大革命丛书》编委会

（按姓氏笔画排序）

主　　任：徐咏虹
丛书顾问：李　蓉　　陈金龙　　曾庆榴　　薛庆超
执行主编：曾伟玉
编　　委：王金锋　　龙观华　　邢照华　　沈成飞　　张龙平
　　　　　吴九占　　杨　霖　　林雄辉　　郭德焱　　莫岳云
　　　　　梅声洪
编　　务：左　丽　　向宁陵　　吴　晴　　潘晓东

序 一

云山珠水，英雄花开。被誉为"千年商都"的广州，是一座富有革命传统的英雄城市。三元里人民抗英揭开了近代中国人民反帝爱国斗争的序幕，康有为创办万木草堂推动维新变法，孙中山先后三次在广州建立革命政权，中国近代史上一系列具有重大影响的历史事件都与广州密不可分。第一、二、三次全国劳动大会旧址、中国社会主义青年团第一次全国代表大会旧址、中华全国总工会旧址、中共三大旧址、农民运动讲习所旧址、黄埔军校旧址、中共广东区委旧址、省港罢工委员会旧址、广州起义旧址等红色遗迹遗址，遍布广州各个角落。大革命时期，随着国共合作统一战线的建立，广州成为大革命的策源地和中心，发挥了举足轻重的作用，在党的历史和中国近现代历史上留下了浓墨重彩的一笔，成为近代以来中国历史舞台上的璀璨明珠。

广州成为大革命的策源地和中心不是偶然的，有着深厚的历史背景。近代以来，广州作为中西文化交流的重要津梁，是中国与东西方文化交流的重要窗口，多种文化在广州交流融合，织成绚丽多彩的画面，使广州"得风气之先"，富有敢为天下先的革命精神。由于孙中山长期以广州作为革命基地，广州的思想氛围和政治环境比较宽松，成为各种进步势力集聚之地，成为中国近代政治、思想、文化的先导之区。鸦片战争后，随着资本主义经济的发展，广州出现了现代意义上的工人阶级和工会组织，工人阶级的力量不断发展增长，并积极参与政治活动与抗争。

1919年，五四运动席卷全国。广州的五四运动不仅响应时间早、持续时间长，而且得到了学生、商人、工人、党政军人士等社会各界的广泛参与和支持，举行了声势浩大的集会、游行示威活动和大规模的抵制日货运动。五四新文化运动推动了思想解放，一大批先进知识分子在运动中崭露头角，开始探求救国救民的道路，为马克思主义在广州的传播创造了有利条件。《新青年》南迁广州和《广东群报》的创办，有力地推动了马克思主义在广东的传播。随着马克思主义的传播和反对无政府主义论战的展开，特别是在陈独秀的推动下，以谭平山、谭植棠等为代表的一批具有初步共产主义思想的知识分子，开始在广州建立党组织，广州也成为全国最早成立党组织的六个地区之一。在他们的努力下，广东以多种形式培训革命骨干，积极组织工人运动，参与指导香港海员大罢工，并协助召开中国社会主义青年团第一次全国代表大会，为广州成为大革命策源地和中心奠定了重要基础。

统一战线局面的形成是广州成为大革命策源地和中心的重要前提。1923年6月，中共中央机关南迁广州，中共三大也随之在广州召开。这是中国共产党在广州召开的唯一一次党的全国代表大会。这次会议上，中国共产党正式确立以党内合作形式同国民党建立统一战线的策略，开启了统一战线的先河。同时，中共三大对中国革命相关理论、党的建设等问题进行了积极探索，取得了积极的理论成果，为大革命的顺利进行奠定了理论基础。而孙中山在经历多次失败之后，也认识到与中国共产党合作的必要性。在孙中山的推动下，在广州召开的国民党一大，重新解释三民主义，确定了联俄、联共、扶助农工三大政策，标志着第一次国共合作的正式形成，掀开了国民革命新的一页，推动了大革命高潮的到来。国共合作建立后，中国共产党内一大批革命家和理论家纷纷聚集广州从事革命活动，共产国际也专门派遣工作人员到广州开展工作。国际国内进步力量的汇聚，造就了广州大革命策源地和中心的历史地位。

中国共产党的坚强领导是广州成为大革命策源地和中心的重要保障。随着广州逐步成为大革命的中心，中国共产党派遣了一大批优秀共产党员到广州开展革命工作。陈独秀、李大钊、瞿秋白、毛泽东、恽代英、萧楚女等都在这一时期来到广州进行革命活动。周恩来、陈延年先后担任中共广东区委委员长（后改称书记）。张太雷、熊雄、张伯简、邓颖超等也先后来到广东工作。在中共广东区委的领导下，广东党组织自身建设不断加强，党员人数一直名列全国前茅，并建立了监察委员会，在党的建设史上具有开创性意义。中共广东区委致力于推动广东各方面的工作，大力发展工人运动、农民运动、学生运动、妇女运动，使广州作为大革命策源地和中心的地位日益巩固。同时，中共广东区委十分重视军事斗争，成立军事委员会，建立党直接领导的第一支正规武装——叶挺独立团。中共广东区委积极发动工农群众，支持东征、南讨和北伐战争，促进了广东革命根据地的巩固和统一。中共广东区委还积极维护国共合作，与国民党新老右派进行积极斗争，保证了革命形势的向前发展。

随着广州作为大革命策源地和中心地位的确立，广州成为马克思主义在中国传播的重要基地和阵地。平民书社、国光书店等发行了一大批马克思主义理论著作，如《共产党宣言》《帝国主义浅说》《唯物史观浅说》等，有力推动了马克思主义在广东的传播。中共广东区委机关刊物《人民周刊》和团广东区委机关刊物《青年周刊》《少年先锋》，在推动马克思主义传播过程中发挥了重要作用。《新青年》《中国青年》《向导》等一度迁到广州进行编辑和出版发行，发表了大量传播马克思主义的理论文章。农民运动讲习所、劳动学院、黄埔军校等也在推动马克思主义传播方面发挥了积极作用。广州还举行了规模盛大的纪念马克思、列宁、巴黎公社、十月革命等活动，以此为契机，发行纪念特号，进行公开演讲，有力推动了马克思主义在广州的传播和马克思主义的大众化。

随着广州大革命中心地位的确立，广州成为中国工人运动的指挥中心。广州作为产业工人阶级和现代工人团体出现较早的地方，工人运动一直走在全国前列。中国共产党成立后，也将工人运动作为自己的重要工作，成立中国劳动组合书记部，领导全国工人运动，并在广州设立中国劳动组合书记部南方分部，以领导华南地区的工人运动。得益于广州日益高涨的革命形势和相对稳定的政治环境，在中国共产党的领导下，第一、二、三次全国劳动大会均在广州召开，全国工人运动的领导机关——中华全国总工会也设立在广州。三次劳动大会的召开，确立了中国共产党在工人运动中的领导地位，明确了工人阶级在国民革命中的主力军作用，制定了一系列指导工人运动的方针与策略，指明了大革命时期工人运动的方向，推动了工人运动走向高潮。

随着广州革命形势的不断发展，先后爆发了香港海员大罢工、沙面工人大罢工、省港大罢工等与广州密切相关的三次工人大罢工。在中国共产党领导下，这三次大罢工都取得了最后胜利，沉重打击了帝国主义的嚣张气焰，推动了革命形势的不断发展。三次大罢工具有明显的反帝爱国主义性质，有力推动了国民革命的不断深入。特别是坚持了16个月之久的省港大罢工，如果不是发生在大革命中心的广州，是难以坚持下去的。同时，在中华全国总工会省港罢工委员会的坚强领导下，罢工工人为东征、南讨、北伐的胜利进军提供了坚实保障，也为广州成为大革命的策源地提供了重要保证。

大革命时期，广州还是农民运动的指挥中心和摇篮，推动了广东和全国农民运动的蓬勃发展。国共合作统一战线形成后，在广州成立了农民运动的领导机构，设立了农民部作为负责农民运动的领导机构，并在其下成立农民运动委员会，广州也因此成为农民运动的指挥中心，积极引导农民参加国民革命运动。随着对农民问题重要性的认识不断加深，在彭湃倡议下，创办了农民运动讲习所，培养了大批农民运动干部。农民运动讲习所将政治学习和军事训练纳入教学之中，使学员真正掌握农民运动技巧。毕业后，这些学员被派往全国各地，农民协会纷纷建立，推动了全国农民运动的迅速发展，也推动了大革命的影响遍及全国。毛泽东在主办第六届农民运动讲习所时，不断深入研究中国农民问题，发表了《中国社会各阶级的分析》《国民革命与农民运动》等文章，并主持出版《农民问题丛刊》，积极探讨农民运动理论，对农民武装、土地革命、农民同盟军等理论进行了积极探讨，为毛泽东思想的形成奠定了基础。

在国共合作的推动下，黄埔军校在广州正式创办，成为国共两党将帅的摇篮。黄埔军校的创办有力推动了大革命形势不断高涨，并从广州一隅推向全国。中国共产党选派了一批党内的优秀人才如周恩来、熊雄等担任军校教师，并选派了一批党员、团员到军校学习。为加强在军校中的工作，中国共产党在黄埔军校内设立党组织，并建立了中国青年军人联合会等组织。以共产党人为主体的政治部的形成，使黄埔军校成为大革命时期传播马克思主义的重要机构之一，发行了一批与马克思主义相关的刊物和教材，推动了一批军校学员接受马克思主义，进而加入中国共产党。随着军校的创办，以黄埔军校学生军为主力的革命军队开始形成，并在两次东征、南讨及至北伐战争中发挥了重要作用，巩固了广州作为大革命策源地的地位。同时，黄埔军校也为中国共产党培养了一批军事人才，在随后党领导的反抗国民党反动统治的革命战争中发挥了举足轻重的作用。

广州还是武装反抗国民党反动派的起义重地。四一五反革命政变后，中国共产党人积极发动武装起义。经过精心策划，1927年12月11日，广州起义爆发，建立了中国第一个城市苏维埃政权，公开打出了"工农红军"的旗号，开创了城乡配合、工农兵联合举行武装起义的先例，具有重要历史意义。广州起义和南昌起义、秋收起义一道，是我党独立领导革命战争和创建人民军队的伟大开端，在中国革命历史上谱写了光辉而悲壮的一页。

2021年是中国共产党百年华诞。为深入学习贯彻习近平总书记关于中国共产党历史的重要论述和在党史学习教育动员大会上的重要讲话精神，从党的百年伟大奋斗历程中汲取继续前进的智慧和力量，做到学史明理、学史增信、学史崇德、学史力行，中共广州市委宣传部、广州市社科联组织广州地区党史专家编写《中国共产党与大革命丛书》。本套丛书由10本构成，对中共三大与大革命时期的广州革命历史进行了系统研究，既拓展了广州革命历史研究的空间和视野，也弥补了中共党史研究的薄弱环节，彰显了广州在中国近现代历史上的地位，具有重要学术价值和现实意义。但广州作为大革命的策源地和中心，这段历史仍有进一步深化研究的必要。部分与广州早期党组织、广州和大革命关系密切的相关史料未能得到有效利用，需要研究者进一步挖掘整理，为相关研究提供文献支撑。同时，需要打造一支相对稳定的研究队伍，形成研究合力，将广州与大革命历史研究打造成具有全国影响力的研究领域，为繁荣中共党史研究作出有益贡献。

是为序。

原中共中央党史研究室主任

欧阳淞

2020年12月

序　二

一

中国早期共产主义运动起源于北方。北京大学蕴含"民主与科学"历史底蕴，经历新文化运动大潮激荡，掀起五四运动震撼中国。"十月革命一声炮响，给我们送来了马克思列宁主义。"时代潮流，浩浩荡荡，民众觉醒，惊雷滚滚。于是，李大钊振臂高呼"试看将来的环球，必是赤旗的世界"，率先高举传播和实践马克思主义的旗帜，大旗一举，应者云集，就此开始中国共产主义运动的壮丽征程。

中国共产党诞生于华东的上海和嘉兴。中国共产党第一次全国代表大会在上海的惊涛骇浪中开幕，因为会议期间密探闯入，法租界巡捕搜查，不得不转移嘉兴，在南湖红船完成全部议程。百年大党扬帆起航，红船精神乘风破浪，百年历程千磨万击，百年奋斗造就百年辉煌。

中国共产党百年历史与南方广州密不可分。从大革命洪流滚滚惊涛拍岸到改革开放把握先机再造辉煌，从国共合作的北伐战争到解放战争中国人民解放军南下广东，从广州起义高举义旗与国民党反动派生死搏杀、中国共产党第一次公开打出"红军"和"苏维埃"旗帜，到起义部队奔向海陆丰建立农村革命根据地、探索中国革命新路，从中国共产主义运动蓬勃兴起到中国特色社会主义进入新时代，广州与中国革命、建设和改革开放血肉相连，息息相关。广州既经历大江东去、千回百转，又经历九曲连环、苦难辉煌，中国革命赢得胜利，新中国广州魅力无限，改革开放广州创新发展，新时代广州续写新篇。

中国社会主义建设时期，一年一度在广州举办的"中国进出口商品交易会"（简称"广交会"）是中国历史最长、层次最高、规模最大、商品种类最全、到会客商最多、成交效果最好的综合性国际贸易盛会。各种"中国制造"琳琅满目，闻名遐迩，羡煞世界，代表着中国经济发展的最新水平。

改革开放新时期，中国共产党开辟中国特色社会主义道路，广州又成为中国面向现代化、面向世界、面向未来的重要前沿阵地之一。21世纪以来，广州在中国特色社会主义道路上高歌猛进，在中国特色社会主义新时代率先奔向小康，如今乘势而上，奋力开启社会主义现代化建设新征程。

"周虽旧邦，其命维新"，广州"苟日新，日日新，又日新"。

二

中国共产党是一个善于总结经验教训的革命政党，通过在革命实践中及时汲取经验教训，制定统一战线的战略策略。中国共产党建立后，深入开展工人运动，通过香港海员大罢工、安源路矿工人大罢工、京汉铁路工人大罢工等掀起第一次工人运动高潮。同时，广泛开展农民运动、青年运动、学生运动和妇女运动，革命形势快速发展。但是，在中国革命实践中，特别是京汉铁路工人大罢工失败、封建军阀屠杀工人领袖制造"二七惨案"，中国共产党认识到建立革命统一战线的重要性。于是，在共产国际帮助下，中国共产党西湖特别会议决定与孙中山领导的国民党实行国共合作。这次会议为中共三大确定全体党员加入国民党，建立国共合作统一战线奠定基础。会后，李大钊应孙中山邀请，率先以共产党员身份加入国民党，成为第一次国共合作第一人。随后，陈独秀、张太雷、蔡和森等中共负责人也陆续加入国民党，并帮助国民党进行改组。从此，中国革命中心开始转移到广州。

广州是中国共产党召开第三次全国代表大会正式决定实行国共合作的标志性城市。1923年6月，中国共产党第三次全国代表大会在广州举行。全国各地党组织代表及莫斯科的代表约四十人出席大会。共产国际代表马林参加会议。陈独秀主持会议并代表中央作报告。大会三项议程：一、讨论党纲草案；二、讨论同国民党建立革命统一战线问题；三、选举党的中央执行委员会。会议中心议题是讨论与国民党合作、建立革命统一战线问题。代表们就共产党员以个人身份加入国民党、建立革命统一战线问题进行了热烈讨论。大会决定接受共产国际关于中国共产党同国民党进行合作的指示，通过《中国共产党第三次全国代表大会宣言》等文件，组成新的中央执行委员会。中共三大根据马克思主义基本原则和共产国际指示，结合中国革命具体情况，在分析中国社会矛盾和明确中国革命性质基础上，统一全党认识，确定共产党员以个人身份加入国民党，与国民党进行党内合作，使党能够团结一切可能联合的力量，共同完成反帝反封建的民主革命任务。

广州是国民党召开第一次全国代表大会并决定实行国共合作的标志性城市。1923年10月，苏联代表鲍罗廷应孙中山邀请到达广州。国民党改组进入实质阶段。鲍罗廷同中共中央和青年团中央共同商议帮助国民党改组方法，决定力促孙中山召集改组会议。这项工作在鲍罗廷和中共广东组织直接推动下进行。在共产国际和中国共产党帮助下，孙中山排除重重障碍，强调学习俄国革命经验改组国民党，首先聘鲍罗廷任国民党组织教练员和政治顾问。他说：聘请鲍罗廷是为了"使之训练吾党同志。鲍君办党极有经验，望各同志牺牲自己的成见，诚意去学他的方法"。他任命廖仲恺和共产党员李大钊等五人为国民党改组委员。国民党临时中央执行委员会成立时，孙中山委任共产党人谭平山等九人为临时中央执行委员，李大钊等五人为候补中央执行委员。国民党一大召开前，中共中央和青年团中央制定党团员参加国民党一大的统一行动方针。在中国共产党推动下，孙中山对国民党进行改组，确定联俄、联共、扶助农工三大政策。国民党第一次全国代表大会在广州召开，标志着第一次国共合作正式形成。

广州是大革命风暴中心，革命大潮汹涌澎湃，洪流滚滚势不可挡，为中国共产党百年发展初步奠定基础。中共三大的召开和第一次国共合作的实现，广州以及广东和全国的工人运动逐渐恢复，风起云涌；农民运动日益兴起，轰轰烈烈；全国革命形势迅速高涨，形成以广州为中心的反对帝国主义和封建军阀的革命新局面，极大地促进了大革命高潮到来。通过第一次国共合作，建立革命统一战线，中国共产党掀起五卅运动，大革命风暴席卷全国。轰轰烈烈的工人运动和广大人民群众反帝反封建积极性空前高涨，以国共合作为基础的大革命高潮迅猛向前。中国共产党成为中国人民和中国革命坚强的领导力量。

广州是培养、锻炼、造就中国共产党重要领导人的重要基地，百年大党的重要党政军领导成员在广州奠定坚实基础。毛泽东在广州首次进入中国共产党中央领导核心，成为中国共产党中央执行委员会委员、中央局委员和中央局秘书、中央组织部部长。《中国共产党中央执行委员会组织法》规定："秘书员（负）本党内外文书及通信及开会记录之责任，并管理本党文件。""本党一切函件须由委员长及秘书签字。""执行委员会之一切会议，须由委员长与秘书召集之，附加会议之日程。"孙中山在国民党一大期间会见毛泽东，毛泽东在广州成为第一次国共合作的国民党候补中央执行委员和中央宣传部代理部长，从而成为第一次国共合作著名人物之一。毛泽东在广州撰写的《中国社会各阶级的分析》和在武汉撰写的《湖南农民运动考察报告》，标志着毛泽东思想的萌芽。刘少奇在广州奠定中国工人运动领袖地位。周恩来在广州任黄埔军校政治部主任、国民革命军第一军政治部主任和第一军副党代表等职，先后任中共广东区委员会委员长、常务委员兼军事部部长，在党的建设、统一战线、军队政治工作中崭露头角。叶剑英在广州与张太雷、叶挺等领导广州起义，任工农红军副总指挥。

中国共产党在广州通过国共合作的黄埔军校培养大批军事干部，人民军队在广州开始创建。1924年11月成立的孙中山广州陆海军大元帅府铁甲车队（简称"铁甲车队"），是中国共产党领导的最早的革命武装力量，是人民军队的"老根"所在，后来发展为叶挺独立团。

总之，以广州为中心的大革命风暴，蔓延全国，声势浩大，有力地唤起了中华民族的觉醒，极大地推动着轰轰烈烈的反帝反封建的革命群众运动持续发展，随着以广州为重要基地的国共合作的北伐战争胜利进军，促进了中国革命的高涨。

广州在中国共产党历史、中国革命史、中国近现代史、中国改革开放史、中国特色社会主义发展史上，功勋卓著，贡献巨大，永存史册。

三

习近平总书记强调，我们党历来重视党史学习教育，注重用党的奋斗历程和伟大成就鼓舞斗志、明确方向，用党的光荣传统和优良作风坚定信念、凝聚力量，用党的实践创造和历史经验启迪智慧、砥砺品格。在中国共产党百年华诞之际，中共广州市委宣传部、广州市社科联组织广州地区党史专家编写了《中国共产党与大革命丛书》。丛书共10册：《南国曙光：广东早期共产党组织》《中共中央在广州：中共三大研究》《共产党人在黄埔》《大革命中的中共广东区委》《广州召开的三次全国劳动大会》《工运凯歌：广州三次工人大罢工》《农民运动的摇篮：广州农民运动讲习所》《英雄壮举：1927年的广州起义》《大革命运动的中心：1921—1927年的广州》《广州大革命史论丛》。这套丛书涵盖广州在大革命时期的重要事件、重要人物、重要组织、重要机构，体现了政治性、思想性、科学性与普及性的高度统一，以深入的发掘、深厚的资料、深邃的研究、深刻的阐述，再现广州作为大革命中心的历史画卷，为实现中华民族伟大复兴提供精神动力。

是为序。

原中共中央党史研究室宣传教育局副局长
薛庆超
2020年12月

序　三

广州百年史上，20世纪20年代是一个风云激荡的年代。

近代广东风气开通，新事物易于输入，新思潮易于传播，精英辈出，革命运动代有赓续。20世纪20年代初，在省港工人阶级诞生和工人运动开展的基础上，在五四运动的影响、推动下，在中国共产党上海发起组和共产国际代表的指导、帮助下，广州成立了共产党的早期组织。中共创始人陈独秀亲来广州，指导并主持了广东共产党早期组织的组建工作。广州是继上海、北京之后全国最早建立共产党组织的城市。"中国产生了共产党，这是开天辟地的大事变"。在马克思主义的指导下，在中共中央的领导下，广东共产党组织积极肩负起改造社会、拯救中华民族的大任，在华南地区发动、组织和领导了一系列英勇的、波澜壮阔的革命斗争。

当时，在共产国际指导下，中国共产党重视利用广州较为宽松的政治环境及有利的地缘条件开展革命运动。1922年4月，党在广州召开了创党以来第一次有较多领导干部参加的党、团干部会议。接着，1922年5月和1923年6月，先后在广州召开中国社会主义青年团第一次全国代表大会和中国共产党第三次全国代表大会。以上几次会议，涉及、讨论了关于建立革命统一战线、与孙中山领导的国民党合作的问题。按照共产国际的决定，中共中央机关迁至广州。1924年1月,中国国民党第一次全国代表大会在广州召开,正式形成了国共两党的第一次合作。轰轰烈烈的中国大革命由此掀起。

中国大革命是反帝反封建的国民革命。广州是这场百年史上影响深远的革命运动的策源地,是全国革命运动的中心。

——工人运动蓬勃开展。中国共产党成立后,致力于开展工人运动。1922年春,香港海员发起罢工运动,是中国共产党成立后兴起的第一个工运高潮的起点;1924年8月,沙面洋务工人举行反对租界当局歧视华人的"新警律"的罢工,被称为二七大罢工失败后全国工运复苏的标志;1925年6月,广州、香港工人为声援上海五卅运动,举行规模空前的省港大罢工,坚持16个月,威震中外。以上三次以广州为主阵地的波澜壮阔的工人运动,是在中国共产党早期著名工运领袖亲自策划、组织和领导下开展起来的,是具有鲜明的反帝爱国性质和较高的政策策略水平的革命运动,工人阶级表现出高昂的斗志,体现了省港一体、两地民众紧密团结的特色。三次工运高潮期间,1922年5月、1925年5月和1926年5月,在广州先后召开了三次全国劳动大会,成立了工人阶级战斗的司令部——中华全国总工会。工人运动在广州的兴起和蓬勃开展,奠定了广州作为大革命运动中心的基础。

——农民运动迅猛高涨。国共合作建立后,大力开展农民运动。大批革命知识分子纷纷到农村去,将农民组织起来,开展维护农民利益、解决农民土地问题的各种斗争,并吸引农民加入国民革命。广东农民运动发轫于东江,迅速扩展至广州四郊、西江、粤中、南路和海南岛地区。为培养农运干部,在广州先后举办了六届农民运动讲习所,各届主任或所长,均由共产党员担任,毛泽东任第六届所长。广州农讲所是农运干部成长的摇篮,实成为各地农民运动的指导中心。广东全省统一后，广东省农民协会在潮梅海陆丰、惠州、西江、北江、南路、琼崖，先后设立了六个办事处，至1926年5月，全省农会会员六十二万多人，占全国农会会员的近64%。农民是工人阶级天然可靠的同盟军，农民运动在广东各地的迅猛开展，大大增强了大革命运动的实力与声威。

——各界民众运动风起云涌。在工运、农运节节高涨的形势下，广东学生运动、妇女运动、商民运动接踵而起。共青团广东区委领导的"新学生社"、中共广东区委领导的"妇女解放协会"，从广州发展至全省各地。中共广东区委发起成立"农工商联合会"，参加者不但有工农团体，还有省、市商会。随着民众运动的勃兴，广州形成四大革命基地，即农讲所、黄埔军校、东园（省港罢工委员会）和广东大学（1926年改名中山大学）。这些地方，发生了许许多多具有重大意义和深远影响的事件，留下了大量革命活动的印痕，是广州作为大革命中心的历史见证。

——武装斗争的探索与积极开拓。大革命时期，共产党人在广州开始了独立组建革命军队、开展武装斗争的尝试。党积极参加了黄埔军校和国民革命军的创建工作，周恩来任黄埔军校政治部主任，先后有上千名中共党员到黄埔军校工作或学习。更为重要的是，共产党人在参与黄埔军校创建、建军的过程中，对在军校、军队中推行"党代表制"和开展军队政治工作，作了大量积极而有意义的摸索和开拓，先行开展了军校政治教育、军队政治工作和战时政治工作的实践。中共广东区委通过统一战线，组建了大元帅府铁甲车队，后扩展为著名的叶挺独立团，这是中共独立组建并掌握革命军队的尝试。广东区委掌握的工农革命武装，还有"工团军"、"农民自卫军"、"省港罢工纠察队"等。广州无疑是中共最早的一批军事干部的诞生地，是共产党人从事革命武装斗争的始发点。

——革命精英荟萃南粤。创党初期，陈独秀三次到广州，在广州工作了一年多的时间。李大钊到广州出席中共三大和国民党一大。毛泽东三次到广州，出席中共三大、国民党一大，主办第六届农民运动讲习所。为适应大革命运动发展的需要，党从全国各地和旅欧、旅俄回归的人员中，选派大批干部到广东工作，主要有瞿秋白、蔡和森、张太雷、周恩来、刘少奇、邓中夏、李立三、陈延年、罗亦农、熊雄、恽代英、李富春、蔡畅、邓颖超等，广东著名的革命者有谭平山、苏兆征、彭湃、杨匏安、阮啸仙、刘尔崧等；越南革命志士胡志明，也在广州工作过。羊城的大街小巷，留下了他们战斗、奋进的足迹。这种情况，极大提升了广州在大革命运动中的地位和作用。

——党的组织发展壮大。广州早期共产党组织成立时，只有数名党员，党的一大后成立中共广东支部；1922年6月，广东党员32人，成立了中共广东区委；1924年初改称中共广州地委，是年10月重新称中共广东区委，亦称两广区委。党的组织从广州一隅向全省发展，随后又从广东一省，发展至闽南、广西、云南和南洋各地。区委领导机关逐步健全，设集体领导的主席团制，形成了由周恩来、陈延年、张太雷、彭湃、苏兆征、杨匏安等人组成的领导核心。中共广东区委之下，成立"军委"和"监委"，在党内率先开展军事工作和纪律检查工作。中共广东区委很早办党校，编印党刊（《人民周刊》《我们的生活》），大力传播马克思主义，加强党内教育。党的队伍不断发展，1926年夏广东党员人数发展至四千多人，1927年夏增至近万人，是当时全国辖区最广、党员人数最多的一个地方党组织。在风起云涌的工农运动中，特别是在省港大罢工、统一广东之役和北伐战争中，广东党组织和广大共产党员起着政治领导和先锋模范作用，为将大革命运动从广东推向全国作出了重大贡献。

1927年4月，国民党蒋介石集团发动反革命政变，大肆捕杀共产党员和革命群众。中共广东区委机关移至香港。为挽救中国革命，党组织相继发动了1927年夏季的讨蒋起义、以接应南昌起义军南下为中心的秋收起义和震动中外的广州起义。大大小小的武装起义，共有一百五十多次。虽然多次武装起义和广州起义遭到了失败，省委书记张太雷和数以千计的革命者在起义中牺牲，但是前仆后继的武装起义拉开了土地革命战争的序幕，具有深远的历史意义。

总之，20世纪20年代广州大革命运动，规模大，影响广，意义深远，是中共党史、中国革命史的重要组成部分，是一部绚丽多彩、可歌可泣的篇章。长期以来，党史、革命史工作者致力于研究这一段历史，征集、整理了许多相关的档案文献资料，对当事者、知情人作过广泛的访谈，并取得了丰硕的研究成果。在此基础上，为庆祝建党100周年，在中共广州市委宣传部、广州市社科联的策划、组织之下，广州地区高校、党史研究室、社科院、党校、方志及文博单位的教研人员参与研究写作了《中国共产党与大革命丛书》，这是贯彻落实习近平总书记在党史学习教育动员大会上重要讲话精神的实际行动，是学史明理、学史增信、学史崇德、学史力行，致力于将广州大革命史的学习、研究推向深入的一项重要举措。

《中国共产党与大革命丛书》共10本，以广东共产党组织的建立和发展壮大为主线，以团一大、中共三大、三次全国劳动大会、第一次国共合作、工农学商妇女运动和广州起义为骨架，穿插叙述有关的史事和有关人物的事迹。各书聚焦不同事件，独立成册，但互为表里，互相照应。本套丛书深入分析广州的政治环境及社会历史条件，客观评析广州这座城市在党史、革命史上的地位作用，特别是在建立革命统一战线、创建革命武装和加强党的建设等方面的先行作用，以期再现广州在百年党史上的辉煌，为广大读者了解那一段历史提供可信可读的本子，为广州实现老城市新活力和"四个出新出彩"，进一步推进改革开放提供历史经验和精神动力。这是本套丛书编撰者们的立意所在，也是丛书创新点所在。

20世纪20年代广州大革命运动，是红色文化的"富矿"，资源丰富，思想、政治、文化蕴涵深厚，历史意义、现实意义重大。《中国共产党与大革命丛书》虽写出来了，但不等于对这段历史的研究已告终结。随着科技的进步，搜寻史料、走进历史现场、加深认识历史之路将越来越通畅，历史研究的空间将越来越宽广。愿丛书编撰者们和党史、革命史工作者们继续努力，专心致志，争取多出成果，出好成果，为深化中共党史、中国革命史的研究作出更多、更大的贡献。

是为序。

中共广东省委党史研究室原主任
曾庆榴
2020年12月

目　录

前　言 … 1
第一章　广州农民运动讲习所的创办 … 1
第一节　广州农民运动讲习所创办的背景 … 1
一、国共第一次合作的建立 … 1
二、国共两党在农民问题上的共识与合作 … 4
三、农民运动的初步发展 … 15
第二节　广州农民运动讲习所的创办 … 22
一、共产国际关于农民问题理论的指导与影响 … 22
二、共产党与广州农民运动讲习所的创办 … 26
三、国民党与广州农民运动讲习所的创办 … 31

第二章　第一至五届农民运动讲习所 … 41
第一节　第一至五届广州农讲所的开办与组织管理 … 41
一、彭湃与第一届广州农讲所的开办 … 42
二、第二至五届广州农讲所的续办 … 46
三、广州农讲所的组织领导 … 50
第二节　第一至五届广州农讲所的学员管理 … 54
一、规范的招生制度 … 54
二、优质的学员来源 … 58
三、以革命需要为导向的分配体制 … 60

第三节　第一至五届广州农讲所的教学管理 …………… 70
　一、师资来源与构成 …………………………………… 70
　二、教学组织与教学计划 ……………………………… 71
　三、教授科目与教学内容 ……………………………… 73
　四、课外教学活动与安排 ……………………………… 80

第三章　毛泽东主办的第六届农民运动讲习所 …………… 83
第一节　第六届广州农讲所的开办 ………………………… 83
　一、毛泽东与第六届广州农讲所的开办 ……………… 84
　二、完备有力的组织领导 ……………………………… 89
　三、量大质优的学员来源 ……………………………… 92

第二节　第六届农讲所的教学管理与教学活动 …………… 97
　一、多元优质的师资配置 ……………………………… 97
　二、系统完整的理论教学 ……………………………… 103
　三、务实有效的军事训练 ……………………………… 107
　四、全面深入的理论研究 ……………………………… 109
　五、精彩纷呈的理论演讲 ……………………………… 110
　六、丰富多彩的实践教学 ……………………………… 113
　七、面广定向的学员分配 ……………………………… 117

第三节　第六届广州农讲所的教学特点 …………………… 122
　一、教学目的明确，学员全面发展 …………………… 122
　二、教学内容系统，方法灵活多样 …………………… 124
　三、理论结合实际，开创优良学风 …………………… 127

第四章　广州农民运动讲习所与农民问题理论 …………… 131
第一节　《农民问题丛刊》的出版 ………………………… 131
　一、《丛刊》创办的背景 ……………………………… 132
　二、《丛刊》编纂出版概况 …………………………… 132

三、《丛刊》的内容分类 …………………………………… 134
　　四、《丛刊》出版的历史功绩 ……………………………… 137
　第二节　广州农讲所举办时期共产党人
　　　　　对农民问题的理论探索 …………………………… 139
　　一、共产党人对农民问题探索的主要理论成果 ………… 139
　　二、毛泽东对农民问题理论的特殊贡献 ………………… 140
　　三、共产党人探索农民问题理论的特点 ………………… 145
　第三节　广州农讲所举办时期共产党
　　　　　在农民问题理论上的贡献与局限 ………………… 148
　　一、共产党在农民问题理论上的主要贡献 ……………… 148
　　二、共产党在农民问题理论探索中的局限 ……………… 155

第五章　广州农民运动讲习所与中国农民运动 …………… 160
　第一节　广州农讲所与广东农民运动的发展 ……………… 160
　　一、广东各地方农民运动的发展 ………………………… 161
　　二、广东省级农民组织的建立 …………………………… 179
　第二节　广州农讲所与全国农民运动的发展 ……………… 191
　　一、全国部分地区农民运动的发展 ……………………… 191
　　二、全国农民协会临时执委会的成立 …………………… 198
　第三节　后广州农讲所时期的农民运动 …………………… 201
　　一、中央农民运动讲习所的成立 ………………………… 201
　　二、后广州农讲所时期农民运动的发展 ………………… 205

第六章　广州农民运动讲习所的历史贡献 ………………… 209
　第一节　开创新式农民教育，培养农民运动
　　　　　指导人才 …………………………………………… 209
　　一、提升了对农民教育的认知 …………………………… 210
　　二、确立和凝固了学以致用的办学理念 ………………… 212

三、确立和传承了理论联系实际的教学原则 ………… 215

四、培养了大批农民运动指导人才 ……………………… 217

第二节 师生投身国民革命，推动中国革命发展 ……… 218

一、推动全国农民运动 …………………………………… 219

二、支持和配合工人运动 ………………………………… 221

三、推进国共合作的军事斗争 …………………………… 222

四、开启对中国革命新道路的探索 ……………………… 225

结　语 …………………………………………………………… 228

参考文献 ………………………………………………………… 236

附录1：广州农讲所的杰出学员 ……………………………… 247

附录2：广州农民运动讲习所大事记
　　　（1924—1930年）………………………………… 265

后　记 …………………………………………………………… 282

前　言

广州是第一次大革命的策源地和根据地。广州农民运动讲习所（以下简称"广州农讲所"或"农讲所"）是中国农民运动的摇篮，是共产党早期领导革命运动的历史见证。它与广东大学（1926年改名中山大学）、黄埔军校以及东园（省港罢工委员会）并誉为国共第一次合作时期的四大革命基地，在中共党史、中国革命史和中国近现代史上都具有重要的地位。广州农讲所作为培养农民运动指导人才的学校，在两年多的办学过程中，培养了七百多名学员。这些学员经过短期而卓有成效的教育，奔赴农民运动第一线，成为农民运动的骨干，推动了广东乃至全国农民运动的勃兴。与此同时，农讲所师生积极支持和配合工人运动，参加和支援广东革命根据地的统一和巩固以及轰轰烈烈的北伐战争，为第一次大革命高潮作出了历史性贡献。国共第一次合作破裂后，农讲所部分师生义无反顾地投入武装反抗国民党反动派的英勇斗争，为探索中国革命新道路贡献了力量。

长期以来，学术界从未间断对广州农民运动讲习所以及相关问题的研究，并形成过小热潮——相关文献编辑出版，相关会议多次召开，相关论著陆续发表。但最近几年，热潮似已褪去，成果大为减少，系统性研究成果更是寥若晨星。在中国共产党成立百年之际，为了加强和深化对广州农民运动讲习所以及相关问题的研究，在更深远和广阔的历史空间来展现广州农讲所的地位和作用，中共广州市委宣传部和广州市社科联决定编写《中国共产党与大革命丛书》。本书即为其中的一部，旨在全面呈现广州农讲所在农民运动以及大革命中的地位，展现广州在中共党史和中国革命史中的地位和作用，使人们对广州农讲所有一个立体全面的综合性认知。

本书将在共产党创建和大革命时期的时间维度和广东与全国的空间维度对广州农讲所展开系统研究。首先，从历史逻辑的视角，分析广州农讲所的创办背景与条件，特别是广州农讲所创办与国共第一次合作的关系，以及与国共两党的关系，从国共两党对农民问题的共识与农民运动的早期发展两条主线的交融中，分析论述农讲所创办的理论逻辑和实践逻辑。其次，从时间逻辑出发，依次论述第一至第五届农讲所的创办与续办以及第六届农讲所的举办，综合分析农讲所的组织管理、教学管理、学生管理、教学活动和教学特点等，把广州农讲所历史、客观、辩证地展示出来。再次，在解读广州农讲所举办历程的基础上，阐明农讲所举办时期共产党人对农民问题理论的探索成果以及共产党在农民问题理论上的创新与发展，同时阐明农讲所举办时期农民运动的发展状况，从而揭示广州农讲所与农民问题理论发展创新和农民运动发展壮大之间的逻辑关系。然后，全面系统地概括广州农讲所的历史贡献，包括在农民教育、农民运动、工人运动、军事运动等多方面的历史功绩，以及在中国革命新道路探索中的历史作用。最后，总结农讲所在农民教育方面的意义，分析其对当代农民教育在理论和实践方面的现实启示。

目前，尚没有一本系统研究广州农讲所的著作，本书将做些开拓性的工作，并力争在三个方面有所作为。一是集大成。对广州农讲所的研究已经持续了近百年，其中不乏一些有分量的开拓性创新研究，为广州农讲所的系统性研究奠定了一定基础。本书的撰写将在汇集高校与广州农讲所研究人员的基础上，整合研究团队，广纳专家意见，参考权威观点，吸收前期成果，通过综合分析和归纳总结，使书稿整体架构合理，内容系统完整，观点与结论科学合理，力争成为一部继承创新的集大成之作。二是重学理。编写组将秉持史论结合、论从史出的研究理念，从第一手资料入手，从历史的源头开启研究，力求充分展现真实的历史，同时从唯物史观的视域审视资料，把历史逻辑与理论逻辑和思维逻辑有机结合起来，力求目的性与规律性的有机统一，确保研究成果的科学性和学理性。三是有特色。本书的编写力争体现以下特色：首先，在时间维度上，把广州农讲所的研究置于中共党史、国共合作史、中国近现代史和当代中国史的纵向历史坐标，充分体现研究的历史纵深和历史逻辑与现实逻辑，更准确地把握广州农讲所创办的历史背景、条件、过程、特色与贡献。其次，在空间维度上，整合中国共产党、中国国民党和共产国际等多个主体的历史舞台，不仅突出展现共产党与广州农讲所的时间和空间关系，而且紧紧地与国民党的政治舞台联系起来，同时又与共产国际和苏联关联起来，全面展现同一时期不同主体的历史舞台，揭示各个主体间的联动关系，全面客观地体现广州农讲所的创办、发展和延续的历史景象，使农讲所更加立体和生动地展现给读者。再次，在内容维度上，突出广州农讲所的核心功能和主线地位，凸显其在农民问题上的历史贡献，同时按照历史发展的规律，在更宽广的视域看待广州农讲所，分析其与工人运动、军事运动等等，以及与中国革命新道路探索之间的历史关系。最后，总结广州农讲所开创农民教育的历史启示和现实意义,从而使读者更全面地把握广州农讲所的历史贡献和历史地位。

总之,在中国共产党百年诞辰之际,出版一部专门研究广州农讲所的著作,不仅具有重要的纪念意义,而且具有一定的学术价值。

第一章　广州农民运动讲习所的创办

广州第一至第六届农民运动讲习所（以下简称"广州农讲所"或"农讲所"），是大革命时期培养农民运动指导人才的学校，是广东革命运动的四大基地之一，是中国农民运动的摇篮。这所学校在中国农民运动史、中共党史、中国革命史和中国近现代史上写下了辉煌的篇章，占有非常重要的历史地位。广州农民运动讲习所的创办具有特定的历史背景和条件，是国共第一次合作的结果，具有发生发展的理论逻辑和实践逻辑，也承载着共产党和国民党合作的历史记忆。

第一节　广州农民运动讲习所创办的背景

广州农民运动讲习所是国共两党共同创办的，最直接的历史背景和条件就是国共第一次合作。

一、国共第一次合作的建立

国共第一次合作是中国革命发展的必然要求，也是国共两党思想认识同向发展的结果，同时也是国共两党共同努力和同频共振的结果。

（一）中国共产党统一战线方针的确立

国共第一次合作的形成，与中国共产党对于中国革命基本问题认识的不断提高和深化密切相关。中共一大明确提出不跟其他党派保持联系，"对现有其他政党，应采取独立的攻击的政策。"[①]后来，列宁关于民族和殖民地问题的理论传到中国。不久，在莫斯科召开了远东大会。会议期间，列宁接见了中国的部分代表，希望国共两党合作。依照列宁的理论和远东大会的精神，加之对中国革命实际情况的认真分析，1922年6月15日中共中央发表第一次对于时局的主张，放弃了对其他政党采取的独立和攻击的政策，主张同诸如国民党等"革命的民主派"，"共同建立一个民主主义的联合战线"。[②]7月，中共二大在上海召开，提出了彻底的反帝反封建的民主革命纲领，也形成了建立民主的联合战线的政策。这为杭州西湖会议和中共三大的召开做了思想上和理论上的准备，为国共"党内合作"提供了认识前提。但此时，共产党领导的工人运动轰轰烈烈，而国民党再度陷入困境。在这种背景下，共产国际代表马林依据与孙中山会谈的情况和开展党派合作的经验，提出中共党员加入国民党，"到国民党中去进行政治活动"，[③]实行国共"党内合作"。马林的主张遭到了中共党内的强烈反对。在这种情况下，马林回到莫斯科，向共产国际汇报了中国之行的感受，并说明自己对国共合作的看法。他关于国共"党内合作"的主张得到肯定。随后，马林又回到中国，并参

[①]《中国共产党第一个决议》（1921年7月），中共中央文献研究室、中央档案馆编：《建党以来重要文献选编》（1921—1949）第1册，中央文献出版社2011年版，第6页。
[②]《先驱》第9号，1922年6月20日，中共中央文献研究室、中央档案馆编：《建党以来重要文献选编》（1921—1949）第1册，中央文献出版社2011年版，第98页。
[③]《马林在中国的有关资料》，人民出版社1980年版，第21页。

加了中国共产党杭州西湖会议。在这次特别会议上，他传达了共产国际有关决定和指示；与会者集中讨论了实行"党内合作"的问题。经过激烈讨论，大部分人员对"党内合作"的认识有了提高，但有个别同志依然难以接受。在中国共产党已经成为共产国际一个支部的现实状态下，特别是经过马林的解释和耐心"说服"，加之马林有爪哇岛上开展这种工作的成功经验，会议原则上通过了中共党员以个人身份加入国民党的决定。在此前后，共产党领导了第一次工人运动。京汉铁路工人罢工的挫折，使共产党对革命形势的估计更加客观和实际，也使共产党更加深刻地认识到，要取得革命斗争的胜利，工人阶级必须争取其他阶级的支持，建立革命统一战线。这样，随着中国共产党在革命斗争实践中对中国革命基本问题认识的不断提高，终于使国共第一次合作的时机趋于成熟。1923年6月召开的中共三大，最终确定了在国民党进行改组的情况下，实行国共"党内合作"的策略方针，使国共第一次合作步入具体操作的新阶段。

（二）国民党改组与国共合作的建立

当然，国共第一次合作的形成，也有赖于国民党特别是国民党领袖孙中山的同意。孙中山从事革命30年，结果却是一次又一次的挫折和失败，特别是陈炯明的叛变，使他深为痛心。此时，苏俄和中共对孙中山的真诚帮助使他的政治思想之主流，开始向联俄联共的方向发展，也促使他下决心改组国民党。同时，通过五四运动，孙中山也开始认识到工农大众的力量，促使他反思自己以往发动和领导的革命斗争。中共中央杭州西湖会议后，党的重要创始人之一的李大钊与国民党领袖孙中山进行了深入交谈，国共双方就实行"党内合作"事宜达成共识。随后，孙中山紧锣密鼓地启动与推进和落实国民党的改组工作，召集国民党改进会议，成立国民党改进案起草委员会，并诚挚邀请共产党人参加。1923年元旦，孙中山主持的《中国国民党宣言》在上海发表。次日，孙中山又召集国民党改进大会，公布了《中国国民党党纲》和《中国国民党总章》，进一步阐明了三民主义和五权宪法的内容。此间，苏俄派特命全权大使越飞来到中国，与孙中山就远东局势、革命斗争形势以及解决方法等问题，进行了广泛而深入的探讨，双方于1月26日发表《孙文越飞联合宣言》。这个文件的发表，标志着国民党确立了联俄联共的政策，为实现国共合作奠定了基础。另外，孙中山还聘请共产国际的鲍罗廷担任"教练"，即政治顾问，从而大大推进了国民党改组工作。此时，孙中山在共产党人的善意批评和劝告及共产国际和苏联的影响下，对民众革命作用的认识逐步加深，开始觉悟到不发动民众，靠单纯搞军事斗争的方法，不可能领导革命走向成功。同时，他也逐步认识到农民是中国人民的最大多数，是革命的基础，工人可以作国民的先锋。基于上述认识，孙中山形成了扶助农工的思想。这样，国共第一次合作的建立，国民党联俄联共扶助农工的政策，为创办农民运动讲习所提供了直接的条件。

二、国共两党在农民问题上的共识与合作

国共第一次合作时期，国民党联俄联共扶助农工政策的实质性确立，为创办广州农民运动讲习所提供了政策支持。在广州农讲所创办之前，共产党和国民党在农民问题上的共识，则是广州农讲所创办的共同思想基础。如果没有国共两党在农民问题上的共识，也就没有创办农讲所的认识前提。可以说，这种思想共识体现了广州农讲所创办的理论逻辑。

（一）农民问题是国民革命的中心问题

中国是一个农业大国，占人口绝大多数的农民阶级，无疑在革命斗争中具有非常重要的地位和突出作用；没有农民阶级参加革命，革命就缺乏广泛而深厚的群众基础，就不能成功。同时，只有充分认识到农民阶级的重要地位和农民问题的重要性，才能从思想认识和实际行动上去开展农民运动。中国共产党是工人阶级政党。由于中国工人阶级与农民阶级的天然联系，共产党在革命斗争实践中，逐步认识和感悟到农民阶级的革命性和重要作用，故而对农民问题非常关注，给予格外重视。在中国共产党的影响、推动和共产国际帮助、指导下，国民党及其主要领导人也开始关注农民问题，意识到农民问题对国民革命的重要意义，开始做发动群众的工作，并且在一些基本原则和根本认识上，与共产党取得了大致的共识，并确立了扶助农工的政策。这些共识是国共合作开展农民运动，并开办农民运动讲习所的思想基础。

共产党对农民问题的认识是随中国革命的发展而深化的，而且越来越重视。1922年7月，中共二大发表《中国共产党第二次全国代表大会宣言》，指出"中国三万万的农民，乃是革命运动中的最大要素。……那大量的贫苦农民和工人握手革命，那时可以保证中国革命的成功。"[1] 这里明确指出了农民对于中国革命的重要性和必要性。一年后召开的中共三大，通过了《农民问题决议案》，强调"以保护农民之利益而促进国民革命运动之必要。"[2]

---

[1] 《中国共产党第二次全国代表大会宣言》（1922年7月），中共中央文献研究室、中央档案馆编：《建党以来重要文献选编》（1921—1949）第1册，中央文献出版社2011年版，第131页。

[2] 《农民问题决议案》（1923年6月），中共中央文献研究室、中央档案馆编：《建党以来重要文献选编》（1921—1949）第1册，中央文献出版社2011年版，第263页。

这是党代会第一次专门就农民问题形成决议，表明共产党对农民问题的格外重视，也意味着为农民阶级谋取正当利益，是实行国民革命的目的之一，要推动国民党把实现农民利益列入改组后的新政纲。国共合作统一战线建立之后，1924年5月召开的中央执委会扩大会议再次强调："反对国际帝国主义及国内军阀的国民运动里大多数农民群众的加入是最有力的动力"。[1]这里明确指出了农民阶级是反帝反封建的资产阶级民主革命最有力的动力。从上面的资料可以看出，中国共产党在提议创办农民运动讲习所的时候，对农民问题已经形成了基本认识：农民是革命中的最大要素，是国民革命最有力的动力，是革命成功的保障。这正是共产党高度重视农民问题，并倡议创办农讲所的思想基础。此后，到1926年创办第六届广州农讲所时，我们党对农民问题的认识进一步深化。广东省第二次农民代表大会明确提出："农民问题是国民革命中的一个中心问题，国民革命能否进展和成功，必以农民运动能否进展和成功为转移。"[2]此时，共产党对农民问题认识的进一步提升，这是广州农讲所得以持续兴办并逐步壮大和发展的认识基础和前提保障。

与此同时，国民党及其领导人孙中山在共产党人的帮助和影响下，通过观察并初步参与广东农民运动的实践，在理论和实践中也逐渐认识到农民问题的重要性，开始理解农民在国民革命中的基础地位和重要作用。国民党一大指出："故国民革命之运动，必恃全国农夫、工人之参加，然后可以决胜，盖无可疑者。"据此，

---

[1]《农民兵士间的工作问题议决案》（1924年5月），中共中央文献研究室、中央档案馆编：《建党以来重要文献选编》（1921—1949）第2册，中央文献出版社2011年版，第75页。

[2]《第一次国内革命战争时期的农民运动资料》，人民出版社1983年版，第287页。

"当对于农夫、工人之运动,以全力助其开展,辅助其经济组织,使日趋于发达,以期增进国民革命运动之实力"。[1] 这里明确表达了国民党对农工参加国民革命之重要性和必要性的认识,并与国民革命的成败联系起来,认为农工参加革命是国民革命胜利的前提条件。这是国民党"扶助农工"政策的思想认识基础,也是国民党为了组织和动员农工参加革命,同意并抓紧落实共产党提议,积极创办农讲所的重要前提。1926年1月,国民党二大在广州召开。会议进一步强调指出,"中国之国民革命,质言之即为农民革命;为要巩固国民革命之基础,亦惟有首在解放农民。"[2] 国民党二大在解放农民以扩大和巩固革命基础的原则下,在扶助农工政策上也有新的体现,比如,在政治上,组织引导农民参加革命;保护农民利益,使农民摆脱压迫;制定农民保护法等。在经济和教育等方面,也提出了严禁高利贷、限制地租等等。从上可见,从国民党一大到二大,国民党的扶助农工政策从大的方向和政策层面没有改变,有些方面有所加强和发展,这就保障了广州农讲所的续办和稳步发展。

国民党对于农民问题的认识,与共产党在这个时期的农民问题理论在基本面上有基础性共识。这既有共产党理论和政策的影响,也有国民党及其领导人在革命实践中对农民问题认识的深化。国民党的一些重要理论和政策也体现了共产党人的智慧和努力,表明国共两党在农民问题上的共同价值取向。这些正是国共两党重视农民问题、共同努力创办农民运动讲习所的

---

[1] 中国第二历史档案馆编:《中国国民党第一、二次全国代表大会会议史料》(上),江苏古籍出版社1986年版,第87—88页。
[2] 中国第二历史档案馆编:《中国国民党第一、二次全国代表大会会议史料》(上),江苏古籍出版社1986年版,第415页。

思想认识基础。

（二）宣传教育和组织农民投身于国民革命

国共合作建立前后，基于对农民阶级地位和农民问题重要性的基本共识，国共两党积极在农民群众中开展宣传教育，并动员组织农民投身于国民革命，为发动农民运动奠定了重要基础，为创办广州农民运动讲习所提供了良好的合作氛围，也使农讲所的创办有了实践基础，并为广州农民运动讲习所的接续发展提供了重要保障。

共产党很早就认识到，开展农民运动就必须注重对农民的宣传教育和动员组织工作。澎湃1922年5月开始从事农民运动时，就通过与农民谈话、进行演讲等，宣传农民遭受痛苦的原因，列举地主剥削农民的事实，号召农民团结起来争取解放。1922年6月30日，陈独秀以中共中央执委会书记的名义向共产国际汇报工作，提出在将来的计划当中多印对于农民工人兵士宣传的小册子。党的二大《关于"民主的联合战线"的议决案》中，明确指出"我们应该号召全国工人农人在本党旗帜之下去加入此种战争"，[①]以扫清封建军阀、推翻帝国主义的压迫。即是说，要号召和动员工农阶级参加反帝反封建的革命斗争。党的三大提出要拥护工农利益，把领导工农参加革命作为中心工作，并且指出："对于工人农民之宣传与组织，是我们特殊的责任"。[②]在这里，明确了领导工农参加革命要把宣传与组织工

[①] 《关于"民主的联合战线"的议决案》（1922年7月），中共中央文献研究室、中央档案馆编：《建党以来重要文献选编》（1921—1949）第1册，中央文献出版社2011年版，第139页。

[②] 《中国共产党第三次全国代表大会宣言》（1923年6月），中共中央文献研究室、中央档案馆编：《建党以来重要文献选编》（1921—1949）第1册，中央文献出版社2011年版，第277页。

农阶级作为特别重要的任务。1923年7月1日,陈独秀在《前锋》月刊创刊号发表《中国农民问题》一文,指出农民问题的重要性。他对农村的居民进行了阶级分析,并提出解除农民痛苦的办法,第一就是教育宣传。8月,一部分社会主义青年团员在湖北黄冈县开展了"乡村教育"运动。他们组织"黄冈平民教育社",开办平民书报室,利用转阅的办法,在农民当中进行宣传和教育,揭露帝国主义和军阀的罪恶,提出解决人民痛苦的办法。11月24—25日,中共中央召集三届一次中执委会议,会议专门通过了《教育宣传问题议决案》,提出在农民间开展宣传的要求和方法,从实质上推进农民运动。1924年5月召开的中央执委会扩大会议,专门通过了《党内组织及宣传教育问题议决案》等,提出了解决农民问题的方针和办法,包括向农民宣传反对帝国主义及军阀制度的必要。会议提出,对于农民的宣传应当注意田税问题,还要宣传选举代表农民的机关,在农民和佃农当中宣传成立乡团,武装农民以防匪患。会议还决定在省(区)以上层面设立农民运动领导机构,选派干部到基层组建农民团体,开展政治宣传,组织农民运动,大力发动农民群众投入到反帝反封建斗争之中。

在宣传动员和组织农民参加革命的问题上,党内早期领导人和理论家作出了重要贡献。1923年12月15日,邓中夏发表《革命主力的三个群众——工人、农民、兵士》一文。他认为,工人、农民和兵士是中国革命的主力,青年要到这三个群体中去做宣传和组织工作。随后,他又发表《论农民运动》一文,再次呼吁青年知识分子到民间去教育和组织农民。1924年1月5日,邓中夏在《中国农民状况及我们运动的方针》中,对开展农民运动提出了较为系统的意见,其中专门论述了农民的教育宣传问题，指出要多设补习学校或讲演所，力量不及时，可以利用现成的教育机关，并再次强调宣传不宜用"共产革命"等过大过空的口号，只能用具体的直接的口号。6月28日，恽代英在《中国青年》第37期上发表文章《农村运动》，详细地分析了农民的宣传问题，认为以前革命没有成功，没有发动农民参加是"主因"。他还分析了农民宣传中存在的六个方面问题，如不跟农民做个别的亲密的谈话、不娴熟农民的语言、不顾乡村风俗习惯、不顾农民兴趣与知识程度、不顾农民心理专好、不了解农民真正的痛苦与要求等。在此基础上，他提出做好农村运动的三个办法，一是联络农民的感情，这是宣传农民最重要的条件；二是研究对农民宣传最适当的方法；三是研究最适合农民宣传的材料。可以说，这篇文章具体细致，具有非常强的针对性。至广州农民运动讲习所正式开班，萧楚女等人还发表了《中国底农民问题》《农民运动之一得》《怎样和农民谈话？》《由经验得来的"农村运动的方法"》《农民运动的经验》等文章，分析宣传教育和动员组织农民的过程、应注意的问题、取得实效的具体方法和经验感受等。这些经验总结为做好农民的宣传教育和动员组织工作提供了重要的指导，对推动农民运动的兴起和发展起到了重要作用。

从上可见，共产党从开展农民运动之日起，就对宣传教育和动员组织广大农民给予了高度关注和应有重视，在理论上提供了科学指导，在实践上注重效果，积极助推了农民运动的开展，加速了农民运动的进程。这也成为国共两党合作创办农民运动讲习所的前提条件。

国民党改组后，也相当重视对农民的宣传教育和动员引导工作。此时，国民党认识到，要组织和发动广大农民投入到国民革命运动，就离不开对农民的宣传教育和舆论引导。国民党一大就提出："以本党全力，对于全国国民为普遍的宣传，使加入革命运动"。① 在这里明确表示要通过宣传发动国民参加国民革命。国民党二大再次强调："只有唤起占全国人口大多数的农民，才有把握使国民革命成功"。② 这就进一步明确了农民对于国民革命的重要性，清晰表达了必须唤起农民觉悟，动员和组织农民参加革命，国民革命才能成功的思想观点。国民政府对农民运动宣言也强调指出："本政府有督促全国国民加入国民革命运动之使命，而其特别之任务，尤在于督促占全国国民大多数之农民使之加入国民革命运动。"③ 此宣言指向明确，开宗明义地提出革命政府要号召并组织国民特别是广大农民投身于国民革命。北伐战争开始后，国民党为了扩大革命基础，对农民开展了宣传教育工作，如农民部专门发布《北伐向农民宣传大纲》，指明北伐的目的就是解放广大农民，以此激发农民的革命热情，号召广大农民积极投身和支持北伐战争。为了宣传教育和动员组织农民参加革命，以培养其革命自觉，同时也为了宣传农民问题理论，国民党和共产党合作，创办农运刊物，编辑出版农运丛刊、丛书等。如1926年元旦在广州创办《中国农民》月刊，共出版两卷11期，每期发行5000份，直到1927年7月国共合作破裂时停刊。1926年8月1日创办的《农民运动》周刊，每期发行1万份，共出版28期，对指导农民运动发挥了重要作用。毛泽东在主持第六届广

---

① 中国第二历史档案馆编：《中国国民党第一、二次全国代表大会会议史料》（上），江苏古籍出版社1986年版，第88页。

② 中国第二历史档案馆编：《中国国民党第一、二次全国代表大会会议史料》（上），江苏古籍出版社1986年版，第459页。

③ 《革命政府对于农民运动第一次宣言》，《广州民国日报》1924年7月15日。

州农讲所期间，主编了《农民问题丛刊》。这些书刊都发挥了重要的宣传教育作用。

国民党基于对农民阶级和农民问题重要性的认识，为了组织广大农民投身于国民革命，高度重视对农民的宣传教育和动员组织工作，对于提高农民对自身地位与作用的认知，对提高农民参加国民革命的自觉性，发挥了重要的促进和推动作用。这与共产党的工作相辅相成、相得益彰，为创办广州农民运动讲习所创造了良好的氛围和条件，也使农民运动讲习所的成立顺理成章，并使农讲所在发挥宣传教育和动员组织农民方面的功能更加凸显。

（三）组织农民自卫军

随着对农民问题认识的深化和农民运动的深入发展，在领导和组织农民运动的实践过程中，国共两党在组织农民自卫军问题上的共识与合作，为创办广州农讲所并在教学实践中开展军事训练提供了重要条件。

共产党对武装斗争的认识较早，但早期基本停留在一般的理论层面。与积极宣传教育和组织动员农民的实践相比，共产党对建立农民武装的认识和实践，在实质意义上是略微滞后的。早期主要是部分共产党人的认识和探索。阮啸仙在早期开展农民运动的过程中，一直从事改造民团的工作。那时，建立农民自己的武装，组织农民自卫军，还没有提上日程。1924年1月，邓中夏在《中国青年》第13期发表文章《中国农民状况及我们运动的方针》，提出让农户有人参加民团以代替地主绅士所召集的民团来防御土匪，等时机成熟，经过号召，可以组织农军，为革命所用。显然，邓中夏所说的，也是首先改造民团，时机成熟再去组织农军，但已经有建立农民自己武装的思路和计划。1924年11月23日，赵世炎主编的《政治生活》第22期发表了《农民自卫问题》的文章，提出开展农民运动应该分三步走的意见：第一步是号召农民请赈，第二步是组织农民，第三步是武装农民。在这里，文章提出农民有了组织，可进而组织民团。即是说，武装农民不是眼下的工作，是开展农民运动的最后一步。但值得一提的是，这里的民团不是富豪召集的旧民团，是农民按户出丁组成的保护农民利益的民团，也就是说走出了以前改造旧民团的认识束缚。1925年2月，《中国青年》第68期发表郑容的文章《民团与革命》，进一步指出做民团运动的目的，一定要使民团成为保护贫农、自耕农、佃农、雇农利益的自卫军，成为切实的为贫农利益而奋斗的力量。农民运动的发展推动了共产党在建立农民武装上的认识深化和实践步伐。1925年3月3日，广东省海丰县农会举行欢迎东征军大会时，当场决议要求减租、取消苛捐杂税和发给武器。东征军给了农会40支枪，农会即决定组织农民自卫军100名。1925年5月1日召开的广东省农民代表大会，通过了《农民自卫军组织大纲》以及《农民自卫军与民团问题议决案》，提出有农民组织的地方，依据章程组织农民自卫军，取消民团。如有抽捐等侵害农民利益时，农民可进行武装反抗。同时，还规定自卫军队员限于农会会员，指挥者由各级农民协会执行委员会任命。这算是一个系统的关于建立农民武装的文件，尽管是以农民协会的名义制定，但农民协会也是共产党领导下的群众组织，因此它具有一定的标志性意义。

从共产党的层面提出建立农民武装，较为明确的时间应该是1925年下半年。此时的广州农讲所已经在举办第四期。7月2日，陈独秀在机关报《向导》上发表《我们如何应付此次运动的新局面》，提出"急需武装学生、工人、商人、农民，到处组织农民自卫团,以抵抗军阀之压迫"。①尽管他把武装农民放在了最后,但这是党的领导人第一次明确而急切地提出组织农民自卫军的问题。9月底到10月初,中共中央在北京召开第二次扩大执委会,提出过渡时期的农民要求,包括农民的乡村自治、农民协会的组织及农民自卫军等方面。中共中央于10月10日发表《中国共产党告农民书》,指出解决农民的困苦,根本的是要实行"耕地农有",并提出全国农民应该有八项最低限度的要求,包括由农民协会组织自卫军,政府发给枪弹,以防土匪及兵灾。尽管建立农民自卫军是八项要求的最后一项,但这是中共中央第一次公开而明确提出要建立农民武装的问题。它与国民党对待农民组织的相关政策是一致的,与广州农民运动讲习所开展的教育教学活动是吻合的,从而为创办广州农讲所并开展军事训练提供了重要的实践条件和依据。

孙中山及国民党左派赞同和支持共产党建立农民武装的主张,并在建立农民武装,组织和培养农民武装斗争骨干力量方面予以大力支持和通力合作。1924年3月,国民党中执委第十五次会议显示出扶助农工的决心,决定组织农民协会和建立农民自卫军。为了使农民组织的建立和发展有章可循,更好地组织和动员农民投身于国民革命,国民党中央农民部还专门拟定了《农民协会章程》(以下简称《章程》),明确指出:"农民协会为本三民主义解放劳动阶级之志意,合全国受压迫之贫苦农民而组织之。其目的在谋农民之自卫,并实行改良农村组织,增进农人生活"。②该《章程》共15章83条,体系完备,内容系统详尽,对农民协

---

① 《向导》第120期,1925年7月2日。
② 《陆海军大元帅大本营公报》第18号,1924年。

会的性质、任务、会员权利和义务、组织办法与职能等都有详细规定，为组织农民协会提供了法律依据，使原有的农民协会走向公开化和合法化，并极大地促进了新的农民协会的成立和发展。它作为第一个全国性的农民协会章程，在中国现代农民运动史上具有重要的地位。为了保障农民协会的建立和发展，鉴于当时的形势，广州革命政府1924年7月发表对于农民运动的第一次宣言，提出目前为防御土匪兵灾起见，特许农民协会在一定计划和条件下"组织农民自卫军"，[①]同时也提出了一些要求和条件与具体办法，如按照军队纪律组织农民自卫军，只有农民协会会员才能加入，要置于政府的绝对监督之下，不得超出农民自卫或非本村直接防御的范围。这个文件对于建立和规范农民自卫军，提供了政策支持和操作指南。

组织农民自卫军是开展农民运动的重要组成部分，是建立农民组织和保障农民运动顺利发展的前提和必要条件。国共两党在组织农民武装方面的共识与合作，为创建具有特色的农民运动讲习所及讲习所开展具有特色的军事教育，提供了重要的条件和保障。

三、农民运动的初步发展

广州农民运动讲习所的创办是农民运动深入发展的现实需要和实践诉求。农民运动广泛而深入的发展为广州农讲所的创办提供了物质基础和现实条件，体现了广州农讲所创办的实践逻辑，也印证了广州农讲所续办的合理性基础。

（一）广东早期的农民运动

我国现代意义上典型的农民运动发源于广东。早期农民运动

[①] 《广州民国日报》1924年7月15日。

的领袖和先驱彭湃于1922年6月就在海丰县开展农民运动。他经过艰苦细致的工作，在7月组织成立了"六人农会"。"六人农会"算是现代农会组织的雏形，人数虽少，却是海丰农会组织的开始，迈出了把农民从分散到组织起来的第一步，点燃了海丰农民运动的火种。经过彭湃等6人不辞劳苦的串连和发动，长期被思想禁锢和封建制度钳制的贫苦农民，开始挣脱束缚，申请加入农会。1922年10月25日，来自28个乡的农会会员组织成立了赤山约农会，并选出了领导机构，发表了《宣言》（已散失，无可查考），还组织了农民互助的福利组织等。赤山约农会制作的"农会会员证"，印有"不劳动不得食宜同心宜协力"12个字，并规定会员要缴纳会费。它发布的《农会利益》传单，包括防止田主生租、凶年呈请减租、防止勒索、救济疾病、改良农业等17条内容。[①] 这17条内容实际上是赤山约农会的斗争纲领和工作任务，每一条都关系到农民的切身利益。赤山约农会是中国现代农民运动史上第一个比较成熟的基层农民协会，成立以后随即组织开展了反对封建剥削压迫的农民斗争。

赤山约农会领导的农民运动点燃了海丰大地的星星之火，到1922年底，海丰全县共有12个约，98个乡相继成立了乡和约农会，会员约一万六千人。此时，成立县级农会组织的时机已经到来。经过筹备，各乡代表60人于1923年元旦在县城聚会。会议由主席彭湃报告开会理由及筹备经过，代表们分别报告各地农运情况，选举产生总农会的领导机构。这样，中国现代革命史上第一个县级农会——海丰总农会诞生了。这是一个有较完备的组织机构、明确的目标和斗争纲领的县级农会，下辖卫生部、财政部、教育

[①] 叶左能、蔡福谋：《海陆丰农民运动》，中共中央党校出版社1993年版，第50页。

部、宣传部、农业部、交际部、仲裁部、文牍部及庶务等，彭湃当选为会长。海丰总农会制定了会旗，提出了明确的纲领与斗争口号。会议讨论通过了彭湃起草的《海丰总农会临时简章》和《约农会简章》。《海丰总农会临时简章》包括纲领4条、组织7条、会务2条及1条附则4个部分。《约农会简章》包括会领4条、总则5条、职员2条、会议3条、会务13条等5项内容及附则。这些文件把分散的农民组成一个有宗旨、有纲领、有纪律、有战斗力的农民组织。从此，海丰农民运动进入了新时期。海丰总农会成立后，发表了《海丰总农会成立宣言》和《海丰总农会对时局宣言》，表示要"反抗社会一切不合理的制度，争回我们生存的权利"，[①] 并提出"我们鉴于中国农村屡受兵燹的教训，不能不为光明的团结和正当的防卫！"[②] 这表明它把农民的反封建斗争，由经济斗争推进到政治斗争的新阶段。1923年5月1日，海丰总农会在《五一宣言》中更明确提出了"完成无产阶级的解放"[③] 的奋斗目标。这是海丰总农会在政治上趋于成熟的标志。

海丰农民运动的发展引燃了广东东部的农民运动。彭湃曾描述说："农会的声势，也播扬到附近各县。由是要求入会者纷至沓来，实有应接不暇之势"。[④] 海丰农会也顺势派出干部到这些县去开展宣传和组织工作。彭湃十分重视和支持陆丰农民运动的开展。1922年10月，他在赤山约农会成立的时候，已派人到陆丰开展工作。到年底，陆丰一部分乡村成立了规模较小的农会。在次年1—2月，附城区的一些乡已有农会组织。与此同时，陆

[①] 《彭湃文集》，人民出版社1981年版，第25页。
[②] 《彭湃文集》，人民出版社1981年版，第27页。
[③] 《晨光》第2卷第1号，1924年1月，转引自李春涛《海丰农民运动及其指导者彭湃》。
[④] 《第一次国内革命战争时期的农民运动资料》，人民出版社1983年版，第168页。

丰西北部的新田区也有了部分会员。到农历正月中旬,参城、新围、仙草径3个乡的农会相继建立起来。随后,这些乡的农会不断扩大,并带动临近各乡村都相继成立了农会。1923年4月,在陆丰农会已有了初步发展的时候,彭湃亲抵陆丰,加速了该县农会成立的进程。到6月,陆丰全县共发出农会会员证8000张。23日,陆丰县农会筹备会召开全县农民代表大会,选举产生了陆丰总农会,下设宣传、教育、仲裁、交际、农业、调查、财政、文牍、卫生、庶务10个部。会议共选举出执行委员9人,彭湃任会长。这样,全国第二个县级农会宣告成立。陆丰县农会成立大会到会群众七千多人,为该县历史上空前的一次农民大集会。它显示了农民迫切要求组织起来的愿望,表达了农民要求自我解放的期盼,也展现了广大农民的组织力和战斗力。

1923年春,随着海丰总农会、陆丰总农会的发展,周边的一些县也组织了农会。到五月初,海丰、陆丰、归善三县已有五百多个乡建立了农会,会员达二十万人。于是,海丰总农会改组为惠州农民联合会,在海丰、陆丰、归善设立分会。到7月,潮汕地区的农民运动也发展起来,普宁、惠来、潮阳、潮安等县都有农民加入农会,参加农会的大概有二万六千八百户,每户以5人计,共有人口十三万四千人之多。[①]这样,原来的惠州农民联合会已不便于领导潮汕地区的农民运动。所以,惠州农民联合会改组为广东省农会。广东省农会制订了《广东农会章程》,包括纲领、会名、会址、会员、组织、纪律、会议、会务、经费、机关报与附则共10章,体现了为农民谋利益的根本出发点。按照该章程,广东省农会成立了执行委员会,彭湃当选为执行

---

① 《彭湃文集》,人民出版社1981年版,第139页。

委员会委员长，下设 10 个部。广东省农会的成立，表明了始于海陆丰的农民运动已经开始向全省发展，并为进一步推进广东农民运动的发展作了准备。

从 1922 年夏到 1923 年底，广东除了以海丰为中心的东部农民运动发展较好外，其他地区如花县、顺德、广宁、鹤山等县的农民运动，也有不同程度的发展。阮啸仙在中国共产党成立后不久，就来到花县指导农民运动。他在发动和组织农民协会的同时，重视农民武装，并着手对民团的改造。他还与刘尔崧、李民智等建立了顺德党组织，并到农民中开展革命宣传，与土豪劣绅作斗争。这为当地农民运动的发展打下了良好的基础。阮啸仙还亲自指导鹤山的农民运动，并派人到那里从事农民运动的宣传和组织工作以及改造民团。同时，周其鉴、罗国杰等也在广宁建立农民组织，指导农民开展初步斗争。总之，上述各地区的农民运动成为广东农民运动的重要组成部分，对共产党人认识农民问题起了很大的促进作用，也为开展农民运动提供了工作方法。

当然，农民运动的发展不是一帆风顺的。海陆丰地区的农民运动曾被两次取缔而转入低潮。彭湃在领导海陆丰农民运动过程中，感触最深的一个方面就是缺少同志，即缺少从事农民运动的干部，认为培养农运骨干是当务之急。也就是说，要推动农民运动的深入发展，就必须培养农民运动骨干。这是他积极倡导创办农民运动讲习所的重要原因，体现了农民运动发展的现实诉求，展现了创办农民运动讲习所的实践逻辑。

（二）全国早期的农民运动

中国共产党领导的早期农民运动，除了广东之外，几乎遍布全国，在一些地方影响较大。1921 年 9 月 27 日，沈玄庐和李成虎等组织成立了浙江省萧山县衙前农民协会。《衙前农民协会章程》和《衙前农民协会宣言》规定了农民协会的性质、宗旨和机构,提出了"土地是应该归农民使用。……该归农民所组织的团体保管分配"[①]等要求。在衙前农民协会成立的鼓舞和带动下,萧山几十个村庄先后建立了农会组织。1921年秋冬,萧山农村出现了建立农会的高潮,并迅速影响到周边地区。在半年左右的时间里,有80个农民协会先后建立。与此同时,农民运动也开展起来。比如衙前农协联合附近几个村庄的农民,召开了减租抗捐示威大会,吓得地主不敢下乡收租。不过,萧山的地主不甘心失败,勾结官府镇压农民运动。12月18日,浙江省警察厅和绍兴官府派出大批军警,镇压了正在参加减租大会的群众,用暴力强行解散了农民协会。

湖南衡山白果乡位于衡山、衡阳和湘乡三县交界的地方。军阀赵恒惕及其亲故占有这里的大部分田地,对农民实行残酷剥削。共产党员刘东轩等在1923年5—6月,同这个地区的农民接触。经过宣传、教育和动员,农民觉悟大大提高,纷纷要求加入农工会,以至周围数十里有十余万人参加了农工会。1923年9月,岳北召开农工会成立大会,到会者一万多人。大会通过了宣言以及《关于本会对政府态度之议决案》《关于农民们的生活要如何改良之议决案》《关于农村教育之议决案》等文件,并选举了组织委员会,互推委员长及财政、宣传、教育等委员各1人。农工会成立以后,领导农民开展了平粜和阻止谷米棉花出境等斗争。军阀赵恒惕及地主豪绅异常恐慌,诬陷农工会为劫匪,于10月12日派军队包

[①] 《新青年》第9卷第4号,彭明主编:《中国现代史资料选辑》第1册(1919—1923),中国人民大学出版社1987年版,第438页。

围并捣毁了农工会。农民义愤填膺，第二天早晨聚集数百人，抢回被捕的人；反动军队开枪镇压。11月25日，赵恒惕又派军队到农工会所在地焚烧杀掠，惨无人道地镇压了白果的农民运动。

除了上述地区影响比较大的农民运动之外，全国各地还陆续出现了一定规模的农民斗争。如1923年12月26日，因不满地方政府的大肆搜刮，陕西省渭南县十余万农民在共产党员支持下，持各种农具包围了县城。县知事在强大的压力面前，答应了群众的要求：一不支差，二不出款。农民将县城围困了一天才散去。另外，华阴、华县的农民，因受不了反动军队的敲诈勒索，冲进了县城，但遭到反动军队的镇压。1923年12月底，浙江省海宁硖石、伊桥、广云桥一带农民奋起抗租，声势很大，但后来也被地主请来的反动军队镇压。

从国共第一次合作实现到广州农讲所兴办期间，全国各地的农民运动此起彼伏。1924年3月中旬，山东省历城县药山一带农民反抗贪官污吏和土豪劣绅强占土地兴办森林局的斗争获得成功。1924年6月，河南省卢氏县十多万农民反对军阀驻军，包围了县城，附近嵩县、洛宁、灵宝等县的保卫团四千多人前来援助。1925年8月，山东农民运动兴起，在安丘、济南、齐河等五县建立了乡农会，南部一带的红枪会也有了活动。四川省也掀起了农民运动，10月在宜宾、巴县、高县、南充、江北、营山等县建立了农会组织。1925年10月，湖北省农民协会临时执行委员会成立时，全省已拥有汉川、黄梅、黄安、黄冈等县7个区农民协会，14个乡农民协会，会员一万多人；各地成立平民学校38间，俱乐部4间，合作社2个，自卫团2个，读书社1个，书报室1个，还出版了《湖北农民》半月刊及画报。此时，河南省已经有二十多个县建立了农民协会组织，其中信阳、杞县、许昌、荥阳4个县成立了县农民协会；长葛、睢县、密县、安阳、修武、阳武、郑县、开封、洛阳9个县成立了区农民协会。全省已组织农民自卫团约十万人，并创办《农话周报》。察哈尔的张家口也成立了农民协会，有会员600人。在中共北方区委的领导下，内蒙古的不少地方相继建立了农民协会、牧民协会等。

综上所述，中国共产党高度重视农民问题，在理论上加深了对农民问题的认识，在实践上推动了农民运动的兴起和发展。国共合作实现后，由于国共两党的重视、支持与领导推动，全国各地的农民协会有如雨后春笋，层出不穷，农民运动加快发展。农民运动的深入发展客观上要求创办农民运动讲习所，以培养农运骨干，加强对农民运动的领导和指导，更好地动员和组织农民投身到国民革命之中。可以说，广州农讲所的创办是农民运动发展的客观要求和现实需求，符合推动农民运动发展的实践逻辑。

第二节　广州农民运动讲习所的创办

广州农民运动讲习所是国共第一次合作的产物。共产国际的理论和策略指导，国共两党对农民问题的共识，以及国共两党的共同努力与真诚合作，最终促成了广州农民运动讲习所的创办与健康顺利发展。

一、共产国际关于农民问题理论的指导与影响

中国共产党是在苏联和共产国际的帮助、指导与推动下成立的。中共二大决定加入共产国际之后，共产国际对中国共产党更是在理论与实践中给予直接指导，其中在中国农民问题理论上的指导，对中国共产党倡导创办农民运动讲习所具有直接指导意义。

同时，共产国际不仅促成了国共第一次合作，而且在国民党政纲包括农民问题政策上也产生了影响，成为国民党同意创办农民运动讲习所的影响因素。

在中国共产党关于农民问题理论的形成和发展过程中，共产国际起了重要作用。它曾向中共中央发来大量指示，在理论、策略等多方面给予了重要指导，从而推动了中国共产党农民问题理论的形成和发展。这为共产党提议创办广州农讲所提供了认识基础与理论指导。1922年11—12月，共产国际召开第四次代表大会。中国共产党派代表参加会议并作了《关于中国形势的报告》。在讨论中，共产国际东方部负责人拉狄克认为，革命党人要走出学者书斋到群众中去，特别是到"农民群众中去。"[①]大会就东方落后国家的"土地问题"指出，"东方各落后国家的革命运动，如果不依靠广大农民群众，就不可能取得胜利。因此，东方各国的革命党必须明确制定自己的土地纲领。"[②]这些思想和观点无疑影响了出席会议的中共代表以及党中央。1923年5月，共产国际又专门指示中共，在建立反帝战线和进行民族革命的过程中，必须开展农民土地革命，才能取得胜利。值得注意的是，上述指示明确提出"全部政策的中心问题乃是农民问题"，"共产党必须不断地推动国民党支持土地革命。……必须实行有利于贫苦农民的没收土地政策"[③]。共产国际指示中国共产党要把农民问题和开展土地革命放在中心位置，无疑对中共中央以及随后召开的

---

① 《共产国际有关中国革命的文献资料（1919—1928）》第1辑，中国社会科学出版社1981年版，第65页。

② 《共产国际有关中国革命的文献资料（1919—1928）》第1辑，中国社会科学出版社1981年版，第69页。

③ 《共产国际有关中国革命的文献资料（1919—1928）》第1辑，中国社会科学出版社1981年版，第79页。

中共三大产生了直接的影响。

1923年6月，中共三大在广州召开，在共产国际指示的影响与指导下，大会强调农民在革命中"占非常重要地位，国民革命不得农民参与，也很难成功。"①据此，会议提出："拥护工人农民的自身利益，是我们不能一刻疏忽的；对于工人农民之宣传与组织，是我们特殊的责任；引导工人农民参加国民革命，更是我们的中心工作。"②会议明确提出要唤醒农民，并针对农民的利益在田赋、田租以及重要农产品价格等方面提出了5项要求。党的三大专门制定了第一个《农民问题决议案》，尽管没有提出解决农民问题的具体办法，但强调"保护农民之利益而促进国民革命运动之必要"，③把保护农民利益与国民革命联系起来。这为国共两党在农民问题上的合作奠定了理论和策略基础，对共产党倡导创办农民运动讲习所，对组织和开展农民运动都具有重要的指导意义。

共产国际关于农民问题的理论和策略，无疑也对国民党产生了重要的影响。在国民党一大召开前，共产国际执行委员会专门通过了《关于中国民族解放运动和国民党问题的决议》。它在肯定国民党革命派认识到必须接近劳动群众的同时，又指出国民党应当把全国的解放运动建立在广大人民群众支持的基础上。该决议阐述了以民主革命精神解释三民主义的观点，提出民生主义不

---

① 《中国共产党党纲草案》（1923年6月），中共中央文献研究室、中央档案馆编：《建党以来重要文献选编》（1921—1949）第1册，中央文献出版社2011年版，第251页。

② 《中国共产党第三次全国代表大会宣言》（1923年6月），中共中央文献研究室、中央档案馆编：《建党以来重要文献选编》（1921—1949）第1册，中央文献出版社2011年版，第277页。

③ 《农民问题决议案》（1923年6月），中共中央文献研究室、中央档案馆编：《建党以来重要文献选编》（1921—1949）第1册，中央文献出版社2011年版，第263页。

是把土地收归国有，而"应当把土地直接分给在这块土地上耕种的劳动者"①，以消灭土地阶级土地占有制度。这些解释成为国民党相关政策制定的重要原则。

1924年1月，国民党一大通过了《中国国民党第一次全国代表大会宣言》（以下简称《宣言》）。据知，《宣言》由国民党改组顾问鲍罗廷起草，瞿秋白翻译，汪精卫润色。如果是这样的话，共产国际的影响就不言而喻了。这个《宣言》与中共三大文件相比，对于农民问题的阐述详细了很多，并较为具体地说明了解决农民土地问题的纲领。《宣言》充分肯定了农工在国民革命中的地位，指出国民革命要依赖于农工参加，以增强国民革命的势力，为此要全力扶助农工运动。在解释民生主义时指出，最主要的原则是平均地权和节制资本。《宣言》提出了多项有利于农民的政策，比如"国民党之主张，则以为农民之缺乏田地沦为佃户者，国家当给以土地，资其耕作"，②严禁田赋地税之法定额，禁止一切额外征收。另外，《宣言》还提出由国家规定土地法，以及土地征收、使用与地价税法等。

从上可以看出，共产党的农民问题理论和政策直接得到了共产国际的指导。同时，国共第一次合作是在共产国际和苏联的帮助、指导和推动下实现的。共产国际对国民党联俄联共扶助农工政策的形成具有直接影响，对国民党的农民问题理论和政策也具有重要的影响。国民党一大重新解释的三民主义，与共产党的政纲在一定时期内基本方向是一致的，在一些政策上是可以包容共

---

① 《共产国际有关中国革命的文献资料（1919—1928）》第1辑，中国社会科学出版社1981年版，第82—83页。

② 中国第二历史档案馆编：《中国国民党第一、二次全国代表大会会议史料》（上），江苏古籍出版社1986年版，第87页。

存的。因此，重视农民问题，开展农民运动是国共两党的共识，而创办农民运动讲习所正是开展农民运动、增进国民革命的实力的必要步骤与重要举措，这正是国民党和孙中山即刻同意共产党提出的创办农民运动讲习所的直接原因，也体现了共产国际的直接指导和现实影响。

二、共产党与广州农民运动讲习所的创办

在广州农讲所的创办问题上，共产国际关于农民问题的理论和策略发挥了直接指导作用，而共产党在理论和实践上对农民问题的认知，则是创办广州农讲所的内在驱动力。

（一）共产党对农民问题的认知

半殖民地半封建的中国是一个农业大国，农民占人口大多数。共产党的主要成分也是农民阶级。因此，共产党从成立之日起，就对农民问题有一定的认知，并且随着农民运动的发展，对农民问题的认识逐步深化，并进行了实践探索。党的一大对农民问题的认识是抽象和笼统的，当时把工人运动作为党的工作重点。1922年6月15日，中共中央发表对时局的主张，分析了农民的地位、遭受痛苦的状况和原因，提出"没收军阀官僚的财产，将他们的田地分给贫苦农民"。[1] 这是共产党第一次在正式文件里提出"田地分给贫苦农民"的主张。同时，还提出了"定限制租课率的法律"[2] 的问题。这些都是保障农民利益、减轻封建剥削

---

[1]《中国共产党对于时局的主张》（1922年6月15日），中共中央文献研究室、中央档案馆编：《建党以来重要文献选编》（1921—1949）第1册，中央文献出版社2011年版，第98页。

[2]《中国共产党对于时局的主张》（1922年6月15日），中共中央文献研究室、中央档案馆编：《建党以来重要文献选编》（1921—1949）第1册，中央文献出版社2011年版，第98页。

和改善农民生活的重要政策。中共二大宣言和议决案中明确提出农民是革命运动中的最大要素，农民参加革命，才能保证革命的成功。因此，号召农民参加到反帝反封建的革命之中。1922年11月，中共中央制定了《中国共产党对于目前实际问题之计划》，指出农民至少占全国人口的60%以上，其中占半数的佃农，自然是工人阶级最有力的友军，初步形成了农民同盟军的思想。另外，在分析农民遭受剥削压迫原因的基础上，提出了解除农民痛苦的6条办法。党的三大在农民问题的认识上前进了一步，提出要保护工农利益，组织和领导工农参加革命。大会通过的《农民问题决议案》是第一次专门制定的农民问题决议案，明确提出为农民阶级的正当利益而斗争。1923年11月24—25日，共产党召开三届一次中执委会议，也通过了专门议决案，指出要在农民间开展宣传和组织工作，从实质上推进农民运动。国共合作实现后，国民党明确了联俄联共扶助农工的政策，增进了国共两党在开展农民运动方面的协同和互动。1924年5月，共产党决定在中央和各省（区）委层面设立领导农民运动的机构，选派干部到农村建立农民组织，领导农民运动。会议还提到田税问题、税收问题，以及成立乡团和武装农民等主张。与此同时，共产党也开始了推进农民运动的实践。

可以说，农民问题的重要地位要求开展农民运动，而顺利和有力地开展农民运动，就需要大批农民运动骨干，以解决农民运动日益发展与农运干部严重缺乏之间的矛盾。这是国共第一次合作实现后，中国共产党力倡成立农民运动讲习所的直接动因。

（二）共产党与广州农讲所的倡建

广州农讲所的创办是共产党农民问题理论逐步深化和农民运动不断发展的结果，体现了理论与实践的有机统一，具有创办的理论逻辑和实践逻辑。中国共产党是创办广州农民运动讲习所的倡导者，也是农讲所的筹建者和实际主持者，对于农讲所的创办、续办和发展具有无可替代的主导作用。中国共产党把维护和发展农民利益作为革命的中心工作，把农民作为中国革命的主力军，作为中国革命取得胜利的必要条件。它在组织和发动农民参加革命的历程中，从农民运动的实际和中国农民的现状出发，致力于培养农民运动骨干，以更好地开展农民运动，推进中国革命的发展。1924年1月国共合作的实现，特别是国民党从实质上确定了联俄、联共、扶助农工的三大政策，为农民运动的发展提供了良好的条件。此时，国民党需要广大农民作为国民革命的基础，对农民运动采取了积极的辅助政策。这为国共合作创办培养农民运动干部的培训机构提供了良好契机。

共产党人是创办广州农讲所的积极倡导者，特别是彭湃等共产党员发挥了关键作用。国民党一大后，共产党员林祖涵出任国民党中央农民部第一任部长。他邀请"农民王"彭湃来广州，担任农民部秘书。按照规定，"秘书襄助部长整理部务。部长不在时，代行部长之职"。[①]由此可知，当时彭湃协助部长处理农民部工作，发挥着重要作用。在开展农民运动的实践中，彭湃深感急需大批农运干部。因此，他积极主动地向国民党中央提议创办农民运动讲习所，以培养农民运动的指导人才。中共广东区委在给中央的报告中也提到："同时因为国民党改组后，国民党认定农民运动是革命工作之一，我们因用国民党中央农民部名义工作，开

[①]《农民部七月份工作经过报告》（毛笔原稿，1924年7月30日），台北中国国民党中央党史馆藏，汉12735。梁尚贤：《"彭湃把持农民部"说辨析——以台北中国国民党中央党史馆所藏档案为中心》，《近代史研究》2004年第5期。

办农民运动讲习所"。①农讲所第一届学员林务农曾回忆说："彭湃同志倡议创办农民运动讲习所，派遣农运干部充当农民部特派员到各地宣传组织农民协会等措施，都获得国民党中央执行委员会的通过。"②这进一步说明，举办农讲所是共产党员彭湃提议、国民党同意的。1924年6月30日，国民党中执委第三十九次会议决议举办农民运动讲习所。7月3日，广州农讲所第一期学员入学，共产党人自此肩负起培养农民运动干部的重任。

广州农讲所全称为"中国国民党农民运动讲习所"。它以国民党的名义开办，由国民党中央执行委员会举办，农民部主管，由共产党人主持。这是由当时特定历史条件决定的。第一，农讲所是国共合作的产物，当时共产党员以个人身份加入了国民党，所以农讲所即以国民党的名义开办。第二，国民党有几十年革命斗争的历史，在政治舞台和人民群众中有比较大的政治影响和号召力，在部分省份和地区可以公开活动。以国民党的名义开办农讲所，有利于招生和学员毕业后分配。第三，国民党在广州周边建立了政权，有相对稳固的根据地和财政收入，能够解决开办和维持农讲所必需的资金、校舍、设备等；这是当时共产党很难解决的。第四，农讲所开办于国共合作时期，国民党确定的扶助农工政策与共产党开展农民运动的精神原则是一致的，共产党人主持农讲所，既符合国民党扶助农工政策，动员和组织农民参加国民革命，也符合共产党实现农民利益的诉求，而有利于革命事业的发展。因此，共产党人借用国民党名义开办农民运动讲习所，

---

① 《广东农民运动报告》（1926年6月），广州农民运动讲习所旧址纪念馆编：《广东农民运动资料选编》，人民出版社1986年版，第105页。

② 林务农：《回忆彭湃烈士几件事》，中国人民政治协商会议广东省委员会文史资料研究委员会编：《广东文史资料》第26辑，广东人民出版社1980年版，第5页。

并在实质上发挥主办作用。

　　共产党人在管理和教育教学方面发挥着主导作用。从第一到第六届农讲所，先后由共产党员彭湃、罗绮园、阮啸仙、谭植棠、毛泽东担任主任或所长，其中彭湃担任了两届负责人。这些负责人政治素养和理论水平高，实践经验丰富，是培养农民运动干部的专家。当时农讲所的教员也大多数是共产党员，他们发挥着主导作用。另外，农讲所还经常聘请共产党的重要领导干部给学生作演讲或报告，这对于培养高素质农运干部发挥了重要作用。农讲所的课程大部分是由共产党人选定和主讲的，如《中国农民问题》《农民运动之理论》《农村教育》《军事运动与农民运动》等等，当然也有《三民主义》等理论课程。除此之外，课程资源当中还有一些重要农运方面的杂志文章，如毛泽东编订的《农民问题丛刊》，以及《农民运动》刊物上发表的共产党人的文章。还有《中国社会各阶级的分析》等重要文章，也是农讲所重要的课程资源。

　　共产党人在学员招收和培养方面也发挥着重要作用。按照农讲所简章关于"中国国民党员志愿从事农民运动者皆得报考"[①]的规定，在第一届和第二届招收的学生中，共产党员和青年团员占大多数。如第一届农讲所"共计学生三十六人（实为三十八人），同志占二十人，新学生占六人，平均各地方至少有两人以上。"[②]当然，这并不是共产党人"违规"，而是按条件录取。同时，农讲所还建立了党团组织，确保培养目标和水平。1924年10月5日，广东区团委负责人阮啸仙在给团中央的报告中提到，第二届学员

[①]《农民讲习所之简章》，《广州民国日报》1924年7月24日。
[②]《广东区团委代理秘书刘尔崧给团中央报告（第三号）》，1924年7月21日。

中将有百人可以做同志。另有相关文献显示，第三届学员中发展了党团员二十多人，第四届发展党团员五十多人，第五届也成立了团支部和党支部，第六届吸收党团员为数更多，并有庄严的入党入团誓词。广州农讲所学员结业后被分配到全国20个省区，他们对推动广东乃至全国农民运动的发展发挥了重要作用。

总之，广州农讲所是国共第一次合作的产物。它既是中国农民问题理论发展的实践结晶，也是中国农民运动发展的现实需要，体现了理论逻辑与实践逻辑的统一。农讲所作为中国共产党和国民党合作努力的结果，凝结着两党的辛勤付出和历史贡献。中国共产党是创建广州农讲所的倡导者，也是农讲所持续健康发展的推动者，更是农讲所的实际主持者，在农讲所建立和发展的过程中自始至终都发挥着主导作用。

三、国民党与广州农民运动讲习所的创办

（一）国民党对农民问题的认知

在共产国际与共产党的帮助和推动下，经历了旧民主主义革命失败的国民党，对中国农民阶级和农民问题的重要性也有了比较明确的认识。1923年1月，国民党在改组宣言中，提出了一条资产阶级的土地纲领，如由国家规定土地法等，限定私人土地额度，土地所有者估地价上报，国家可按价征税或收买等。1924年1月，国民党一大《宣言》肯定了农民对国民革命的重要性，提出了扶助农工的政策，如"严定田赋地税之法定额，禁止一切额外征收"，"清查户口，整理耕地"，"改良农村组织，增进农人生活"，[1]并在分析农民生活状况的基础上，提出对于佃户"国

---

[1] 中国第二历史档案馆编：《中国国民党第一、二次全国代表大会会议史料》（上），江苏古籍出版社1986年版，第90页。

家当给以土地资其耕作"。① 这大概就是"耕者有其田"的早期理论形态。

当然，国民党对农民问题认知的深化，还体现在国民党领导人的认识上。在旧民主革命时期，孙中山受其世界观的影响，看不到工农的力量，忽视人民群众的革命热情和动力作用。十月革命特别是五四运动之后，他对农民问题的认识明显发生转变，认为"革命行动欠缺人民心力，无异无源之水，无根之木"。② 他逐步觉悟到，不发动民众，靠单纯搞军事斗争的方法，不可能领导革命走向成功。在农讲所创办前后，他对农民问题的认识进一步深化，更清楚地认识到"农民是我们中国人民之中的最大多数，如果农民不参加革命，就是我们革命没有基础"。③ 因此，他主张把农民组织起来，并直截了当地指出："国民党这次改组，要加入农民运动，就是要用农民来作基础"，"我们的基础可以巩固，我们的革命便可以成功。"④ 这正是孙中山扶助农工政策的出发点和落脚点。此外，孙中山还认识到，国民革命成功要靠武装斗争，但不能依靠军阀，要使武力与国民相结合，使武力为国民之武力。更难能可贵的是，孙中山对解决农民土地问题有了进一步认识。他在第一届农讲所演讲时明确提出："我们解决农民的痛苦，归结是要耕者有其田。"⑤ 孙中山"耕者有其田"思想的形成，把新三民主义又大大地向前推进了一步，也表明孙中山的农民问

---

① 中国第二历史档案馆编：《中国国民党第一、二次全国代表大会会议史料》（上），江苏古籍出版社1986年版，第87页。

② 《孙中山选集》，人民出版社1981年版，第540页。

③ 《孙中山选集》，人民出版社1981年版，第935页。

④ 《孙中山选集》，人民出版社1981年版，第935页。

⑤ 《孙中山选集》，人民出版社1981年版，第939页。

题理论得到了进一步升华。但在如何实现"耕者有其田"方面，孙中山的构思与共产党的土地革命政策有实质性区别。他认为要"和平解决"土地问题，"让农民可以得利益，地主不受损失"。① 尽管这是不彻底的土地政策，但也体现了孙中山已有解决农民土地问题的设想和规划。特别是他在此基础上形成的扶助农工的政策，对农民运动的发展起到了至关重要的作用，成为农讲所得以创办的重要保障。

与此同时，廖仲恺等国民党左派领导人对农民问题的认知，也有利于农民运动的发展和农讲所的创办。廖仲恺比较早地认识到农民在国民革命中的地位和作用。他在第一届广州农讲所讲演时强调："国民革命之唯一要件为须得农民大多数了解与集中本党旗帜之下。如农民不了解与不集中本党旗帜之下，则革命断无成功之可言"。② 为此，他呼吁："吾人其不欲国民革命成功则已，否则必先去干农民运动！"③ 廖仲恺在黄埔军校政治班讲《帝国主义侵略史》这门课程时也强调："要想打倒帝国主义，非与共产党亲善不可，更非注意于最有革命力量的工农阶级不可。"④ 而且他还认为："只靠兵士去打仗，很难得到胜利，惟有工农兵的人联合，始可达到成功。"⑤ 廖仲恺在这里把革命成功与工农阶级联系起来，与农民运动联系起来，而且明确主张革命仅仅依靠士兵还不够，还必须依靠与工农的联合。这既体现了他对农民问题的认识，也体现了其统一战线思想。此乃廖仲恺坚定支持农

---

① 《孙中山选集》，人民出版社1981年版，第939页。
② 尚明轩、余炎光编：《双清文集》上卷，人民出版社1985年版，第698页。
③ 尚明轩、余炎光编：《双清文集》上卷，人民出版社1985年版，第703页。
④ 尚明轩：《廖仲恺传》，北京出版社1982年版，第183页。
⑤ 广东省社会科学院历史研究室：《廖仲恺集》（增订本），中华书局1983年版，第279页。

民运动的思想认识根源。

由上可见，在中国共产党的影响和帮助下，国民党及其领导人在国民党改组前后，对中国农民在国民革命中的地位和作用问题，认识不断加深，思想不断升华，对于组织农民，建立农民武装，甚至是解决农民土地问题，都形成了比较成熟的思考，并提出了土地纲领，形成了农民政策。这为农民运动的发展提供了思想基础和政治条件。这也是国民党同意开办和持续举办广州农民运动讲习所的思想认识基础。

（二）国民党与广州农民运动讲习所的举办和运行

国民党在国共合作前后逐步认识到农民问题的重要性，以及动员组织农民加入国民革命的必要性，这是国民党和孙中山确立扶助农工政策的认识基础。所以，国民党一大之后，旋即开始建立相关机构，组织开展农民运动。1924年1月31日，国民党一届一中全会召开，决定在国民党中央执行委员会下设立农民部，作为"专理农民事宜"[①]的领导机构，共产党人林祖涵为部长、彭湃为秘书。2月20日，国民党中执委会议确定了农民部的工作职责。3月19日，国民党中执委会议审议农民部提出的"制定农民运动计划案"。该文件系统地提出了组织农民协会和农民自卫团等重要事宜。会议决定"照原案通过，交由农民部择要派员组织。"[②] 5月5日，国民党中执委会同意农民部提出的组建农民运动委员会的议案，并规定该委员会"由农民部主理"，辅助农民部工作。该委员会的9名成员中，共产党人占6席，林祖涵担任主席。6月12日，国民党中执委会议通过农民部提出的"农民协

[①] 林祖涵：《中国国民党农民部两年来工作状况》，《中国农民》第6、7期合刊，1926年7月。

[②] 《中央执行委员会第十五次会议录》，《中国国民党周刊》第16期，1924年4月13日。

会章程修正案",后经修改通过。该案于6月24日呈报孙中山核准颁行。该文件共15章83条,指出组织农民协会,"其目的在谋农民之自卫,并实行改良农村组织,增进农人生活。"①从此,国共合作下的农民运动就有章可循了。6月底,国民党中执委会第三十九次会议,通过农民部提出的《农民运动第一步实施方案》,决定"组织农民运动讲习所,以一个月为讲习期间;讲习完毕后,选充为农民运动特派队员。"②同时,会议还决定由农民部制定《农民运动讲习所组织简章》。该章程明确创办农讲所的目的,是"养成农民运动人材,使之担负各处实际的农民运动工作"。③1924年7月3日,第一届广州农讲所开学。至此,国共两党共同创办的专门培养农民运动指导人才的学校正式诞生了。

从上可见,在国共合作实现后,国民党比较积极地落实扶助农工的政策,在共产党人的倡议下,举办农讲所并制定了章程,为农讲所的续办和发展提供了政策支持和体制保障。从1924年1月到国共第一次合作破裂,共产党人林祖涵、李宗达以及国民党左派廖仲恺、邓演达、彭素民等人分别担任和代理部长。共产党员彭湃、罗绮园等负责具体的部务工作。为了加强对农民运动的指导,更广泛和深入地发动和组织全国性农民运动,国民党二大要求各省党部都要设立农民部,由中央党部统一农民运动计划,并打算"在本国中、北两部选择相当地点各设农民运动讲习所,以扩大中国之农民运动。"④1926年3月,为了更有力地推进农

---

① 《农民协会章程》,《中国国民党周刊》第27期,1924年6月29日。
② 《中国农民》第2期,1926年2月1日,广东农民运动讲习所旧址纪念馆编:《广州农民运动讲习所资料选编》,人民出版社1987年版,第2页。
③ 《农民讲习所之简章》,《广州民国日报》1924年7月24日。
④ 中国第二历史档案馆编:《中国国民党第一、二次全国代表大会会议史料》(上),江苏古籍出版社1986年版,第417页。

民运动，国民党中央农委成立了中华全国农民协会临时执行委员会，并制定了《今后农运规划》，对各地农民运动的发展起到了重要指导作用。国民党相关组织机构的建立及其活动，对创办和续办广州农讲所发挥了举足轻重的作用。此外，广州农讲所的创办和续办得到了孙中山、廖仲恺等国民党领袖和左派人士的大力支持。孙中山十分关注农民问题，对创办广州农讲所非常重视，在经费十分困难的情况下，当时农民部的经费是各部最多的，对创办广州农讲所也给予经费保证，除了创办经费，还有每月的办学经费等，并给农讲所提供场地设施。在1924年8月21日第一届学员毕业典礼时，孙中山应彭湃之邀，到会发表了重要演讲，强调要用农民来做革命的基础，并亲自布置了毕业学员派往农村后的任务。廖仲恺给第一届学员讲授《农民运动所当注意之要点》，以实际行动落实扶助农民运动的政策，支持农讲所的工作。从第一届到第六届农讲所，都有一些国民党人担任课程讲授，还有一些国民党要员应邀来农讲所开展演讲。在国共两党的通力合作下，农民运动讲习所有序运行，为全国20个省区培养了大批农运人才，发挥了应有的作用，作出了历史性贡献。

（三）国民党与广州农讲所创建前后农民运动的发展

在国共合作的背景下，国民党比较积极地贯彻扶助农工政策，特别是举办农民运动讲习所后，共产党积极推动国民党扶助农民运动。"国民党自第一次全国代表大会之后，即确定农民运动之政纲，努力领导农工群众，从事解放运动。"[①]"对于组织、宣传，均积极进行，分派农民运动特派员于各地，努力工作"。[②]这些

---

① 《中国农民问题》，1927年1月，《第一次国内革命战争时期的农民运动资料》，人民出版社1983年版，第5页。

② 《广东农民运动概括》（1922年至1926年），《第一次国内革命战争时期的农民运动资料》，人民出版社1983年版，第132页。

都保障和推动了农民运动的发展。

国民党扶助农民运动体现在保护农会和农民利益上，对于破坏和摧残农会组织的案件及时立案处理。1924年2月10日，顺德大良农民会议决定组织农团，得到国民党中央执行委员会、农民部和广东省长的支持。3月中旬，广东省长杨庶堪训令顺德县长："即便遵照办理"。① 这是经程序批准立案的第一支农民自卫武装。这表明国民党具有扶助农民运动、保护农民利益的实际行动。当然，也有县里压抑农会不允立案的事件。如广宁县长李济源对省长要求保护农民电令置之不理，被免去县长职务。廖仲恺任广东省长后颁发布告，宣告"广宁农会经已核准立案，系为法定机关，无论何人，不得肆意作践。"② 这样，广宁农会在国民党的大力支持下获准立案。广东省发生的影响重大的摧残农会事件之一，是广宁县劣绅黄鄂棠等捣毁、围攻江屯、潭饰两地农会案。此案得到孙中山、胡汉民、廖仲恺、许崇智等高度关注和支持，国民党中执委会议决议"函请省署从严究办"，③ 由此事件迅速果断得以处理。武装支持广宁农民减租运动，是当时影响重大的一起保护农民利益事件。国民党和革命政府"前派人本营铁甲车队开赴广宁，保护农会，剿办匪徒"。④ 这是"国民党有史以来第一次武装帮助农民之伟举"。⑤ 总之，由于国民党和革命政府的领导人对三大政策有比较明确的认识，态度较为坚决，所以在处理农会受到不法侵害和摧残时，

---

① 《顺德农民设团自卫》，《广州民国日报》1924年3月14日。
② 周其鉴：《广宁农民反抗地主始末记》，收入《农民问题丛刊》。
③ 《中央执行委员会第三十七次会议录》，《中国国民党周刊》第27期，1924年6月29日。
④ 尚明轩、余炎光编：《双清文集》上卷，人民出版社1985年版，第729页。
⑤ 《阮啸仙文集》，广东人民出版社1984年版，第169页。

"站在农民利益方面,切实为农民援助,使农民得到相当的胜利。"①这对推动广东农民运动的发展起了重要的保障作用。对此,中共四大指出:"最近的一年以来,在南方国民党政府领域之下,农民已经被引入民族解放运动,这是国民党的农民政策的结果。"②中共广东区委也认为:"在国民党帮助之下,使农民运动收了许多效果;在国民党统治之下,农民得到了相当的自由能够公开组织……这实是农民运动兴起的一个原因。"③应该说,中国共产党此时对国民党政策和作为的评价,客观地反映了国民党执行扶助农民运动政策的总体情况。此时,国民党的政策和行为不仅得到认可,而且有些事件可圈可点。

据梁尚贤研究,国民党在1924—1925年,中央层面专门研究农民问题的会议就有40次。这些会议比较历史地再现了国民党相关政策的制定和出台情况;这些文件则比较客观和完整地反映了相关政策的执行情况。它们是国民党执行扶助农民运动政策的历史见证。当然,广东农民运动的局面是在国共合作条件下形成的。国共两党各司其职,相互配合。有关农运的大政方针,大多是在共产党的帮助和推动下,由国民党中央制定。而政策的贯彻执行和具体实施,到处都有加入国民党的共产党人的身影,甚至是共产党人领导完成的。中共广东区委曾在报告中说:"现在国民党中央党部农民部的特派员差不多百分之九十九是我们同志。我们实际做了农民运动,把名誉送给国民党,可以说是我们

---

① 《中国农民运动近况》,1926年。
② 《对于农民运动之议决案》(1925年1月),中共中央文献研究室、中央档案馆编:《建党以来重要文献选编》(1921—1949)第2册,中央文献出版社2011年版,第241页。
③ 《广东农民运动报告》(1926年6月),广州农民运动讲习所旧址纪念馆编:《广东农民运动资料选编》,人民出版社1986年版,第55页。

成功不居"。①当然，这是决策层和执行层的分工合作关系。对国民党的作用不可抹杀和低估，对共产党的作用也要讲够讲透。

我们在肯定国民党推动农民运动发展的同时，也要看到国民党在发展农民运动方面的局限性。由于国民党的阶级局限性，它扶助农民运动的目的是要农民为国民革命而奋斗，对于真正的农民运动有许多限制，如不能一切权力归农会，建立农民武装要特许，不能暴力解决土地问题，所以农民在国民革命中尽管贡献很大，但当时获得的利益却很少。当一些地主、军阀侵害农民利益和摧残农会时，国民党大多是消极处理，甚至有些问题得不到解决。另外，国民党内存在左中右三派，比较积极支持农民运动的人占少数，大多数人消极旁观甚至阻挠反对。从国民党与广东农民运动发展的历史纵向来看：1924年1月到1925年7月，国民党对农民运动的态度是比较积极的；从1925年8月到1926年7月，国民党中央基本上能够坚持扶助农工的政策；从1926年7月北伐战争开始，国民党逐步放弃了扶助农工的政策。北伐战争以后，国民党的工作重点发生了变化，军事斗争成为主要任务，此时广东的农民已经发动了起来，投入到大革命的洪流。随着北伐的进展，革命的中心开始由广东转移到湖南湖北；广东不再是唯一的根据地了，地位也就发生了变化。在大革命的高潮中，农民对土地等问题提出了现实要求，这与国民党当下的土地政策发生了直接冲突，而现实中的农民运动不免伤害了一部分参加国民革命的地主和军阀的利益，于是他们对农会的诽谤甚至是摧残的事情也就发生了。在阶级利益冲突面前，国共合作的联合战线遭到了挑

---

① 《广东农民运动报告》（1926年6月），广州农民运动讲习所旧址纪念馆编：《广东农民运动资料选编》，人民出版社1986年版，第55页。

战,三大政策也逐步地被国民党所丢弃。但总的来看,在广州农讲所时期,国民党基本上能够坚持三大政策,对广州农讲所的创办和续办,对推动广东农运的崛起和发展功不可没。

总之,广州农民运动讲习所是国共第一次合作的结果,其创办具有特定的历史背景和条件,是国共两党对农民问题认识深化的产物,也是农民运动实践发展的客观需要,具有创办的理论逻辑和实践逻辑。

第二章　第一至五届农民运动讲习所

从1924年7月3日第一届学员入学，至1925年12月8日第五届学员毕业，广州农讲所在共产党人彭湃、罗绮园、阮啸仙、谭植棠的主持下，相继开办了五届，录取正式学员603名和旁听生25名，其中大部分为广东籍学员。经过系统的革命理论学习、严格的军事训练和丰富有效的实践培训，他们之中有479名学员（含25名旁听生）毕业。这些学员分赴全国各地，发展党的组织，宣传农运理论，举办农讲所、农训班，培育出大批优秀的农运骨干，点燃了农民运动的熊熊烈火。广州农讲所作为一所新型的培养农运骨干的学校，其在组织管理、学员管理、教员管理等工作上卓有成效的实践，为锻造优秀的农运干部队伍提供了坚强保障，也为推动广东乃至全国农民运动的勃兴作出了巨大贡献。

第一节　第一至五届广州农讲所的开办与组织管理

第一至五届广州农讲所的名称是"中国国民党中央执行委员会农民运动讲习所"。农讲所由国民党中央农民部主管，实际由中国共产党主持、主办和主导。它之所以能够顺利开办和续办，除了受到国共第一次合作、国共两党对农民问题的共识以及农民运动发展等历史条件与主客观因素的影响和驱动外，还得益于其在办学实践中逐步形成了适合农讲所特点的组织管理模式，保障了农讲所的教育教学、人员管理等工作有序开展，达到了主管和主办方预期的效果。

一、彭湃与第一届广州农讲所的开办

彭湃是我国著名的无产阶级革命家，是党内最早重视并实际从事农民运动的著名领袖之一，在广州农讲所的创办中，发挥了重要作用。他在从事农民运动的实践中，深感培养农民运动指导人才的重要性和必要性，在国共合作的历史条件下，倡议开办并主持了首届和第五届农民运动讲习所。

（一）倡导设立农讲所

彭湃于1896年10月出生在广东海丰县一个工商业兼地主的家庭，1917年在日本东京成城学校学习时改名彭湃。1918年考入早稻田大学政治经济科，1921年毕业回国并加入社会主义青年团，1924年加入中国共产党。早在1922年彭湃便发动了海丰农民运动。1923年被选举为海丰县总农会会长；随后相继担任改组后的惠州农民联合会会长、广东省农会执行委员长，后来被誉为"农民运动大王"。

国共第一次合作前后，以海陆丰为引领的广东农民运动逐步开展，并迅速发展壮大，对农民运动干部提出了极大需求。彭湃根据自己领导的海陆丰及东江农民运动的经验，意识到农运工作同志太少是一个亟待解决的问题。特别是1923年的"七五农潮"[1]，

---

[1] 1923年七八月间，海陆丰连续两次遭受台风袭击，灾情严重。农会发表《为减租而告农民》的公开信，要求减租，引起地主的仇视。海丰县长王作新与地主豪绅沆瀣一气，于同年8月16日（农历七月初五）凌晨派出军警三百多人，包围、袭击海丰总农会会所，逮捕农会干部杨其珊等25人，并下令取缔农会，通缉彭湃，同时派出警兵，到各乡各村催迫农民十足交租，查缴农会会员证章。这次事件被称为"七五农潮"。

更让他体会到农民运动干部的缺乏已成为制约农民运动迅速发展的一个重要因素。他在给刘仁静的信中提及:"中国的内乱就是我们散布种子的机会,S.Y.及C.P.还要快些设法子使多些同志到乡村中来!"①彭湃认为培养一批既能吃苦耐劳又有革命才能的农运干部,是推动农民运动持续发展的必要条件。这是他倡导和提议创办农民运动讲习所的直接动因。

国民党一大后,共产党员林祖涵担任国民党中央农民部第一任部长,彭湃担任农民部秘书。不久后,彭素民继任农民部部长,但因病难以正常主持日常工作,彭湃便负责相关部务。为了推动农民运动发展,他向国民党中央党部提议创办农民运动讲习所,并为此进行了积极的准备。他草拟的《农民运动第一步实施方案》中,"组织农民运动讲习所"②为重要内容之一。1924年6月30日召开的中国国民党中央执行委员会第三十九次会议讨论并通过了该方案。

对于彭湃倡导设立农民运动讲习所一事,第一届农讲所学员林务农曾回忆说:"彭湃同志倡议创办农民运动讲习所"。③1924年7月21日,广东区团委向团中央的报告中也提到:"本区同志之在民校任职者,曾在民校提出设立农民运动讲习所一所。"④当时广东区团委的执行委员中在国民党内任职的执委,只有彭湃一人(时任农民部秘书)。而且,彭湃一直从事农民运动,对农

---

① 《彭湃致刘仁静信》(1924年1月20日),广东省档案馆等编:《广东区党、团研究史料(1921—1926)》,广东人民出版社1983年版,第64页。

② 罗绮园:《本部一年来工作报告概要》,《中国农民》第2期,1926年2月1日。

③ 林务农:《回忆彭湃烈士几件事》,中国人民政治协商会议广东省委员会文史资料研究委员会:《广东文史资料》第26辑,广东人民出版社1980年版,第5页。

④ 《刘尔崧给社会主义青年团中央的报告(第二号)》,广东省档案馆等编:《广东区党、团研究史料(1921—1926)》,广东人民出版社1983年版,第115页。

民运动有较为深刻的认识和感悟。因此,彭湃提出设立农讲所是比较可信的。

此后,国共两党通力合作,有序推动广州农讲所的创办工作。如时任财政部部长、广东省省长的廖仲恺负责筹措资金,帮助解决农讲所所址和办学经费问题;时任国民党中央组织部部长的共产党员谭平山积极做好农讲所学员的考核审查工作;此外农民部还统一编定了农民歌,制定了农会旗样式,使农讲所的兴办得到更广泛的宣传。

(二)主持第一届农讲所

自国民党中央执行委员会第三十九次会议之后,彭湃出任第一届农讲所主任一职,总管招生、课程安排、军事训练、考试考核及所务日常工作。在他的积极筹备和推动下,第一届农讲所于1924年7月3日正式开学,录取学员38名,其中女生2名。在这些学员中,党员或社会主义青年团员占了20人。该届农讲所所址设在广州越秀南路53号(现为89号)惠州会馆中国国民党中央党部,学员就在党部三楼天台一间临时搭建的木屋内上课[①],彭湃亲自为他们编排了座位。

在第一届农讲所开办期间,彭湃除主持日常所务工作以外,还负责制订农讲所的教学计划,经常与其他教员共同探讨教学内容与方法。该届农讲所教员除了主任彭湃之外,还有谭平山、罗绮园、阮啸仙、加伦、鲍罗廷、法朗克等。课程内容主要是国民革命的基本知识和农民运动理论与实施方法。据第一届农讲所学员陈雄志回忆,政治理论课程有鲍罗廷主讲的《十月社会主义革

[①] 萧一平:《给农讲所的信》(1964年12月13日),农讲所纪念馆藏,第一届学员档案:《萧一平》;钟觉:《访问钟道生老师记录》(1964年12月7日),农讲所纪念馆藏,第一届学员档案:《钟觉》。

命概况以及当前军阀割据的背景》，法朗克主讲的《国民革命与扶助农工》，林伯生、甘乃光主讲的《帝国主义侵华史》，刘卢隐主讲的《世界教育概况》，孙科主讲的《三民主义与三大政策》等①。彭湃为第一届农讲所学员主要讲授了海陆丰农民斗争的情况。在授课过程中，他和其他教员都十分善于运用通俗易懂的语言讲授深刻的革命道理，注重引导学员把理论和实际结合起来，使学员们深受教育，获益匪浅。

彭湃吸取了海丰农会被陈炯明多次破坏的沉痛教训，认识到农民武装在开展农民运动中的重要意义，所以在办学期间十分重视开展军事训练，增设军事训练课程，既有军事理论教学，又有军事技能操练，由黄埔军校教官负责讲授和操练。彭湃带领学员到黄埔军校进行为期10天的军事训练，并亲自教导学员骑马，以培养能文能武的农运骨干。

此外，彭湃在主持第一届农讲所期间，"最注意所外活动"及"农村运动实习"，②组织农讲所学员参加了国民党农民党员联欢大会，并在会后献演白话剧。他还带领学员到黄埔附近村落进行实习，取得了显著成效。总之，这些教学方法营造了良好学风。

首届农讲所学员经严格考核后，合格者准予毕业。考试方法分笔试和口试两种。在38名学员中，获得毕业者33名，被派出担任农民部首批特派员的有25名。经过近五十天紧张而有序的学习和训练，第一届学员于1924年8月21日毕业。国民党领袖孙中山、廖仲恺等出席毕业典礼。孙中山作了重要训词③，提出

---

① 陈雄志：《在第一届农民运动讲习所学习概况》，广东农民运动讲习所旧址纪念馆编：《广州农民运动讲习所资料选编》，人民出版社1987年版，第285页。
② 罗绮园：《本部一年来工作报告概要》，《中国农民》第2期，1926年2月1日。
③ 《帅座对农民运动讲习所训词》，《广州民国日报》1924年8月23日，该训词收录于《孙中山选集》下卷，人民出版社1963年版时篇名为《耕者有其田》。

了"耕者有其田"的主张,对学员提出了要求,给学员以极大鼓舞。学员们毕业后即被派往广东各县开展农民运动。农民部在1926年总结农讲所工作时,把第一届毕业学员称为"农民运动之推进机"[①]。

二、第二至五届广州农讲所的续办

第一届农讲所的顺利开办和农民运动优秀指导人才的培养,有力地推动了农民运动的发展,取得了突出的办学效果。据此,国共两党决定继续举办农民运动讲习所,在办学模式、教学内容和教学方法等方面,都借鉴了第一届农讲所的成功经验,并在此基础上进行了改进和完善。可以说,第一届农讲所为其他各届农讲所提供了经验样本。

(一)第二届农讲所

第一届农讲所毕业学员33人,而当时广东省有94个县,显然这与各地日益发展的农民运动对指导人才的需要是极不适应的。因此,"赓续举办第二届农民运动讲习所"[②]又提上了日程。对此,刘尔崧在给社会主义青年团中央的第三号报告提到:"近来成绩颇好,并拟续办一班,定两个月毕业,招二百人。"[③]由此可见,第二届农讲所扩充了招生名额,也延长了学习期限。开学典礼于1924年8月21日举行,与第一届学员毕业典礼同一天进行。第二届农讲所由罗绮园任主任,教员有罗绮园(兼)、阮啸仙、谭平山、彭湃等。所址同样设在广州越秀南路53号(现为89号)惠

---

① 罗绮园:《本部一年来工作报告概要》,《中国农民》第2期,1926年2月1日。
② 罗绮园:《本部一年来工作报告概要》,《中国农民》第2期,1926年2月1日。
③ 《刘尔崧给社会主义青年团中央的报告(第三号)》,广东省档案馆等编:《广东区党、团研究史料(1921—1926)》,广东人民出版社1983年版,第115页。

州会馆中国国民党中央党部。本届招收了广东籍学员计225名（其中女学员13名），"所招的学生多半是由本党同志在各县介绍来的，故此工人、农民占有半数。"①该届学员于8月22日正式开课，课堂设在国民党中央委员会礼堂。由于开学后不久，便发生了广州商团叛乱，于是遂将本届学员原定的两个半月的学习时间缩短，提前至10月30日毕业，毕业学员为142名。

（二）第三届农讲所

第三届农讲所所址迁往东皋大道1号，开始招收外省学员。这届农讲所由阮啸仙任主任，教员除阮啸仙外，还有廖仲恺、陈延年、彭湃、谭植棠、邓植仪、唐澍、赵自选、鲍罗廷、加伦、马马也夫等。本届学员于1925年元旦开学，4月1日毕业。据学员回忆，谭植棠讲授《社会发展史》，阮啸仙讲授《农民运动问题》，廖仲恺讲授《三民主义》，邓植仪讲授《农业知识问题》，唐澍和赵自选担任军事教官。

本届共录取学员128名，除2名广西籍学员、1名四川籍学员和3名不明籍贯的学员外，其余皆为广东籍；毕业学员114名，均为广东籍。这一届学员毕业时，国民革命军已取得了第一次东征的胜利，东江一带原受军阀势力压制的农民运动，由此得以恢复和发展。

（三）第四届农讲所

革命形势的迅猛发展，迫切需要向农村输送更多的农运干部。为此，国民党中央农民部决定在东皋大道1号续办第四届农讲所。这一届招生报名从1925年4月1日开始，4月20日截止。4月30日开展学员入学检查。经过考试和检查，录取合格学员共98名，

---

① 罗绮园：《本部一年来工作报告概要》，《中国农民》第2期，1926年2月1日。

5月1日开学，17日正式上课。本届农讲所主任为谭植棠，教员有谭植棠（兼）、阮啸仙、彭湃、唐澍、赵自选等。开学不久，发生了滇桂军阀杨希闵、刘震寰的叛乱，所址被强占，于是农讲所决定暂将学员送回原籍。各地学员于平定杨希闵、刘震寰叛乱后，返所上课。而海陆丰地区的学员因海员罢工，交通不便，未能回校。因学员人数过少，农讲所又补招了25名旁听生，继续授课两个月，至9月1日结束，毕业学员共76名（含25名旁听生）。

前四届农讲所"皆取材于纯粹农民子弟，系为养成冲锋陷阵之战斗员……已足表见其奋斗苦战之特具精神，可以勉强敷用"。[①] 前四届学员的突出表现和农讲所的办学成绩，得到国共两党和社会各界的广泛认可。于是，国民党中央农民部决议续办第五届农讲所。

（四）第五届农讲所

1925年9月14日，第五届农讲所在东皋大道1号开学。农讲所主任为彭湃，教员有彭湃（兼）、谭平山、毛泽东、罗绮园、阮啸仙、鲍罗廷、马马也夫等。本届农讲所招生时规定："在中学毕业及有相当程度者"[②]方可报考，表明该届农讲所注意吸收知识分子参加农民运动。本届招收范围扩大至八省，略具全国规模，共录取学员114名[③]，分为甲、乙两班，甲班均为外省学员，乙班以广东籍学员为主。有明确记载的外省籍学员72名，占半数以上，其中以湖南籍最多。办学期间，共产党的一些重要干部，如陈延年、张太雷、邓中夏、林祖涵等被邀请到所作报告，这对

---

① 罗绮园：《本部一年来工作报告概要》，《中国农民》第2期，1926年2月1日。
② 《农民运动讲习所第五届招生广告》，《广州民国日报》1925年9月16日。
③ 第五届农讲所录取学员114名，但名单上只有113名，漏缺1名；因资料缺少，无从查考。

提高学员的政治思想觉悟起了很大作用。经过近三个月的学习，12月8日该届学员均获得毕业。

由上可知，前五届共录取正式学员603名和旁听生25名，毕业学员479名（含25名旁听生）。[①] 从第一至五届农讲所的整个办学过程来看，农讲所的开办倡议由共产党人提出，农讲所的主持人均由共产党人担任，农讲所的大多数教员亦由共产党人担任。中国共产党实际上是农讲所的主办者、主持者和主导者。第一至五届农讲所主持人当时在国共两党及农运组织内都兼有重要职务，如表2-1所示：

表2-1　第一至五届农讲所主持人
在国共两党及农运组织中所任职务列表

主持人	农讲所职务	国共两党及农运组织任职
彭湃	第一届和第五届农讲所主任、历届教员	曾先后担任广东区团委农工委员，中共广东区委农民运动委员会负责人，国民党中央农民部秘书、组织干事，农民运动委员会委员，国民党广东省党部农民部部长，广东省农民协会常务委员。
罗绮园	第二届农讲所主任，第一、五、六届教员	曾先后担任中共广东区委农民运动委员会负责人，国民党中央农民部秘书，农民运动委员会委员，广东省农民协会常务委员，《中国农民》主编。
阮啸仙	第三届农讲所主任、历届教员	曾先后任广东区团委书记，中共广东区委农民运动委员会书记，国民党中央农民部组织干事，农民运动委员会委员，广东省农民协会常务委员。
谭植棠	第四届农讲所主任，第三、四届教员	曾先后任中共广东区委委员，国民党中央农民部组织干事，农民运动委员会委员，同时负责民众运动和统一战线工作。

[①] 由于有部分学员因所内学习生活艰苦而离开，或因革命需要而提前肄业，或受革命局势影响而被迫中断学业，故造成学员录取人数与毕业人数存在差距。

三、广州农讲所的组织领导

农讲所是在国共合作的政治格局下开办的,由国民党中央农民部对其进行管理。中国共产党则是农讲所的主办者、主持者和主导者。国共两党相互支持和配合,保障着农讲所的顺利运行。

(一)领导体制与组织机构

《农民讲习所之简章》规定,农讲所"一切事务由中央执行委员会农民部管理,其组织及课程则与宣传部、组织部商定之"①。国民党一大结束后,国民党中央党部共设八部,农民部为其中一部、专理农民事宜。那时具体事务并不多,设部长1名、秘书1名及组织员。农民部第一任部长和秘书分别由共产党员林祖涵和彭湃担任。同年5月,国民党议定组织农民运动委员会,作为农民部的辅助机构。农民运动委员会除了有农民部全部成员加入外,还有经农民部介绍、由中央执行委员会聘任的谭平山、廖仲恺、戴季陶等人参加②,但职责与工作不甚明显。后来,农民部逐渐繁忙起来,一方面要调查广东大势,另一方面要派特派员前往农村工作。1926年2月,农民部再次提出设立农民运动委员会,指导全国农运工作,委员由陈公博、毛泽东、谭植棠、甘乃光、萧楚女、宋子文等国共两党人士共同担任。这些机构对农讲所具有领导、管理和指导职责。

农讲所的自身的组织机构,一开始只有主任兼教员1人,另由国民党聘用一些临时性的教职员工。③从第五届农讲所开始,设主任1人,政治教育主任1人,军事教育主任1人,庶务部主

---

① 《农民讲习所之简章》,《广州民国日报》1924年7月24日。
② 罗绮园:《本部一年来工作报告概要》,《中国农民》第2期,1926年2月1日。
③ 陈登贵、林锦文:《广州农民运动讲习所》,《中国共产党干部教育研究资料丛书》第3辑,中国人民大学出版社1989年版,第5页。

任1人，其他人员若干人，并增设检查委员会，"由本所职教员及农民部派员若干人组织之。其权限为检查应考之学生合格与否，及学生入校后之一切行动"①。

除行政组织机构外，农讲所还有共产党、青年团等基层组织，体现了共产党人的领导作用。农讲所开办后，以原有党团员为基础，成立党支部或党小组及团支部或团小组，积极发展党团员，开展组织活动。农讲所邀请陈延年、阮啸仙、恽代英、谭平山、瞿秋白等党团领导干部作时事政治报告，研究党团员如何起模范带头作用和做群众工作等问题，以加强党对农讲所的领导。据文献记载和有关人士回忆，农讲所学员中的共产党员和青年团员，约占全所学员人数的一半以上，最多时达三分之二。第一届农讲所"同志占二十人，……又我们同志在该所组织　小组，每星期开会讨论一次"②。第二届农讲所"政治训练期中，计百六十人，同志占二十人，新参入者十余人，在训练中准备收入者三十余人。我们意想中将有百人可做同志"③。1925年1月，中共四大决定，要积极在国民党内和其他重要政治团体中发展党团组织，以"从中支配该党和该团体的活动"④。因此，第三、四届农讲所各自都迅速发展了数十名党团员。第五届农讲所成立了共青团"农所支部"⑤。这些党团组织都十分重视思想建设和组织建设，吸收

---

① 罗绮园：《本部一年来工作报告概要》，《中国农民》第2期，1926年2月1日。
② 《刘尔崧给社会主义青年团中央的报告（第三号）》，广东省档案馆等编：《广东区党、团研究史料（1921—1926）》，广东人民出版社1983年版，第115页。
③ 《阮啸仙文集》，广东人民出版社1984年版，第144页。
④ 《对于组织问题之议决案》（1925年1月），中共中央文献研究室、中央档案馆：《建党以来重要文献选编》（1921—1949）第2册，中央文献出版社2011年版，第258页。
⑤ 《团广州地委组织部关于十一月份工作报告》（1925年11月30日），中央档案馆、广东省档案馆编：《广东革命历史文件汇集》（1925年）（二），1982年印制，第238页。

先进分子入党入团，以扩大党团队伍，增强党团组织的战斗力。

第五届农讲所成立了学员的自治机构——学生自治会。自治会的执行机构即主席团的正主席，由本所主任兼任。全体学员均为会员，受自治会的统一管理，由所务会议负责监督。该自治会共设有两个部门，分别是受军事教育主任监督的管理部和受政治教育主任监督的俱乐部。各部职员均由学员选举产生，在任时间为期一个月。该会在期满后进行改选，职员可连选连任。学生自治会的成立，促使学员增进了自我管理，使之成为"有组织有纪律之最革命的战斗员"[1]，有利于达成农讲所教育学员的目的。

（二）组织章程

农讲所的组织章程较为完备。1924年7月24日的《广州民国日报》，曾刊载第二届农民运动讲习所简章。该简章共有11章，分别对农讲所的名称、宗旨、管理、科目，招生名额、时间、地点、投考须知及学费、毕业试和奖励等方面，作了相关规定。农讲所以"养成农民运动之指导人才、以实现本党救济农民之政策"[2]为宗旨；其所设置的教学科目具有较强的针对性，内容分为演讲、军事训练、体育训练、宣传实习、农民运动实习五大类别。其演讲的课程包括本党之主义，农民运动之理论、事实及实施方略，农村组织及农民生活，公民常识等内容；农民运动实习包括调查广州近郊农村组织和农民状况，以及协助近郊农民组织广州市郊农民协会。此外，简章对招生投考资格、考试科目、报名时间、考试时间及地点，也作了相应的说明。

第五届农讲所开办时，章程对所内各项组织事务规定得更为

---

[1] 罗绮园：《本部一年来工作报告概要》，《中国农民》第2期，1926年2月1日。
[2] 《农民讲习所之简章》，《广州民国日报》1924年7月24日。

详尽。第五届农讲所章程共有11章24条,分别为入学资格及手续、学额与考试、修业期限、教授科目、待遇、纪律、保证书与志愿书、休假、所址、招生入学时间与附则。它载明了农讲所组织管理和办学活动的基本准则。该章程指出,开展农民运动的原因,是为了"助长各种平民阶级之组织,集中民众之势力,共同奋斗,然后国民革命才有成功的日子"、"农民阶级为中国人口之绝对大多数"、"所以民族革命运动,必恃最大多数之农民参加"。[①]这阐明了国民党支持农民运动的必然性所在。章程总结了各届招生条件,指出第五届重视"考取中学毕业之学生"[②]。章程还规定了第五届的教学内容,主要包括五方面,包括三民主义、国民革命基础知识、农民运动理论及其实施方法、集会结社实习及宣传训练和军事训练。在待遇方面,学员的学费、膳费、寄宿费、堂费,以及服装、鞋袜和书籍讲义、纸张笔墨等生活及学习用品皆由农讲所免费提供。此外,每名学员每月还可领取3元的津贴零用。毕业成绩优良的学员,则被委派为农民部农民运动特派员。农讲所的纪律十分严明,章程规定:"本所宣布之一切规例及命令,均须绝对服从遵守","学生于入学时,须由该负责介绍之人填具保证书"[③],并提供保证书与志愿书的书写样式以供参考;学员只能在星期日或纪念日进行休假。

总之,农讲所之组织章程,对组织原则与领导体制、学员管理及教学管理等方面,均作了详细的规定。它成为农讲所组织活

---

① 中国国民党中央执行委员会农民部:《第五届农民运动讲习所章程》,广州农讲所纪念馆藏。

② 中国国民党中央执行委员会农民部:《第五届农民运动讲习所章程》,广州农讲所纪念馆藏。

③ 中国国民党中央执行委员会农民部:《第五届农民运动讲习所章程》,广州农讲所纪念馆藏。

动的重要依据。各届农讲所开办时均按章程的要求开展学员招收、教学与日常管理、毕业分配等工作，派遣学员至全国各地组织和领导农运工作，从而有力地促进了农民运动的兴起和发展。

第二节　第一至五届广州农讲所的学员管理

学员管理体现农讲所的办学模式，关乎农运人才的培养质量，也影响到将来各地农运的组织实施和成效。因此，农讲所办学之初就建立了一整套学员管理体制和制度规范。

一、规范的招生制度

农讲所学员的组织工作由国民党中央农民部与组织部、宣传部共同商定开展。学员招生选派工作是由国共两党合作承担的，主要渠道是由国民党中央农民部和各级国民党党部（该时期以共产党员和国民党左派为骨干）来进行，共产党组织也通过各种渠道宣传招募。

（一）招生宣传

农讲所以"通告各县农民协会介绍及登报招考"[1]，来落实招生宣传工作；招生计划和公告则通过各种宣传渠道对外公布。1924年7月24日，《广州民国日报》刊出第二届农讲所招生布告称："为招考事：照得本党农民讲习所现拟招第二届学生二百名，凡本党党员热心从事农民运动者皆得投考。自本月二十日起至月底止，每日上午十时至下午五时为报名期间。凡志愿投考各同志，请迅即亲携党证到中国国民党中央执行委员会农民部报名

---

[1] 罗绮园：《本部一年来工作报告概要》，《中国农民》第2期，1926年2月1日。

可也。"①7月27日，中华全国总工会省港罢工委员会向工友发出123号通告谓："我们革命的唯一的好友，就是农民。所以我们在革命阵线上，要与农民携着手向前跑去……凡我工友愿意到乡间去宣传者，皆可到东皋大道农民讲习所去报名。"②省港罢工委员会宣传部也在7月30日发出通告，希望罢工工友到东皋大道1号农民运动讲习所报考："昨奉省港罢工委员会来函，略谓顷准广东省农民协会函称：为使农民得明瞭此次罢工起见，特在农民运动讲习所，设一宣传班，请我罢工工友投考，并谓该班于夏期后即赴各地召集农友开会宣传等。"③第五届农讲所之招生广告，则发布在1925年9月16日的《广州民国日报》上，谓本届学员须携带国民党党证和半身四寸相片1张进行报名。以上情况说明，农讲所主要培养农运干部，也通过开设宣传班等培养工运干部。它是为适应当时革命斗争需要而开展招生和培养工作的。

（二）投考条件

在学员选拔方面，农讲所明确了选拔标准。从第一至五届制定的招生计划和公告可看出，各届农讲所招生的投考资格和条件略有不同。"第一、二届，以中国国民党员，志愿从事农民运动，而身体强健能忍苦耐劳者为合格"④，其中第二届还加设如下资格：文字通顺能演说者，二十岁以上三十岁以下，无家庭生活牵大之牵累者，不是奢华而态度诚恳者。第三、四届则专招农民协会会员或佃农子弟。前四届均"不限中学毕业"⑤，并声明不收

---

① 《农民讲习所之简章》，《广州民国日报》1924年7月24日。
② 《省港罢工委员会通告（123号）》，《工人之路》第34期，1925年7月28日。
③ 《宣传部通告各工友投考农所宣传班》，《工人之路》第38期，1925年8月1日。
④ 罗绮园：《本部一年来工作报告概要》，《中国农民》第2期，1926年2月1日。
⑤ 罗绮园：《本部一年来工作报告概要》，《中国农民》第2期，1926年2月1日。

田主及绅士的子弟；第五届则规定"年龄在十八岁以上，二十八岁以下，身体强壮，勤敏忠实，无恶劣嗜好，在中学毕业及有相当之程度者，始能合格"①。只要符合以上资格的生员，经规定的程序，就能报名。这也说明各届农讲所办学的情况略有差异，一切都要从实际出发。

（三）考试与考核

学员入学，须参加由国民党中央农民部组织的统一考试。考试包括笔试、口试、体检，考试合格方可录取。以第二届农讲所为例，学员报名以后，在广东大学进行考试测验。学员的审定要求十分严格："有农民协会介绍，或现为农民、工人者为最合格"②。

考试以口试为主，笔试为辅。笔试题目包括：现在做何种事业、觉得现在中国农民的地位如何？何以要进入农民运动讲习所读书？世界上何种人能与农民联合？本党何以要做农民运动？③等等。此外，学员还须填写入学检查表。检查表共有42个项目，内容主要涉及学员个人及其家庭的基本情况和革命工作经历等方面，具体包括"姓名、年岁、性别、结婚未、籍贯、住址、父亲之姓名及住址、父亲之职业（包括小农、富农、田主、小商人、买办、官吏、教员等），你曾在何校毕业？如未毕业能读写自如否？你的政治意见如何？你曾做过中国革命运动的工夫否？你在民国元年以前有无反抗非法运动？如有，何人知之？你在辛亥革命有参加战争否？在何处？能证明否？你在民国元年后有参加革命运动否？做何种工作？详说你在党内的政治活动，在护法政府内的政治活动、学生、农民或工人运动？能举例说明何年入国民

---

① 罗绮园：《本部一年来工作报告概要》，《中国农民》第2期，1926年2月1日。
② 罗绮园：《本部一年来工作报告概要》，《中国农民》第2期，1926年2月1日。
③ 罗绮园：《本部一年来工作报告概要》，《中国农民》第2期，1926年2月1日。

第二章　第一至五届农民运动讲习所　57

党？在何地方区属？你在满清或民国时因政治之故曾入狱否？你有无亲切戚友在乡村？你出世在城市抑或在乡村？你习惯农民生活否？你由何年起至何年止在乡村居住？你往常做何事业同何种人交际往来？你在广东或别省那县人识你最多？你或你的家在那地方占有大势力否？你曾做过农民运动工作否？你对于帮助农民的政治意见如何？你以为在中国那一等阶级应该为革命运动的基础？你有与亲戚绅士往还否？何种亲戚？你何故愿意入农民运动讲习所？将来你的家庭反对你在政治活动否？你将来遇着此等情形作何态度？你毕业后在农会做组织员、教员、指导员种种工作是很艰难很危险的，你已经有决心去做否？你曾向群众演说否？组织、教授、宣传、工业、军事等工作，你习惯何种或你的才能长于何种？你曾当兵否？如有在何处何军当过？你身体强壮否？你一日能行几多里？你能骑马否？你身体有无坏处或周期病？你识何种方言？何人介绍你入本讲习所？或你在何处闻得此所开办？"[1]等问题。

经过考试和审定，"该所已评定郑廷芳等一百名为正取，郑尔昌等二十五名为备取"[2]。从以上试题内容可知，第二届农讲所入学考试考核的重点是学员对农民问题和国民革命基础理论的认识和理解，以及学员从事革命意志和决心。正是由于农讲所具有明确的办学宗旨与目标，并对招生考核上有严格要求，才能培养出一批能够真正领导与推动农民运动发展的农运干部。

---

[1] 罗绮园：《本部一年来工作报告概要》，《中国农民》第2期，1926年2月1日。
[2] 《第二届农民学生揭晓》，《广州民国日报》1924年8月21日。

二、优质的学员来源

随着农民运动的发展和对农运人才需求的增加，农讲所的规模愈来愈大，学员人数越来越多，省籍分布愈来愈广。在国民党中央农民部和共产党人的组织领导和宣传发动下，农讲所按照招生制度和政策开展招生工作，生源质量得到保障，学员素质稳步提升。农讲所录取之学员，主要来自学生运动和工农运动的积极分子，或志愿从事农民运动的进步青年。

（一）招生概况

受革命局势的影响，各届农讲所的招生人数均不相同，计划名额与实际录取亦略有差异。经过严格的考试与考核后，前五届农讲所共录取学员603名和旁听生25名，其中第一届录取学员38人，第二届录取225人，第三届录取128人，第四届录取正取生98人、旁听生25人，第五届录取114人。第一届农讲所学员"以'五四'运动奋斗的经验而觉悟到要'入民间去'之分子"[1]为多，其次还有农民和工人；第二届农讲所学员主要为志愿从事农民运动的中国国民党员；第三、四届农讲所学员以农民协会会员或佃农子弟为主；第五届农讲所侧重录取具有中学文化程度的进步青年。第一、二届农讲所的招生范围仅限于广东省，随着革命形势的发展需要，从第三届农讲所开始，除了广东籍学员外，还招收广西籍和四川籍学员；第四届农讲所则招收了来自广东、广西、湖南三省的学员；至第五届农讲所，招生范围进一步扩大到8个省区。

---

[1] 罗绮园：《本部一年来工作报告概要》，《中国农民》第2期，1926年2月1日。

（二）学员构成分析

第一至五届农讲所学员大部分为共产党员、青年团员；他们由各地共产党和青年团组织选拔而来，在学习和各项活动中起着先锋模范作用。此外，还有一部分学员为国民党员、农民协会会员、进步学生或工农青运动中的积极分子。当时广东区团委代秘书刘尔崧在给团中央的报告中提到："本区曾通令各地方派人来所学习……请中央注意此项人才。"[①] 这与农讲所的招生政策和意向密切相关，当时就意识到"多招致在乡村农民运动中及市劳工运动中之与我们接近的工人农民入所"[②]。在农讲所学习期间，党团员皆严格要求自己，在学习和政治活动中起骨干作用。中共党员和团员的多数量和高质量，是农讲所学员良好政治素质的重要保证。

农讲所对学员籍贯均无限制，但从招生结果来看，以广东籍学员为多。除去目前籍贯不明的学员，广东省内外学员情况大致如下：第一、二届农讲所录取的学员均为广东籍；第三届农讲所录取广东籍学员 122 人、四川籍学员 1 人、广西籍学员 2 人；第四届农讲所录取广东籍学员 109 名、广西籍学员 2 人、湖南籍学员 11 人；第五届录取广东籍学员 41 人、广西籍学员 6 人、湖南籍学员 43 人、湖北籍学员 1 人、江西籍学员 4 人、山东籍学员 7 人、福建籍学员 2 人、安徽籍学员 3 人。由此可知，前五届农讲所录取广东籍学员共 535 人，约占招生总人数 628 人（含旁听生 25 人）的 85.19%。湖南、广西、湖北、山东、江西、安徽、福建、四川

---

① 《刘尔崧给社会主义青年团中央的报告（第三号）》，广东省档案馆等编：《广东区党、团研究史料（1921—1926）》，广东人民出版社 1983 年版，第 115 页。

② 《民校第二届农民运动讲习[所]事件》，广东农民运动讲习所旧址纪念馆编：《广州农民运动讲习所资料选编》，人民出版社 1987 年版，第 8 页。

8个省区籍的学员共计88人。这与广东是革命根据地以及国民党中央农民部当时主要致力于发展广东农民运动的战略布局分不开，也受到广东革命形势和即将到来的北伐战争等多种因素的影响。

学员的年龄构成较为均衡。由于现存资料没有历届农讲所入学学员的完整名单，且第一届和第四届农讲所的毕业学员名单缺少年龄的记载，因此我们试从第二、三和五届的毕业学员群体探究农讲所的学员年龄构成。此三届农讲所的毕业学员中有年龄记载的共348人，占前五届农讲所毕业学员人数的72.65%。考察这部分毕业学员的年龄分布，可概观前五届农讲所毕业学员的年龄构成。经统计，此三届农讲所的毕业学员中，21—25岁学员166人，是五个年龄段中最多的；15—20岁学员102人，人数则次之；26—30岁学员67人，人数排在第三；31岁以上学员人数较少，只有13人。由以上数据可知，前述三届学员的年龄构成较为均衡。这与各届的招生政策密切相关。第二届农讲所的招生简章规定投考人员须为"二十岁以上三十岁以下"[①]，第五届农讲所亦把入学年龄限制在"十八岁以上，二十八岁以下"[②]。农讲所招生政策中对学员入学年龄的规定较为严格，主要面向18—30岁年龄段的人员，客观上为青年人参加农讲所的学习提供了更多的机会，使青年人成为各届农讲所学员的主体。

三、以革命需要为导向的分配体制

农讲所创办伊始，主要是为了调查广东革命形势，培养和选

[①] 《农民讲习所之简章》，《广州民国日报》1924年7月24日。
[②] 罗绮园：《本部一年来工作报告概要》，《中国农民》第2期，1926年2月1日。

派特派员到农村开展工作,以唤起农民觉悟,维护和提高他们的切身利益。1924年8月21日,孙中山在第一届农讲所毕业典礼上作重要演说,明确指出农民问题的重要性,鼓励学员深入农村,组织开展农民运动。[①]因此,农讲所的学员毕业以后,服从革命工作的需要,除少数人从事工、青、妇、军等运动外,绝大多数人回到原籍宣传发动群众,组织农民协会和农民自卫军。

(一)分配去向

农讲所学员的毕业分配工作由国共两党共同主持。第一至五届农讲所共有毕业学员454名(另有旁听生25名),"三分之一由中央农民部分派为广东各地特派员,从事工作,三分之二则分遣回籍,从事地方农民运动。"[②]不过各届农讲所学员毕业后的分配去向情况略有不同。第一届毕业学员33人中,25人任农民部特派员,1名女学员派到农民部。第二届学员完成学业后,则"分别散往各县"[③]。第三届学员毕业后,留下15名在军事训练中表现较好的学员继续接受军事训练,旋派往各乡训练农民自卫军,并在其中选择4至5人,留任为第四届招生军事助教;还有20名学员到农民部任见习员,为该部调遣至各乡宣传农运;其余的全部派遣回乡"帮助农会办事"[④]。第四届学员毕业后有16人留所见习。第五届分甲乙两班招生,甲班全部为外省学员,乙班以广东籍学员为主,毕业时甲班学员分别派

---

① 《帅座对农民运动讲习所训词》,《广州民国日报》1924年8月23日,该训词收录于《孙中山选集》下卷,人民出版社1963年版时篇名为《耕者有其田》。
② 《全国农民运动概观》,《中国农民问题》,1927年1月,《第一次国内革命战争时期的农民运动》,中国现代史资料丛刊,人民出版社1953年版,第7页。
③ 罗绮园:《本部一年来工作报告概要》,《中国农民》第2期,1926年2月1日。
④ 罗绮园:《本部一年来工作报告概要》,《中国农民》第2期,1926年2月1日。

往生源地等各省工作，乙班则多派往东江及南路。①这些学员奔赴全国各地，组织和发动农民运动。比如，"所有广东各地农民协会多于此时组织起来；广东省农民协会亦于此时（一九二五年五一节）宣告成立"②。广州农讲所为广东乃至全国农民运动培养了大批人才，他们成为各地农民运动杰出的发动者、组织者和指导者。

（二）地域分布

第一至五届农讲所毕业学员大部分回到原籍，从事农民运动。根据现有前五届农讲所毕业学员的相关资料分析，这些学员毕业后的具体去向和区域分布情况大致如下。

1. 分布地域。根据1926年1月《广东省农民协会执行委员会通令（第□号）》可知，广东省农民协会将全省划分为七个区域，设立六个办事处，具体划分情况为：（1）潮梅海陆丰办事处设在汕头，辖潮安、海丰、普宁、陆丰等17个县；（2）惠州办事处设在惠州府城，辖惠阳、博罗、紫金、新丰、龙川、河源、和平、连平8个县；（3）西江办事处设在肇庆，辖四会、高要、广宁、鹤山等14个县；（4）南路办事处设在梅菉，辖茂名、信宜、阳江、电白、遂溪等15个县；（5）北江办事处设在韶关，辖曲江、乳源、翁源、英德、始兴、南雄、连县、连山等11个县；（6）琼崖办事处设在海口，辖琼山、澄迈、文昌、琼东、万宁、陵水、感恩、昌化等13个县；（7）中路地区包括广州市郊、番禺、南海、顺德、中山、新会、东莞、宝安、增城、龙门、花县、从化、三水、清远、佛冈等17个县。

---

① 罗绮园：《本部一年来工作报告概要》，《中国农民》第2期，1926年2月1日。
② 《全国农民运动概观》，《中国农民问题》，1927年1月，《第一次国内革命战争时期的农民运动》，中国现代史资料丛刊，人民出版社1953年版，第7—8页。

中路不另设办事处，各县农民协会受省农民协会直接指挥。[①]现按上述广东省农协对全省划分区域的界定，对前五届农讲所毕业学员的去向分布情况，进行分类梳理。

2. 充任农民部特派员的学员去向地域分布情况。经对现有资料的考查研究，尚未发现国民党中央农民部农民运动特派员的完整名单，及前五届农讲所全部学员毕业后具体去向和地域分布之相关记载。梳理目前可查到的国民党中央农民部派出的首批农民运动特派员（全部由第一届农讲所25名毕业学员充任）[②]名单、1925年9月30日农民部所定特派员分级表[③]、国民党中央农民部特派员名单[④]及1926年3月农民部制作的122名特派员的姓名及出发地点一览表[⑤]等史料，并参考广州农讲所纪念馆藏学员档案，得知前五届农讲所中有101名毕业学员曾被农民部委任为农民运动特派员（由于资料不足仍有部分学员的特派员身份未得到证实），其中84名学员载有分配去向。根据现有资料整理，他们充任农民部特派员的学员去向地域分布如表2-2所示（分配地域不详的学员不列入统计分析）。

---

① 《广东省农民协会各属办事处简章》，广州农民运动讲习所旧址纪念馆编：《广东农民运动资料选编》，人民出版社1986年版，第272—273页。
② 《罗绮园阮啸仙彭湃报告》（铅笔原稿，1924年11月29日），台北中国国民党中央党史馆藏，部13518—1，梁尚贤：《国民党与广东农民运动》，广东人民出版社2004年版，第634页注（259）。
③ 《农民部通告》（1925年9月30日），台北中国国民党中央党史馆藏，部13519，梁尚贤：《国民党与广东农民运动》，广东人民出版社2004年版，第635页注（261）。
④ 罗绮园：《本部一年来工作报告概要》，《中国农民》第2期，1926年2月1日。
⑤ 台北中国国民党中央党史馆藏，部11974，梁尚贤：《国民党与广东农民运动》，广东人民出版社2004年版，第635页注（263）。

表 2-2　充任农民部特派员的学员去向分布地区数量及人数统计表

地域 届别	中路人数	中路县数	潮梅海陆丰人数	潮梅海陆丰县数	西江人数	西江县数	惠州人数	惠州县数	琼崖人数	琼崖县数	北江人数	北江县数	南路人数	南路县数	广西（梧州与怀集两地）人数	广西（梧州与怀集两地）县数
一	12	7	0	0	1	1	0	0	0		1	1	1		0	0
二	8	9	0	0	4	3	0	0	0		2	2	0		0	0
三	7	6	1	1	4	3	5	3	0		0	0	1		1	1
四	5	4	0	0	0	0	1	1	0		0	0	0		1	1
五	2	2	2	2	1	1	7	4	5		2	2	5		4	1
小计	34	28	3	3	10	8	13	8	6	不详	5	5	7	不详	6	3

资料来源：1925 年 9 月 30 日农民部所定特派员分级表、国民党中央农民部特派员名单、1926 年 3 月农民部制作的 122 名特派员姓名及出发地点一览表和农讲所纪念馆藏学员档案。

如表 2-2 所示，从 1924 年 8 月至 1926 年 3 月间，由第一至五届农讲所毕业学员充任的 84 名农民部特派员中，出发中路 34 人，约占总人数的 40.48%；潮梅海陆丰 3 人，约占总人数的 3.57%；西江 10 人，约占总人数的 11.9%；惠州 13 人，约占总人数的 15.48%；琼崖 6 人，约占总人数的 7.14%；北江 5 人，约占总人数的 5.95%；南路 7 人，约占总人数的 8.33%；广西（梧州与怀集两地）6 人，约占总人数的 7.14%。（因工作需要，特派员的出发地点常有变动，不再一一注明。）

由上可知，第一至五届农讲所毕业学员成为农民部特派员后的去向分布呈现以下特点。第一，特派员的人数和去向分布处于动态变化中。资料显示，第一届农讲所曾派出 25 名毕业学员充任国民党中央农民部特派员，但在 1926 年 3 月农民部制作的 122

名特派员的姓名及出发地点一览表中，只有11人登记在册，这说明特派员人数常有变动。其原因一方面是受革命形势的影响，部分特派员被改派从事其他工作；另一方面也与农民部对特派员执行严格的考核制度、淘汰不称职的特派员等有密切关系。第二，农民部特派员中回原籍开展工作的学员不过半数。据统计，被国民党中央农民部派遣回原籍的特派员35人，其余大部分特派员则根据革命形势的需要被分派至广东各地。

3. 派遣回原籍学员去向地域分布情况。据史料记载，第一至五届农讲所约三分之二的毕业学员，回原籍开展农民运动。因此，只要对该部分毕业学员之生源地作一归类整理，就可知学员毕业后去向地域分布概况。由于资料的缺失，第一届毕业学员和第四届毕业学员名单中，各有1名毕业学员的籍贯不明，第二届、第三届和第五届毕业学员名单中，也各缺1人之籍，这些籍贯不详的学员暂不列入统计分析。因此，除前述101名已被确定为农民部特派员的学员外，前五届农讲所共约373名毕业学员（含25名旁听生毕业生）派遣回籍开展农运工作。根据现有资料的整理，派遣回籍的学员去向地域分布概况如表2-3所示。

表2-3 第一至五届农讲所派遣回籍的学员去向分布地区数量及人数统计表

地域\届别	中路县数	中路人数	潮梅海陆丰县数	潮梅海陆丰人数	西江县数	西江人数	惠州县数	惠州人数	琼崖县数	琼崖人数	北江县数	北江人数	南路县数	南路人数	广西县数	广西人数	湖南县数	湖南人数	安徽县数	安徽人数	江西县数	江西人数	湖北县数	湖北人数	山东县数	山东人数	福建县数	福建人数
一	4	6	1	1	0	0	0	0	0	0	0	0	0	0	0	0	0	0	0	0	0	0	0	0	0	0	0	0
二	8	63	6	10	6	30	2	3	7	19	0	0	1	1	0	0	0	0	0	0	0	0	0	0	0	0	0	0
三	10	49	3	8	7	20	5	10	3	4	0	0	1	1	0	0	0	0	0	0	0	0	0	0	0	0	0	0
四	8	15	2	2	2	3	3	5	1	2	1	16	4	8	0	0	6	11	0	0	0	0	0	0	0	0	0	0
五	6	8	1	1	2	3	1	1	1	2	0	0	2	4	1	3	15	42	1	3	3	4	5	7	6	7	1	1
小计	36	141	12	22	17	56	11	19	12	27	1	16	8	14	1	3	21	53	1	3	3	4	5	7	6	7	1	1

资料来源：广东农民运动讲习所旧址纪念馆编《广州农民运动讲习所资料选编》，人民出版社1987年版，第95—115页。

前五届农讲所学员的生源地主要在广东、湖南、广西、湖北、江西、安徽、山东、福建、四川 9 个省区，其中以广东地区最多。根据表 2-3 统计，在第一至五届农讲所毕业学员（不包括 101 名充任农民部特派员的毕业学员）中，广东籍毕业学员约 295 人，约占总人数的 79.09%，他们被派遣至广东各地的分布地域大致为：去往中路 141 人、潮梅 22 人、西江 56 人、惠州 19 人、琼崖 27 人、北江 16 人、南路 14 人；省外毕业学员约 78 人，毕业去向分布地域大致为：广西 3 人、湖南 53 人、江西 4 人、湖北 7 人、安徽 3 人、山东 7 人、福建 1 人。

结合表 2-2 和表 2-3 来观察可知，第一至五届农讲所毕业学员去向分布相当广泛，这表明广东农民运动已普及全国广大地区；但其地域分布不平衡，派往中路地区的人数最多，西江地区次之。我们还可以看到，农讲所毕业学员相对集中的中路和西江地区之情况，从第四届开始人数减少，去往南路、惠州、北江和琼崖地区的毕业学员人数有所上升或保持平稳，特别是南路地区，21 名毕业学员中有 17 名是来自第四届和第五届的学员，这与南路农民运动发展进程息息相关。由于帝国主义与封建军阀相勾结，南路农民生活极端困苦，重重阻力拖缓了南路农民运动的进展。早在广东革命政府决定南征前，共产党便在南路秘密组织农民开展革命活动，并在遂溪、阳江等县建立中共支部，加强对农民运动的领导。南征开始后，南路农民运动从秘密活动转为公开活动，得到了迅速发展。1926 年 3 月 7 日，南路办事处正式成立后，农民运动更是有组织、有计划地开展起来。因此，该地区急需一批可以发动和领导农民运动的革命骨干。此外，东征、南征和北伐亦需要大量农运干部下乡，建立与壮大农会和农民自卫军，以配合、辅助国民革命军的战事。正是基于此种需求，所以后几届农讲所毕业学员相对集中在南路、惠州、北江和琼崖地区一带。

(三) 特派员的管理

农民部在开展农民运动时，其中的一项重要工作是派遣特派员下乡。《农民运动第一步实施方案》决定：农讲所学员毕业后"选充为农民运动特派队员"[①]。《罗绮园阮啸仙彭湃报告》内提到："农民部特派员本来25名，都是第一届农民运动讲习所的卒业生充当的。"[②] 农讲所对基层农民运动产生的影响，主要通过农讲所派往地方各级之特派员的工作来发挥作用。按照规定，农民运动特派员受国民党中央农民部的指挥与派遣，由农民部秘书管理考核，以加强对特派员的派遣和管理工作。当时，农民部的秘书和组织干事分别由共产党员罗绮园、阮啸仙、彭湃担任，因此农民运动特派员实际上归共产党具体领导。与此同时，上述3人又共同负责中共广东区委农民运动委员会的工作，可见农民运动特派员实际上由中共广东区委农委负责管理考核。[③]

为加强对特派员的领导和管理，农民部制定了《特派员办事细则》9条，作为特派员的工作准则和行为规范。在实际工作中，农民运动特派员的工作表现和能力，直接影响着农民运动工作的开展实效。因此，农民部还针对特派员的工作表现，规定了相关的考核奖惩制度，如实行撤销、停止津贴、警告、留职、奖励5

---

① 罗绮园：《本部一年来工作报告概要》，《中国农民》第2期，1926年2月1日。
② 《罗绮园阮啸仙彭湃报告》（铅笔原稿，1924年11月29日），台北中国国民党中央党史馆藏，部13518—1，梁尚贤：《国民党与广东农民运动》，广东人民出版社2004年版，第593页。
③ 魏雅丽：《大革命时期广州农讲所学员充任农民运动特派员探析——以第一届农讲所学员为例》，《红广角》2013年第6期。

种奖惩办法①。对此，时任农民部部长的廖仲恺向各特派员发出通告称："查本部特派员……不能称职或卓著成效者，自应分别惩奖。……准如所拟办法，于十二月一日起实行。"②此后，特派员的考核奖惩制度得到了贯彻执行。1925年9月，罗绮园在《本部一年来工作报告概要》中公布的特派员名单里，第一届学员中的25名特派员，仅剩下黄学增、梁复燃、韦启瑞、侯凤墀、李民智、陈伯忠、莫萃华、丘鉴志、苏南等9人，可见农民部对特派员管理严格，奖惩有度。

初期农民运动特派员的工作环境艰苦，薪资水平较低，又时常面临人身安全问题。为保障特派员的工作和生活需要，1925年10月农民部通过了四项决议案。其中，《请发给特派员手枪俾资自卫之决议案》，决议为每位特派员配发手枪一支，以便在开展工作时得以自我防卫；《请于广东省农民协会内附设特派员寄宿舍一所决议案》，决定在广东省农民协会内特设特派员宿舍一所，"设备各种卧具，俾各特派员回省时，得有一枝之寄"③；《特派员薪金应按月发给并将以前积欠扫数清发以维持生活决议案》，决定按月足额发放津贴，不能拖欠，并清发以前拖欠；《请农民部发给各特派员长期舟车免费证折决议案》，决定"由部制定特派员长期舟车免费证折，编列号数，附以本人相片，加盖部印，

---

① 《罗绮园阮啸仙彭湃报告》（铅笔原稿，1924年11月29日），台北中国国民党中央党史馆藏，部13518—1，梁尚贤：《国民党与广东农民运动》，广东人民出版社2004年版，第593页。

② 《农民部长廖仲恺通告》（油印件，1924年11月30日），台北中国国民党中央党史馆藏，部13518—2，梁尚贤：《国民党与广东农民运动》，广东人民出版社2004年版，第593页。

③ 《本部特派员大会之决议案（1925年10月27至28日）》，《中国农民》第1期，1926年1月1日。

发给各特派员为落乡工作时之需"①。由此，农民运动特派员的工作、生活和管理等都逐步规范起来。

第三节　第一至五届广州农讲所的教学管理

农讲所是培养农民运动骨干的学校。在共产党的主持下，冲破了旧有的教育制度和观念，开展新式的农民教育，整个教学管理工作高效有序，在师资构成、教学组织、教学计划、教学内容、教学活动与方法等方面都彰显出鲜明的特点。

一、师资来源与构成

教员是一所学校教育目标的具体实践者，他们的革命倾向、学识积累和教学态度等，对教学效果和培养质量等都会产生重要的影响。在国共第一次合作期间，国共两党均为农讲所提供不固定的教员，而以共产党人为主体。数据显示，第一至五届农讲所任课的教员中，中共党员占了大多数，如毛泽东、彭湃、罗绮园、谭植棠、谭平山、阮啸仙、陈延年、赵自选、唐澍等。国民党员与其他人士如廖仲恺、甘乃光、陈公博、邓植仪、鲍罗廷、加仑、马马也夫、法朗克等，也担任过教员。同时，农讲所还聘请著名的农民运动领导者和实际工作者讲授有关课程。农讲所的大部分教员，具备良好的政治修养，渊博的专业知识，丰富的实践经验。他们不仅讲授基础理论知识，还传授从事革命工作的方法和经验，使学员获益良多，对毕业生后来从事革

---

①　《本部特派员大会之决议案（1925年10月27至28日）》，《中国农民》第1期，1926年1月1日。

命活动产生了很大影响。

二、教学组织与教学计划

农讲所的办学目的是培养领导农民运动指导人才。为了实现这个教育目的，农讲所制订了有针对性的具体教学计划。

（一）特色鲜明的教学目标

为了更好地指导开展农民运动，需要培养一批优秀的农民运动干部，"以实现本党救济农民之政策"①。因此，培养文武兼备的农民运动指导人才，便成为农讲所的教学目标。农民运动之指导人才应具有的规格与水准，则是根据农民运动的实践需要而提出来的；这就要求农讲所实行旗帜鲜明、目标明确、革命理论性与实践性相结合的教育方针。

（二）完整系统的教学构成

根据教学目标和培养需要，农讲所的课程设置体现了理论联系实际和学以致用的原则；其教学板块系统完整而且丰富多样。

1. 理论教学

农讲所规定：掌握理论知识是学员课程学习的主要部分。革命理论知识主要是通过教员课堂讲授的形式来灌输的，如第二届农讲所设置的革命理论课目，有孙文主义、国民党史及宣言、国民党政策及组织、帝国主义论、社会概论、近代政治状况、各国社会运动状况、中国农民运动问题等。②此外，农讲所还经常邀请国共两党领导人和知名人士作演讲或报告。如孙中山曾在第一

---

① 《农民讲习所之简章》，《广州民国日报》1924年7月24日。
② 《第二届农讲所的教员及课目》，广东农民运动讲习所旧址纪念馆编：《广州农民运动讲习所资料选编》，人民出版社1987年版，第59页。

届农讲所学员毕业时,作《耕者有其田》的演讲①,谭平山、罗绮园、阮啸仙曾在韶关为第二届农讲所学员和当地农民群众作了3天政治演讲。

2. 实践教学

注重实践训练是农讲所的教学特色之一。农讲所教学过程中,组织学员参加丰富的见习活动、社会活动和革命活动。一是见习。农讲所章程规定要利用假日或星期日组织学员开展见习活动:第二届学员曾到韶关农村开展社会调查;第四届学员也到农村实习,并组织讨论会。二是社会活动。第一届学员曾公开发表两次《敬告农民书》;第二届学员参加了北伐的筹备大会,并在韶关市区游行示威,散发革命传单;第三届农讲所派出学员到海丰县考察农民运动状况,沿途进行演讲宣传;第四届农讲所开学时,正值广东省农民协会成立,农讲所就组织学员到会旁听,以了解农民运动的形势,学习农民运动的经验。三是革命活动。在广州第一公园(现人民公园),第二届农讲所学员参加了工农商学兵举行的声讨反动商团大会,并于会后举行游行示威活动;1925年,第三、四、五届农讲所发动不少教员和学员参加了东征和南征,讨伐封建军阀。

3. 自我学习

农讲所特别注重调动学员自我学习的积极性。第五届农讲所组织学员到韶关参加曲江县农民协会成立大会,并调查当地的农民状况,引导学员分组讨论"阶级斗争与国民革命"、"怎样才成为真正革命者"②等问题,启发学生自我学习、独立思考问题。

---

① 《帅座对农民运动讲习所训词》,《广州民国日报》1924年8月23日,该训词收录于《孙中山选集》下卷,人民出版社1963年版时篇名为《耕者有其田》。

② 罗绮园:《本部一年来工作报告概要》,《中国农民》第2期,1926年2月1日。

据苏联报刊记载，学员们曾在农民的帮助下抓到了一个残害农会的地主，把他押到广州，"关在农讲所里作为讲农民问题课程用的直观教材"①。以上实例说明：农讲所对学员自我教育、自我提高的学习方式非常重视，注重启发学员自我学习，而且学习与讨论的内容和问题，都是紧密联系社会实际的。

三、教授科目与教学内容

农讲所根据农民运动发展的要求，制订教学计划和设置课程。因此，教学内容注重国民革命和农民运动的理论及方法，重视进行社会实践和宣传训练，尤其注重军事训练。农讲所的课程科目设置并非固定不变，而随着革命形势的发展，革命理论的学习也被不断强化，军事训练越来越受到历届农讲所主持人的重视。除第一届农讲所的学习时间为一个多月外，第二至五届农讲所的学习时间约三到四个月，其中军事训练课所占总课时之比例越来越大。农讲所设置的学习科目繁多，教学内容丰富，既注重理论的灌输，又重视实践的训练，既注意所内的学习，又重视所外的活动，把理论学习和社会实践有机结合起来。总体上看，农讲所对课程科目的内容安排分为政治理论教育、武装技能培训、宣传与组织技能训练、革命意志训练四个方面。

（一）政治理论教育

围绕政治理论教育的目标，农讲所主要设置了如下几类课程：第一，革命理论课程。这类课程主要开展三民主义、马列主义和形势政策教育。三民主义教育，包括五权宪法、国民党党纲及宣言，

---

① ［俄］谢·达林：《广州》，安徽大学马列主义教研室编：《苏联报刊关于中国革命的文献资料》第2辑，1982年印制，第58页。

都是对三民主义为核心的革命思想策略进行宣传；马列主义教育则包括政治经济浅释、帝国主义侵略简史等；每周进行的政治报告，属于形势政策教育的范畴。第二，农民运动理论课程。这类课程包括农民运动之理论、农民协会与自卫军之组织法、农民运动状况及其形势、农村教育等。第三，常识教育课程。这类课程包括法律常识、社会学浅说、公民常识等。

农民问题是中国革命的中心问题，也是学员必须学懂的首要问题。只有充分认识农民问题在国民革命中的重要地位和作用，掌握从事农民运动的方法，才能真正成为农民运动的指导者。因此，农讲所把农民问题作为一门主要课程，给予详细透彻的讲授。在第一届农讲所里，彭湃就亲自讲授这门课程。他不但从理论上阐明农民问题的重要性，而且把他在海丰及东江从事农民运动的实践经验向学员作了详细的介绍。他科学分析了农村的政治经济状况和阶级关系，阐明了农民运动发生和发展的必然原因。他指出，要重视农民的宣传教育工作，把农民动员组织起来，在党的领导下与地主阶级等反动势力作斗争，才能走上解放的道路。彭湃还勉励学员要坚定信念深入农村，帮助农民尽快建立和发展农会组织，使农会成为领导农民与地主阶级抗争的指挥部；只要学员们能领导农民开展反对封建势力的经济斗争和政治斗争，在斗争中注意斗争策略的运用，最终必能取得革命的胜利。第一届农讲所学员萧一平回忆彭湃时提到："他讲的课程很实在很具体很生动，他把他在海陆丰搞农民运动的经验总结教给我们，是我们以后在广东开展农民运动的最好知识。"[①] 其所著的《海丰农民

---

① 萧一平：《给农讲所的信》(1964年12月13日)，农讲所纪念馆藏，第一届学员档案：《萧一平》。

运动》一书,成了历届农讲所的重要教材。1926年被选编为由毛泽东编辑出版的《农民问题丛刊》的第19种。后来,以《海丰农民运动》为名在广州出版,成为指导农民运动的重要文献。

在第一届农讲所学员毕业典礼上,孙中山作《耕者有其田》[①]的重要演讲。他强调,农民是革命的基础,要到农村去宣传三民主义,"把广东全省的农民都联络起来",这样"我们的革命,才可以大成功。"[②]他说:"你们这次毕业,到各乡村去联络农民,这是我们国民党做农民运动所办的第一件事。"[③]孙中山的演讲谆谆诱导,给了农讲所学员们莫大鼓励,并丰富和发展了三民主义学说。廖仲恺为第一届农讲所学员作了《农民运动所当注意之要点》的演说。他向学员指明了要打倒帝国主义和军阀,促进国民革命成功,就必须先去干农民运动,使农民了解并参加革命。同时,他还认为,中国农民运动不只是国内反对地主阶级的问题,而且是国际问题,即反对帝国主义的问题。这就从理论上把反帝反封建斗争和中国农民运动紧密地结合起来,使农讲所学员受到极大的启迪。

总之,农讲所在开展政治理论教育方面,很重视对学员进行三民主义和有关革命理论的教育,除开设相关课程,还邀请孙中山、廖仲恺等国民党领袖发表演说,到农讲所作理论报告。同时,农讲所也开设马克思主义理论方面的课程,并聘请鲍罗廷等人担任教员,介绍马克思主义的基本知识和俄国十月革命的经验,对学员进行马列主义理论教育。

---

① 《帅座对农民运动讲习所训词》,《广州民国日报》1924年8月23日,该训词收录于《孙中山选集》下卷,人民出版社1963年版时篇名为《耕者有其田》。
② 《帅座对农民运动讲习所训词》(四),《广州民国日报》1924年8月28日。
③ 《帅座对农民运动讲习所训词》(四),《广州民国日报》1924年8月28日。

（二）武装技能培训

农讲所培养的是农民运动的知识人才，除了将来要宣传、动员农民参加农民协会之外，还要组织农民自卫军，为开展农民运动保驾护航、提供条件和保障。因此，历届农讲所都极为重视军事训练，占到课程的三分之一，把武装技能培训放到非常重要的位置和高度。军事训练的指导思想是："为养成有组织有纪律之农民运动干员，同时为武装农民之准备，必使学生习惯军事生活及团体行动。"[1] 学员按军队编制的办法编队，上课、集会、作息时间均以吹号为令，过着严格的军事化生活。

第一届农讲所在即将修业期满之时，考虑到"农民运动之人才，不能缺乏军事智识"[2]，故将修业期延长，组织学员到黄埔军校开展军事训练。期间，严凤仪担任军事教官，李之龙任班长。军事课程表安排紧凑，科目设置很多，包括：队列操练，持枪立正稍息及上下刺刀，密集和散开，步枪各部分的用法与解释，步枪各部分之分解与结合，枪之擦拭与保存，命令之解释，预令及动令之要领，射击的要旨，战时射击的方法，利用地物隐蔽接近敌人，行军警戒之要旨，宿营间外卫兵内卫兵之职务，驻军警戒之要旨排哨部署法，步哨之职责，对敌人主力及敌兵阵地的侦察方法，村庄屋宇及地物之防御，森林战、山地战或村落战，冲进敌人军事机关及后方办事处的要领等[3]。学员回忆当时紧张的军队生活时提及："真是格外疲劳，但想到练会军事本领才能和军阀以及封建势力斗争，又意气风发，忘记了疲劳。"[4] 军训合格者，

---

[1] 罗绮园：《本部一年来工作报告概要》，《中国农民》第 2 期，1926 年 2 月 1 日。
[2] 《农民讲习生学习军事》，《广州民国日报》1924 年 8 月 1 日。
[3] 罗绮园：《本部一年来工作报告概要》，《中国农民》第 2 期，1926 年 2 月 1 日。
[4] 陈雄志：《在第一届农民运动讲习所学习概况》，广东农民运动讲习所旧址纪念馆编：《广州农民运动讲习所资料选编》，人民出版社 1987 年版，第 287 页。

由黄埔军校颁发证书。训练结束后，学员与黄埔军校特别区党部委员到黄埔附近农村开展为期3天的革命宣传活动，并在长洲成立了农民协会。黄埔军校第一期学生张隐韬在日记中写道："此地农民有这样的觉悟而联合农民的团体，并与革命军接近。这是中国被压迫的无产者——农民的福音！"①

第二届农讲所原计划是先在课堂授课，后开展军事训练。后因该届学员人数剧增，场地不够，难以分班，师资力量又不足，农讲所的管理工作面临很大挑战。为此，农讲所主任罗绮园提出："先行军事训练看谁能耐苦不畏艰难；绳以军纪，看谁能服从团体动作。"②此时正逢反动商团叛乱，为保护广州革命政府，农讲所把该届的男性学员改组为农民自卫军，移驻省署，这是第二届学员开展军事训练的开始。农民自卫军常留省署训练，后请西江讲武堂10位毕业生做教练。经过半个月的严格训练，又改为上午学习理论知识，下午进行军事演习。当时农讲所学员已完全按军队编制，分为2个中队，每中队9个分队，每3个分队成1个小队。每分队9人，以1人为分队长，总共162人，由教练官担任中队长及小队长。"双十惨案"后，农讲所组织学员赴黄埔军校开展军事训练。训练时间为10天，训练项目包括实弹射击、冲锋等。黄埔军校提供两个操场为学员驻扎地，派出10名教练员担任军事教练，并给学员发了85支枪进行训练。经过实际训练，绝大多数学员初步掌握了军事常识和技术，也有部分学员不能吃苦而自动退学。

根据第一、二届农讲所之考察，"凡在军事训练用心之人，

---

① 《张隐韬日记》（1924年8月7日），《党史研究资料》1988年第7期。
② 罗绮园：《本部一年来工作报告概要》，《中国农民》第2期，1926年2月1日。

现在即为农民运动最努力之人。如广宁、花县两处，在农民与地主斗争中，打先锋者多为讲习所毕业之学生，可为例证"①。鉴于此，阮啸仙任第三届农讲所主任时，尤其重视军事训练课程。他把学员按军队组织编成连、排和班，排长、班长均由学员担任。该届农讲所的军事训练课程，除进行军事技战术的训练外，还包含学习军事学术理论及听讲演等内容。

第四届农讲所更加重视军事课程，对学员实行军事编制，并制定了训练规划，分总则、编组、教练、内务、守卫勤务、附则等6章。第一章"总则"规定："本规则由军事编制各干部执行，学生须一律遵守之。"②该届学生按军事编组，编成中队、小队、分队，各设队长1人执行职务，上午3小时专做军事训练。当时，农讲所已完全实行军事体制的管理办法，这有助于培养学员的军事意识、团体意识和高度的组织纪律性。第五届农讲所也继承了重视军事训练这一优良传统。

（三）宣传与组织技能训练

在农讲所的教育教学中，认真贯彻学以致用的理念，注重对学员进行农民运动技能的训练，除了前面介绍的军事技能训练外，还在宣传组织农民运动方面进行有针对性的训练。

第二届农讲所对宣传工作的训练颇为重视。开设之课程有演说与集会实习、阅书报与造论、辩论会、图画、唱歌等。本届农讲所学员组成的农民自卫军，曾到韶关农村从事农民运动、宣传组织农民。他们在韶关附近农村开展宣传活动，详细调查农村的户口及生活状况，并向农民说明组织农民协会及农民自卫军的好

---

① 罗绮园：《本部一年来工作报告概要》，《中国农民》第2期，1926年2月1日。
② 罗绮园：《本部一年来工作报告概要》，《中国农民》第2期，1926年2月1日。

处。经此宣传，农民都理解了组织团体的必要性，受到当地农民的热烈欢迎。第三届农讲所组织学员在赴海丰考察的路上，开展了演讲宣传活动。通过这些活动，学员们的宣传发动能力在实践中得到了锻炼和提升。

组织训练主要通过教授组织方法和实际训练来进行。如第三届农讲所按照农民协会章程，仿效当时农民运动发展的做法，把全体学员假设为一个县级农民协会成员，根据他们的地区、语言和生活习惯等，引导他们组织区、乡等级别农民协会，使学员适应集体生活，并讨论各地的农民问题，为以后回到农村工作做好准备。此外，农讲所还设立讨论会、技击团、音乐会、新闻社、园艺部和学员俱乐部等，以达到丰富学员知识，锻炼其组织才能的教育目的。通过理论学习和实际训练，学员的组织能力得到切实提高。

（四）革命意志训练

农讲所要培养的是坚韧卓绝的农民运动战斗员，因此非常重视对学员革命意志的训练，特别是革命精神教育和纪律教育方面，要求相当严格。

农讲所注重对学员开展革命精神教育，在开展政治理论教育的过程中，进行理想信念教育。农讲所始终把农民问题作为主要的政治理论教学课程开设，使学员加深对农民地位处境状况、农民运动开展必要性等问题的认识和理解，以培养学员为人民利益而奋斗的精神，帮助他们树立崇高坚定的革命理想信念。同时，军事训练课程除锻炼学员的武装技能外，还培养学员不怕困难、不畏牺牲的革命精神。此外，诸如第三届农讲所把革命殉难人物画谱等进行陈列展示，也是对学员开展革命意志教育的有效形式。

农讲所的组织体系和日常管理工作，体现了其对学员进行纪律教育的重视。如第四届农讲所制定了军事训练规则，第五届农讲所章程第六章"纪律"之第十一至第十四条规定：学员必须绝对服从团体行动，遵守本所宣布的所有规例及命令。对于学员违反纪律的行为，明确了处罚标准。

通过农讲所的学习培训，学员们不仅提高了政治思想觉悟，掌握了过硬的军事本领，而且培养了刻苦耐劳的革命精神。这为他们日后广泛而深入地组织和开展农民运动，打下了坚实的根基。正如阮啸仙所说："每个革命家，如果受过军事教育，必更能守纪律，勇于任事，可使涤去书生习气，而为一不折不挠之健者，不过政治训练要与军事教育并重，才能养成全才。"①

四、课外教学活动与安排

农讲所要求学员除积极学习革命理论、农民运动经验和进行紧张严格的军事训练之外，还通过课外教学活动，把学习理论与实际斗争的需要结合起来，用理论指导实践；同时又通过实践，加深对理论的理解，从而达到了融会贯通、学以致用的目的。

（一）农村调查实习

第一届农讲所非常重视课外教学活动，每星期日或安排到农村实习，或安排与农民党员联欢。该届学员曾到过广州市郊的东圃、深井、黄埔、鱼珠、长洲等乡村开展宣传发动农民的活动。第二届农讲所学员组成的农民自卫军，与广州革命武装工团军一起赴韶关训练，并担负北伐后方的宣传工作。他们到韶关后奔赴各乡村及城内调查，开展宣传活动，了解农民的生活状况和阶级斗争状况，启发农民组织农民协会和农民自卫军。此外，农讲所

---

① 《阮啸仙文集》，广东人民出版社1984年版，第144页。

还派出教员阮啸仙及10名学员到广宁县，同广东省农民自卫军一起参加广宁县农民协会成立大会，从中了解广宁农民运动开展的情况，学习农民运动的经验。第五届农讲所开办期间，学员还曾到韶关参加曲江县农民协会成立大会，并在该县开展农民状况调查活动。"散会后农所全体学生，即分22组，每组5人，分赴城厢内外及乡村演说，并调查农民状况，闻大多数农民，已了解本身痛苦，即有革命之决心"[①]。学员在返回农讲所途中，又围绕"国家主义与国民革命"、"农民到什么时候才能完全解放"、"谁能领导国民革命"、"我们的人生观"、"直奉战争与国民党"等问题[②]，进行了小组讨论。这些实践教学活动为学员毕业后快速有效地开展革命活动打下了扎实的基础。

（二）社会活动

农讲所重视学员参与社会活动。第一届农讲所学员为国民党农民党员联欢会献演白话剧，备受欢迎。第二届学员入学不久，就参加了平定商团叛乱的斗争，从中认清了帝国主义与商团的反动本质，受到了深刻的教育。第四届农讲所开学之日，适逢广东省第一次农民代表大会召开，准备成立广东省农民协会。该届农讲所随即组织全体学员到会旁听，向农民代表学习，并学习召开农民代表大会、成立农民协会的程序和方法。第五届农讲所学员参加社会活动的内容更为丰富。1925年10月1日，该届甲乙两班学员在一起开联欢大会。与会的国民党有关部门的负责人陈公博、谭平山、罗绮园都发表演说。11月1日，番禺县第二区农民协会召开成立大会，该所组织全体学员前往参加庆贺该区农民协

[①] 《农民讲习生旅行韶关志》，《广州民国日报》1925年11月25日。
[②] 罗绮园：《本部一年来工作报告概要》，《中国农民》第2期，1926年2月1日。

会成立。3日，农讲所学员到石井兵工厂参观，并进行实弹射击。7日是俄国十月革命胜利八周年纪念日，农讲所除召开纪念大会外，还分派学员到各处演讲。通过参加各种社会活动，学员们开拓了视野，接受了实践的锻炼，更加深刻地认识到农民群众的伟大作用，也更坚定了他们从事农民运动的信念。

综上所述，广州农讲所是一所办学目标明确、模式新颖、管理科学的培育农民运动骨干的新型学校。它以国民党的名义开办，在共产党人的主持下筹办运行，逐步形成了符合自身特点的组织管理模式，学员管理和教学管理工作得以高效有序开展。它冲破了旧教育模式和传统观念，有特色鲜明的教学目标，科学合理的教学内容体系和创新有效的教学方法，在第一至五届短短一年多的时间里，培养了四百多名农运骨干，成为推动广东乃至全国农民运动蓬勃发展的生力军，为农民运动和中国革命作出了重要贡献。

第三章　毛泽东主办的第六届农民运动讲习所

为培养更多的农民运动骨干，进一步发展全国农民运动，并配合即将开始的北伐战争，1926年2月由共产党人林祖涵任部长的国民党中央农民部提议举办第六届农讲所，并设立农民运动委员会，以指导全国农民运动。1926年3月19日，国民党中央执行委员会第十三次常委会通过决议，决定举办第六届农民运动讲习所，聘请毛泽东担任所长。在毛泽东主持下，第六届广州农讲所不但继承了前五届的举办经验，而且在办学规模、招生范围、教学内容和教学方法等各方面，都有全新的发展。

第一节　第六届广州农讲所的开办

第六届广州农讲所在扩大招生地区的同时扩充了招生名额，使之成为全国性的培养农民运动骨干的学校。该届农讲所于1926年5月3日正式开学，招收来自全国20个省区的327名学生；所址设在番禺学宫（原惠爱路，现中山四路42号）；所长由毛泽东担任。

一、毛泽东与第六届广州农讲所的开办

1925年9月上旬，毛泽东同准备到第五届农讲所学习的庞叔侃、周振岳由长沙动身赴广州。①10月5日，国民政府主席汪精卫以政府事繁，不能兼任宣传部长职务，向国民党中央党部常务会议推荐毛泽东代理宣传部长。7日，毛泽东到国民党中央宣传部就职②。之后，他大力开展革命宣传工作，同时尤其注重研究农民问题。

（一）毛泽东对农民问题的认识

毛泽东虽不是我们党内最早从事农民运动的，但却是研究农民革命问题最深刻、理论造诣最深的人。③他早在1923年中共三大上就强调指出，农民革命非常重要，我们党应该重视遍布全国的农民。当时，他虽然从中国农民人口数量巨大这一角度觉察到了农民问题的重要性，但总体来看对农民问题的了解还不够全面，认识也不够深刻。国共第一次合作实现后，随着全国革命形势的发展变化和各地农民运动的蓬勃兴起，毛泽东对农民问题的重要性和工农联盟意义的认识进一步加深。1925年2月至8月间，他对韶山地区的农村情况进行了调查，并以创办农民夜校和成立农村党支部为切入点和支点，建立起多个秘密农民协会，并领导农民开展了阻禁谷米出境、平粜和夺取乡村教育权的斗争。10月，

---

① 中共中央文献研究室编：《毛泽东年谱（1893—1949）》上卷，人民出版社、中央文献出版社1993年版，第136页。

② 毛泽东担任国民党中央宣传部代理部长一职，直到1926年5月国民党中央通过"整理党务案"后才被迫辞掉。

③ 石仲泉：《武昌农讲所与毛泽东探索中国革命道路的初始之基》，《中国井冈山干部学院学报》2014年第2期。

他到广州主持国民党中央宣传部工作,筹办出版《政治周报》并任主编,同时在第五届农民运动讲习所授课,介绍湖南衡山等地农民运动的经验。此后,他便把主要精力投入到研究农民问题。11月21日,他在《少年中国学会改组委员会调查表》中写道:"现在注重研究中国农民问题"①。12月1日,他在《革命》半月刊第四期上发表《中国社会各阶级的分析》这一重要著作,对农民阶级的经济地位和政治态度进行了分析。1926年1月,毛泽东《中国农民中各阶级的分析及其对于革命的态度》一文,进一步具体而深入地分析了农村中各阶级的经济状况和政治态度。

1926年1月,毛泽东出席国民党二大,再次当选为中央候补执行委员,并参加修改《关于农民运动决议案》。这个文件指出:"中国之国民革命,质言之即为农民革命。"②此时,毛泽东对农民问题的认识提升到一个新的高度。国民党二大还决定:"于中央党部指导之下,在本国中、北两部选择相当地点,各设农民运动讲习所,以扩大中国之农民运动。"③据1926年中共广东区委《广东农民运动报告》记载:"国民党的第二次代表大会时,汪精卫提议的农民运动的经费很多,尤其是湖南方面。汪要毛润之负湖南农民运动责任,并当农所所长。"④由此可见,早在国民党二大决定设立农民运动讲习所时,毛泽东就被提议担任农讲所所长。

---

① 中共中央文献研究室编:《毛泽东年谱(1893—1949)》上卷,人民出版社、中央文献出版社1993年版,第141页。
② 《农民问题丛刊》第2种,第4页,杨绍练、余炎光:《广东农民运动》,广东人民出版社1988年版,第155页。
③ 《本党第二次全国代表大会农民运动决议案》,《中国农民》第2期,1926年2月1日。
④ 《广东农民运动报告》(1926年6月),广东农民运动讲习所旧址纪念馆编:《广州农民运动讲习所资料选编》,人民出版社1987年版,第25页。

（二）毛泽东与第六届农讲所的筹办过程

1926年2月5日，因全国农民运动指导工作需要，国民党中央农民部提议设立农民运动委员会，以毛泽东、阮啸仙、萧楚女等9人为委员。次日，农民部发出第六届农讲所招生通告指出："中央农民部根据第二次全国大会之议决，为发展全国农民运动起见，特扩充广州农民运动讲习所"，[①] 通知各省党部农民部选派学生的数量及相关注意事项。2月8日，毛泽东出席国民党中央执行委员会第三次常务会议，参与讨论农民部提出的第六届农民运动讲习所所址问题。经研究，会议决定所址设在广州惠爱东路番禺学宫。当时，番禺学宫是国民革命军第二军官学校校址，毛泽东曾在该校担任教官，讲授《农民问题》课程[②]。

3月16日，农民运动委员会召开第一次会议，就农讲所的地址、招生、预算、教职员等进行了具体的讨论，决定将这届农讲所的招生名额扩充至300名，请毛泽东任所长，请汪精卫、林祖涵、张太雷、萧楚女、邓中夏、阮啸仙、谭植棠、甘乃光、罗绮园等担任教员。会议讨论决定，农讲所之预算分为开办费和经常费（含办公费、教职员薪水、学生费用共三项），开办费5410元，由各省农民运动经费项下扣出，"每月经常费7980元，则请求中央指拨"。[③] 3月30日，农民运动委员会召开第二次会议，再次研究第六届农讲所的相关问题。会上，毛泽东有如下三项提议案：一是提议任命高语罕为农讲所政治训练部主任；二是提出广

[①] 《通告第二号》，《中国农民》第4期，1926年4月1日。

[②] 1926年2月至6月和4月至7月，毛泽东还分别在中国国民党政治讲习班和国民党广东省青年部训育员养成所讲授《农民问题》这一课程。

[③] 《农民部农民运动委员会第一次会议录》，《中国农民》第4期，1926年4月1日。

西招生事项应略为变更案,调整广西生源地;三是"提议民众运动与政治有密切关系,目前各省农民运动,应以全力注意将来革命军北伐时经过之区域,如赣、鄂、直、鲁、豫诸省"。①上述提案均获得通过。其中第三项提议案体现了1926年2月21—24日中共中央北京特别会议精神,即准备广东政府北伐时,以解决农民问题作为北伐的政纲主干,为此"更要在广东以外北伐路线必经之湖南、湖北、河南、直隶等省,预备民众奋起的接应,特别是农民的组织。"②

此后,毛泽东便着手两项重要筹办工作。第一项工作是选聘教职员。虽然农民运动委员会第一次会议已拟定农讲所教员15人,但实际只有陈公博、甘乃光、萧楚女、罗绮园等4人到任。因此,农讲所之大多教员均由毛泽东所长请人充任。毛泽东聘请的教员,都是具有丰富的工作经验或教学经验者,如彭湃、李立三、张秋人、恽代英、于树德、毛宪等。彭湃在1926年6月3日讲授《海丰及东江农运状况》时说:"兄弟今天来讲演,是毛所长一定要兄弟来讲的"。③另外,毛宪也是应毛泽东之邀到农讲所讲课。毛泽东在1936年同美国记者埃德加·斯诺谈论早年经历时,曾提到对他影响较深的一位"法政学堂的朋友",此人就是其族叔毛宪。毛宪从长沙法政学堂毕业后,以诉讼为业,是长沙有名的律师。1926年春抵达广州,任职于国民政府审计室(即后来的监察院)。第二项工作是主持招考学生。3月底4

---

① 《农民部农民运动委员会第二次会议录》,《中国农民》第5期,1926年5月1日。又见于《农民运动委员会第二次会议纪》,《广州民国日报》1926年4月15日。

② 《中央通告第七十九号》(1926年3月14日),中共中央文献研究室、中央档案馆编:《建党以来重要文献选编》(1921—1949)第3册,中央文献出版社2011年版,第129页。

③ 第六届农讲所学员周凯笔记《广东农民生活状况》,广东农民运动讲习所旧址纪念馆编:《广州农民运动讲习所资料选编》,人民出版社1987年版,第212页。

月初，报考之学员陆续到粤①。农民部便组织考试委员会，分次举行入学考试。当时《广州民国日报》报道："农民运动讲习所续办第六届，……由各省党部选送到广东复试，及格者始能入学。……为早日开学起见，由中央农民部指派毛泽东、林祖涵、高语罕、罗绮园、阮啸仙、谭植棠六人组织一考试委员会，先行复试各省学生。其试验科目与时期，十日上午十时至十二时填检查表，下午二时至四时作论文，十一日上午九时至十二时口试。"②据四川、云南等地学员回忆称，毛泽东亲自给他们进行了口试。③

5月3日，第六届广州农讲所举行盛大的开学典礼，"各界到会者，有政治委员会主席谭组安，中央农民部长林祖涵，中央青年部长甘乃光，中央妇女部长何香凝，广东大学校长褚民谊，广大文科学长郭沫若，国民大学校长陈其瑗，国民革命军第十九师师长胡谦，广东全省农民大会代表彭湃，省农民协会罗绮园，直隶省党部代表安健，及詹大悲、于树德、彭述之诸先生。"④林祖涵报告农讲所开办理由之后，毛泽东报告第六届招生筹备经过情形；谭组安、何香凝、甘乃光等相继演说。谭组安在日记中

---

① 据四川、陕西、河南、山东等地学员回忆，他们都是经上海再到广州。农讲所招考学生的川资旅费也是汇往上海交通部转发。而各省学生青年有志投黄埔军校者，也是先到上海，再转广州。据时任上海商务印书馆编辑陶希圣回忆，当时上海是广州革命运动的前线。见陶希圣《商务印书馆编译所见闻记》，[美]魏定熙著、张蒙译：《权力源自地位：北京大学、知识分子与中国政治文化（1898—1929）》，江苏人民出版社2015年版，第249页。

② 《农所定期试验各省学生》，《广州民国日报》1926年4月8日。

③ 石兆祥：《我们是怎样进农讲所的》，广东农民运动讲习所旧址纪念馆编：《广州农民讲习所资料选编》，人民出版社1987年版，第314页。云南籍学员黄丽生新中国成立后回忆道："这场口试由亲切和蔼的所长毛泽东同志问话，他询问了各人投考的志愿，询问了各地方乡村的情况和农民的生活。"黄丽生：《参加第六届农民运动讲习所学习的回忆》（1965年8月7日），农讲所纪念馆藏，第六届学员档案：《黄丽生》。

④ 《农民运动讲习所开学纪盛》，《广州民国日报》1926年5月4日。

写道:"今农民运动讲习所开学也。大成殿作礼堂,视前为明敞。林作报告,毛起说明,余继演说,皆湖南人也。嘻!"①

二、完备有力的组织领导

第六届农讲所的全称是"中国国民党农民运动讲习所"(见第六届农讲所学员证章的背面和《农民问题丛刊》封面)。与前五届一样,此届农讲所也是国共合作创办的,但与前五届不同的是,第六届农讲所的组织领导机构除了国民党中央农民部外,还有农民运动委员会。

(一)农讲所的上级领导机构

国民党中央农民部成立于1924年春,"专理农民事宜"。第六届农讲所名称是"中国国民党农民运动讲习所",但农民部是其"主管"部门。农民部成立后,制订了初期的农民运动计划,颁布了《农民协会章程》,成立了专门培养农民运动骨干的学校,办理了大量打击地主土豪及一切封建势力的案件等,有效地促进了农民运动的开展。农民部的部长部分为共产党人,秘书及一般工作人员大部分是共产党人,因此共产党人在一定程度上发挥着重要的领导作用。

第六届农讲所的另一个领导与指导机构为国民党中央农民运动委员会。这里需要说明的是,早在1924年4月下旬,时任农民部长彭素民就向国民党中央建议在农民部内"组织农民运动委员会"。②5月5日,廖仲恺主持的国民党中央执行委员会第二十六次会议,通过了"组织农民运动委员会案",并组成了农

---

① 《谭延闿日记》第14册,中华书局2019年影印版,第259页。
② 《农民部四月份工作经过报告》(1924年),台北中国国民党中央党史馆藏,汉12729。

民运动委员会。该委员会成立后，曾开会审订《农民协会章程》，7月间亦曾开过会议，但职能发挥并不明显。①1926年1月，林祖涵第二次出任国民党中央农民部长。2月5日，国民党中执委常委会第二次会议，照准农民部提出设立农民运动委员会并请核定组织大纲及委员名单案。随即农民部发出第一号通告："本部为实行本党政纲及指导全国农民运动工作起见，提议中央设立农民运动委员会，并拟定组织大纲及委员名单，经第二次常务委员会照准。"②委员会由林祖涵、甘乃光、毛泽东等9人组成，其中共产党人占了三分之二。

从上可见，虽然直接领导农讲所的国民党中央农民部和农民运动委员会都是国共两党共同组成，但从两个机构的领导和人员构成来看，共产党人发挥着主导作用。在第六届农讲所的开办过程中，国民党名义上领导并且给予场地和经费支持，但实际上农讲所的运行和管理，都是共产党人主持和主导的。

（二）农讲所的组织架构

第六届农讲所的组织架构也与前五届有所不同。其由主任制改为所长制。所内最高级者为所长，由毛泽东担任。下设教务、事务、军事训练三个部门。③

教务部又名政治部，设主任、干事、书记、录事各1人，负责管理和组织教员的工作，包括制订教学计划、规定学习科目和

---

① 梁尚贤：《国民党与广东农民运动》，广东人民出版社2004年版，第89页。
② 《通告第一号》，《中国农民》第4期，1926年4月1日。
③ 中国国民党广东省执行委员会：《农民部工作报告》，《党务报告》1926年第2期；又1926年3月18日《广州民国日报》之《农民运动委员会第一次会议纪》。"农民运动讲习所组（织）系统。所内最高级者为所长。下设军事、政治、事务三主任，军事主任下为分队长、号手等，政治主任下为教员、书记、录事等，事务主任下为校医、事务员、校役等。"

课程表以及聘请教师等。主任原拟由高语罕担任,但因"中山舰事件"时他有反对蒋介石的言论,故被迫于4月7日离开广州。后改由陆沉担任教务主任。事务部又名庶务部,设主任、干事、助理各1人,工人9人,负责管理日常事务和学员生活福利,主任王文炳。军事训练部又名军事练习部,负责学生军事训练工作。学员按军事编制,设立一个总队,下分两支队,每支队又分六个区队,各区队又分成三个班,由总队长、支队长、区队长、班长统率。共产党员赵自选担任主任兼总队长,罗焕荣、黄征泮担任队长,毛华达等担任区队长。班长则由所里指定的学员担任。据学员回忆,"在学完了制式教练后,班长职务改由同学们轮流充当,使人人能练习基本指挥技术"①。"到后半学期,毛所长为了使同学们学会自己管理自己,所以各队长和区队长都是由学员自己来担任的;而原来的队长和区分队长,退下来做辅导员的工作。"②农讲所的组织架构如下。

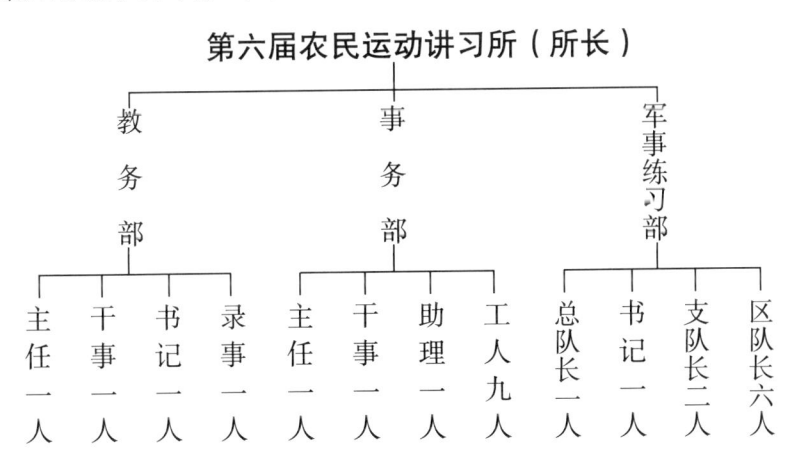

第六届农民运动讲习所(所长)

- 教务部
  - 主任一人
  - 干事一人
  - 书记一人
  - 录事一人
- 事务部
  - 主任一人
  - 干事一人
  - 助理一人
  - 工人九人
- 军事练习部
  - 总队长一人
  - 书记一人
  - 支队长二人
  - 区队长六人

---

① 黄丽生:《参加第六届农民运动讲习所学习的回忆》(1965年8月7日),农讲所纪念馆藏,第六届学员档案:《黄丽生》。

② 丘倜:《关于中央农民运动讲习所学习情况的一点回忆》(1974年8月),农讲所纪念馆藏,第六届学员档案:《丘倜》。

三、量大质优的学员来源

因全国革命形势与农民运动发展的需要，第六届农讲所扩大为全国性的农民运动讲习所，广泛招收全国各省决心为农民利益奋斗之青年学生，远至察哈尔、绥远、热河等地，都选派人员前来广州学习。同时，严把入学关，从而保证了学员的广泛来源和质量要求。

（一）生源分布较广

第六届农讲所扩大了招生范围和招生人数，生源数量多，分布范围较广。该届农讲所原定招收名额300人，后陆续增加到327人，[①] 除因疾病等原因退学9人外，实际入学318人，远多于以前各届。同时，本届农讲所生源地扩大到全国20个省区，具有全国规模。这318名学员中，有广西40人，湖南36人，河南29人，湖北27人，四川25人，山东23人，江西22人，直隶22人，陕西16人，福建16人，安徽15人，江苏10人，云南10人，绥远8人，浙江5人，察哈尔5人，热河4人，广东2人，奉天2人，贵州1人。其中湖南、河南、湖北、山东、直隶、江西等省，因是革命军北伐时经过的区域，选送学员较一般省份为多，每省有20名以上。

（二）生源质量优秀

第六届农讲所为保证生源质量优秀，招生入学方面采取了更加严格的把关措施。首先，设置招生条件。与前五届相比，第

---

① 1926年6月4日《广州民国日报》刊登《农民运动讲习所启事》："本所第六届学生系由中央农民部通告各省党部，派送学生来粤肄业，一切招生及考试事宜均由农民部经理，本所只负训练之责，现开学月余，学额早满，业经函请农民部，停止招生。以后无论何省派来学生，均不收受。"

六届农讲所招生条件稍有不同。其主要有四项条件:"1、决心做农民运动,并无他项异想;2、中学程度,文理通顺;3、年龄十八以上二十八以下,身体强健无疾病;4、富勇敢奋斗精神。"①其中第一项和第四项是前五届所没有的。显然这届农讲所更强调学员的革命理想、革命意志与斗争精神。其次,在招生途径上,虽是仍由各省党部依照规定名额选派学生,但"实际是我们共产党选派来的。那时许多地方国民党党部大部分都掌握在共产党人手里,各地都是以国民党的名义去招生。"②中共四川省委负责人杨闇公1926年初在广州参加国民党二大期间,写信回四川催促派人来广州农讲所学习。③另一位出席国民党二大的代表、中共陕西省组织负责人魏野畴在会议结束后正要北返之际,受中共广东区委和毛泽东的委托,去北方为广州农讲所选送学生。④此外,中共广东区委还派专人到各地去招生。如时任广东区委青年工作委员会干事罗明,曾以农民部特派员身份到福建招收学员。他说:"出发前,广东区党委分批召集所有去招生的人来开会,说明这次全国招生的意义、农民运动的重要性和将来准备支援北伐的目的。……我到厦门后便着手招生工作。"⑤他严格考核生源,择

---

① 《通告第二号》,《中国农民》第4期,1926年4月1日。
② 《丁树德回忆农讲所学员的来源》,广东农民运动讲习所旧址纪念馆编:《广州农民运动讲习所资料选编》,人民出版社1987年版,第312页。
③ 《杨闇公发信表》,广东农民运动讲习所旧址纪念馆编:《广州农民运动讲习所资料选编》,人民出版社1987年版,第12页。
④ 后经中共北方区委书记李大钊和中共陕西省组织负责人魏野畴共同研究,决定从在北京、天津学习的陕西籍进步青年中抽调乔国桢、李维屏、亢维恪等14人到农讲所学习。详见徐乃杰、黄中岩:《试论毛主席举办第六届广州农讲所对陕西农民运动的影响》,广东省档案馆、毛泽东同志主办农民运动讲习所旧址纪念馆编:《广州农民运动讲习所研究文集》,1986年印制,第233页。
⑤ 《罗明回忆往福建招生情况》,广东农民运动讲习所旧址纪念馆编:《广州农民运动讲习所资料选编》,人民出版社1987年版,第313页。

优录取了朱积垒、郭滴人、陈子彬、李联星、胡永东等10多人。再次，由林祖涵、高语罕、罗绮园、阮啸仙、谭植棠等6名共产党员组成考试委员会，对所有学生进行入学前的严格的复试，进一步确保了生源的质量。

（三）生源情况分析

本届学员大多是农民家庭出身，也有少数来自地主、商人、手工业者、医生、教师等家庭的；学历中等，以青年学生和小学教师为主[①]，很多是共产党员和共青团员，由中共地方党组织选派到农讲所学习。进入农讲所之前，这些学员阅读过进步书刊，参加过爱国学生运动，少数人还是农运骨干。作为知识青年，他们生存境遇好于普通民众，但也十分困窘。他们对现存社会秩序不满，政治参与意识也比农民强。他们毕业回到各省之后大都成为重要的农运骨干，不少人成长为各地农民运动的领导人和武装起义领导人。下表是部分生源的主要情况。

表3-1　第六届农讲所部分生源概况一览表

姓名	籍贯	家庭出身	入学前政治面貌	身份	入学途径	毕业后主要贡献（1926年—1928年）
王首道	湖南浏阳	农民	共青团员	学生	党组织选送	祁阳县农民运动领导人
黄益善	湖南嘉禾	中农	共产党员	小学教师	党组织指派	嘉禾县农民运动领导人
罗　哲	湖南湘潭	农民	群众	学生	自行投考	湖南农运骨干，协助毛泽东筹备全国农民协会

---

① 毛泽东在第六届农讲所讲授《农村教育》时说："小学教师之地位，与农民有合作之可能。穷苦的小学教师，应该是农民的领导者。"广东农民运动讲习所旧址纪念馆编：《广州农民运动讲习所资料选编》，人民出版社1987年版，第208页。

（续表）

姓名	籍贯	家庭出身	入学前政治面貌	身份	入学途径	毕业后主要贡献（1926年—1928年）
喻东声	湖南宁乡	农民	共产党员	学生	党组织选送	宁乡县农会和农民自卫军创建人
胡祖舜	湖南蓝山	农民	共产党员	工人	湖南总工会党组织选派	蓝山地区党组织和农民运动的领导人
王平章	湖北汉川	农民	共产党员	农运骨干	党组织指派	汉川农民协会和农民自卫军创建人
王秀松	湖北黄安	地主	共产党员	学生	党组织选送	黄麻起义领导人
赵世当	湖北通城	知识分子	共产党员	学生	中共武汉地委派遣	湖北革命运动领导人
陈学渭	湖北黄冈	知识分子	共产党员	农运骨干	中共湖北区委派遣	黄冈革命运动领导人
韦如山	广西恩隆	农民	群众	学生	广西党组织选送	恩隆县农民运动领导人
朱积垒	福建平和	农民	群众	学生	广东区委厦门招生	闽南地区农民运动领导人，平和暴动总指挥
郭滴人	福建龙岩	农民	共青团员	学生	广东区委厦门招生	龙岩地区农民运动领导人
李联星	福建龙岩	手工业者	群众	工人	广东区委厦门招生	闽南地区农民运动领导人
陈子彬	福建龙岩	农民	共青团员	学生	广东区委厦门招生	龙岩农民运动领导人
舒国藩	江西进贤	农民	共产党员	学生	江西省党组织选派	江西省农运骨干，参加南昌起义
王国桢	浙江平阳	未知	共产党员	小学教师	党组织选派	浙南中共党组织和农民运动领导人
金绍勋	浙江鄞县	农民	群众	学生	中共宁波地委选派	宁绍地区农民运动领导人
竺清旦	浙江奉化	知识分子	共产党员	农运骨干	中共宁波地委选派	浙东农民运动领导人

（续表）

姓名	籍贯	家庭出身	入学前政治面貌	身份	入学途径	毕业后主要贡献（1926年—1928年）
曹广化	安徽寿县	农民	群众	学生	黄埔军校转学	安徽合肥地区共产党组织和农会的创建人
崔筱斋	安徽肥东	农民	共产党员	学生	安徽党组织选派	合肥地区共产党组织和农民运动领导人
陆铁强	江苏崇明	地主	共产党员	学生	国民党江苏省党部选派	江浙地区杰出的农民运动领导人
孙　选	江苏江阴	农民	共产党员	小学教师	中共上海区委选派	江阴县共产党组织创建人和农民运动领导人
郭乐三	江苏铜山	农民	共产党员	小学教师	党组织选派	铜山农民运动领导人
安友石	江苏无锡	农民	群众	小学教师	国民党无锡省党部选派	无锡农民运动领导人
吴芝圃	河南杞县	医生	共产党员	学生	中共豫陕区委选送	豫东农民武装起义领导人
郭绍仪	河南邓县	农民	共产党员	学生	中共豫陕区委选送	河南省农运骨干
张明远	河北玉田	中农	共产党员	小学教师	中共豫陕区委选送	玉田农民武装暴动总指挥
韩永禄	河北完县	未知	共产党员	小学教师	中共北方区委选派	华北地区农民运动领导人
解学海	河北无极	教师	共产党员	学生	党组织选送	玉田暴动领导人
王紫树	河北文安	商人	共产党员	小学教师	党组织选送	文安地区农民运动领导人
萧尊一	河北玉田	贫农	群众	学生	中共直隶省委介绍	玉田县城西区农民运动领导人
乔国桢	陕西葭县	农民	共产党员	学生	中共北方区委选派	陕西渭北农运、北方工运的领导人
霍世杰	陕西绥德	中农	共青团员	学生	中共北方区委选派	陕西农民运动领导人

（续表）

姓名	籍贯	家庭出身	入学前政治面貌	身份	入学途径	毕业后主要贡献（1926年—1928年）
李维屏	陕西渭南	地主	共产党员	学生	党组织选派	渭华农民运动领导人
杜涛	云南蒙自	未知	群众	学生	自行投考	滇南农民运动领导人
康富成	内蒙古	富农	共产党员	学生	党组织选派	绥远地区农运骨干
高布泽博	内蒙古	贫农	共产党员	学生	党组织选派	绥远地区农运骨干
王建功	内蒙古	贫农	群众	学生	黄埔军校转学	归绥地区农运领导人

资料来源：农讲所纪念馆藏第六届学员档案。

第二节 第六届农讲所的教学管理与教学活动

第六届农讲所根据培养目标选配教师队伍、设置课程内容。其师资队伍水平高，实力雄厚，大都是著名的革命家、理论家，还有职业教授。其课程种类繁多，门类齐全，不仅有课堂内的理论学习，还有课堂外的军事训练和实习活动等。《全国农民运动概观》称：此届农讲所"聚全国革命青年于国民革命策源地，教授训练与实习，亦比较以前数届更为紧严"。[1]

一、多元优质的师资配置

第六届农讲所的教学，以扩大全国农民运动之宣传与组织为基本指向，其教育对象主要是进步青年学生，以培养能文能武的农民运动干部为教育目标。这些特点和要求，决定了农讲所教员

---

[1]《全国农民运动概观》，《中国农民问题》，1927年1月，《第一次国内革命战争时期的农民运动》，中国现代史资料丛刊，人民出版社1953年版，第8页。

构成多元：以专职和兼职教员者为主，辅以特聘教员。

（一）师资构成特点

第六届农讲所师资力量强大，主要教员有毛泽东（兼）、彭湃、周恩来、恽代英、李立三、周其鉴、萧楚女、于树德、罗绮园、张秋人、安体诚、甘乃光、赵自选、陈其瑗、李一纯、陈公博、陈启修、彭述之、黄焯华、韦义光、蒲良柱、毛宪等22位。教学队伍人才济济，有如下主要特点：

一是教员以共产党人为主，思想道德水平高。在上述22位主要教员中，共产党员占16人。这些马克思主义者为革命而教学，充满热情，诲人不倦。① 他们的言传身教确保了学员的思想政治素质。据学员回忆，所长毛泽东生活简朴，身上穿的是粗布衫，工作夜以继日，孜孜不倦——"他窗户上的灯光常常是彻夜不息"。② 专职教员萧楚女，虽然患有严重肺病，讲课多次突然吐血，但他以惊人的毅力坚持带病上课。他说："做人也要象蜡烛一样，在有限的一生中，有一分热发一分光，给人以光明，给人以温暖。"③ 即使后来住院治疗，卧病在床的他仍提笔回答学生纸条上提出的疑问。教员恽代英，衣着朴素，精神饱满，讲课极其认真，连续二三小时，讲得满头大汗，口干舌燥，也不肯饮水小憩。④ 这些

---

① 关于大革命时期共产党员和国民党员的教学态度，老国民党员李朴生晚年回忆农工行政人员讲习所时说，讲师中既有国民党"官吏讲师"，又有"共产分子"，但两者的工作态度迥然不同："官吏讲师"对讲课不热心，"近于敷衍故事"；"共产分子"则认真切实，授课"同于传道"。李朴生：《参加党务工作的酸甜苦辣》，台北《传记文学》第8卷第3期，1966年3月，第25页。

② 王首道：《革命的摇篮》，广东农民运动讲习所旧址纪念馆编：《广州农民运动讲习所资料选编》，人民出版社1987年版，第330页。

③ 《呕心沥血育新人——萧楚女同志在农讲所二三事》，《革命文物》1976年第2期。

④ 亢维恪：《广州农民运动讲习所忆旧——第六期学习生活敬记》（1965年6月），农讲所纪念馆藏，第六届学员档案：《亢维恪》。

共产党人的思想境界、道德品质和敬业精神，深深地影响着学员们。

二是教员的理论研究水平高。在农民问题研究方面，毛泽东著有《中国社会各阶级的分析》，彭湃著有《海丰农民运动》，周其鉴著有《广宁农民反抗地主始末记》等。恽代英、萧楚女、张秋人时称"广州三杰"，都是我党早期的杰出理论家和宣传家。他们不仅主编各类刊物，而且撰写发表很多政论文章，积极宣传党的方针政策。彭述之是中共早期马克思主义宣传家，主编过中央机关报《向导》和党的理论杂志《新青年》。陈启修曾在东京帝国大学主修经济学，师从马克思政治经济学的信仰者河上肇教授，在经济学领域卓有建树，1924年就出版了中国最早的财政学教科书《财政学总论》。这些教员的理论水平、学术视野确保了教学质量。

三是教员们革命工作经验丰富。毛泽东曾担任过中共湘区委员会书记、国民党中央宣传部代理部长等职务，先后从事过工农运动以及统一战线工作；彭湃发动和领导了海陆丰及东江的农民运动；周其鉴先后在广宁、高要、曲江等地从事农民运动工作，农民运动经验丰富；李立三参与领导过安源路矿工人大罢工和上海五卅运动等，有丰富的工人运动经验；萧楚女曾先后任《新蜀报》主编、《中国青年》编辑、《中州评论》主编、《政治周报》编辑，有丰富的办报办刊和从事宣传工作的经验。甘乃光曾先后担任黄埔军校英文秘书兼政治教官、国民党中央实业部代理部长、青年部部长、农民部部长等职。教员们的这些人生履历和丰富经验是贯彻理论联系实际教学原则的充分保障，也是确保人才培养质量的必要条件。

四是教员们教学经验丰富。毛泽东在任所长之前，已先后在广东大学附属中学、第五届农讲所、国民革命军第二军官学校、国民党中央政治讲习班等处担任教员,讲授《农民问题》《农工政策》《农民运动》等课程。彭湃主持第一和第五届农讲所时,也亲自给学员讲课。安体诚在积极从事党的各项工作时,也曾先后在浙江杭州法政专门学校、上海大学、北京大学等处任教。赵自选先后担任过大元帅府铁甲车队军事教官、省港罢工委员会工人纠察队第一大队教官、东江地区海丰农民自卫军总指挥等职,具有丰富的军事训练经验。于树德曾在北京大学、北京女一中、华洋义赈救灾总会讲授《信用合作社》《工业政策》《农业政策》等课程。陈启修曾是北京大学教授,讲授过财政学、新俄法制及政治、经济政策等课程。萧楚女早年在四川泸州师范等任教,到广州后在中国国民党政治讲习班、广东大学等处授课。彭述之曾任上海大学社会科学系教授。陈其瑗是广东国民大学校长,经常在各处讲课。教员们丰富的教学经验确保了良好的教学效果。

五是教员们教有专长。如毛泽东、彭湃、罗绮园、周其鉴等,是农民运动的杰出领导人,讲授农民运动的课程;李立三长期从事工人运动,讲授《中国职工运动》;周恩来有开展军事运动的实际经验,讲授《军事运动与农民运动》;于树德留学日本,擅长合作理论研究,讲授《农村合作概论》;毛宪熟悉法律知识,讲授《法律常识》;韦义光和蒲良柱熟知农业生产知识,讲授《农业常识》;经济学家陈启修,讲授《经济学常识》《中国财政经济状况》《苏俄状况》;《犁头》美术编辑黄焯华讲授《革命画》。教员们学术有专攻,教学有专长,确保了人尽其才,保障了培养质量。

(二)主要教员结构

第六届农讲所的 22 名主要教员中,有共产党员 16 人,占总教员人数的72.7%。年龄在22岁至40岁之间，其中以30岁至40岁的中年教员为主，共有14人，占总教员人数的63.6%。他们大多数都接受过不同层次的学历教育，有较好的理论基础。其中上过大学的13人，占总教员人数的59.1%，上过中专的6人，占27.3%；还有6人有海外留学经历。多数教员有丰富的革命经验、教学经验和一定的身份地位，他们除任农讲所教职外，还担任其他社会职务。

这些教员来自全国9个省份，其中以广东籍和湖南籍教员最多，分别是7人和6人。很多教员与毛泽东熟识，如彭湃、萧楚女、甘乃光、李立三、毛宪、李一纯等；其中作为农讲所唯一专职教员的萧楚女更是所长毛泽东的得力助手，毛泽东说"我是很喜欢他的，农民运动讲习所教书主要靠他。"[①]据学员回忆，教员与学员之间是革命的同志关系，毛泽东、萧楚女等人十分关心学员的学习和生活。[②]如此合理的员工关系和师生关系，自然更有利于促进教学工作的开展。22位主要教员情况见下表。

表3-2 第六届农讲所主要教员概况一览表

姓名	籍贯	政治面貌	年龄	毕业学校（最高学历）	时任职务（除农讲所教职外）
毛泽东	湖南湘潭	共产党员	33	湖南第一师范学校	中共中央委员、国民党中央候补执行委员、国民党中央宣传部代理部长、国民党中央农民部农民运动委员会委员
萧楚女	湖北汉阳	共产党员	35	武昌实业学校	国民党中央农民部农民运动委员会委员

---

① 《毛泽东论教育革命》，人民出版社1967年版，第21页。
② 很多学员新中国成立后回忆了当年毛泽东所长关心他们的事例，如增建浴室、改善伙食、关怀生病学员、帮助学员赎回抵押棉衣等等。

（续表）

姓名	籍贯	政治面貌	年龄	毕业学校（最高学历）	时任职务（除农讲所教职外）
彭湃	广东海丰	共产党员	30	日本早稻田大学	中共广东区委农民运动委员会负责人、国民党广东省党部农民部长、广东省农民协会常务委员
周恩来	浙江绍兴	共产党员	28	南开大学	中共广东区委军事部长、黄埔军校政治部主任
李立三	湖南醴陵	共产党员	27	中学毕业	中华全国总工会执行委员和组织部长
恽代英	江苏武进	共产党员	31	武昌大学	黄埔军校政治总教官兼中共党团书记
安体诚	河北丰润	共产党员	30	日本京都帝国大学	黄埔军校政治教官、《黄埔军官学校日刊》主编
张秋人	浙江诸暨	共产党员	28	中学毕业	共青团中央委员、黄埔军校政治教官
周其鉴	广东广宁	共产党员	33	广东甲种工业学校	广东省农会执行委员会常委兼北江办事处主任
于树德	河北静海	共产党员	32	日本京都帝国大学	国民党中央执行委员、黄埔军校政治教官
彭述之	湖南邵阳	共产党员	31	北京大学学习，留学苏联	中共中央局委员、中央宣传部部长
罗绮园	广东番禺	共产党员	32	上海同济大学文科	国民党中央农民部农民运动委员会委员、广东省农民协会常务委员、《中国农民》主编
陈启修	四川中江	共产党员	40	日本东京帝国大学	广东大学法学院院长、黄埔军校政治教官
甘乃光	广西岑溪	国民党员	29	岭南大学经济系	国民党中央党部农民部部长、农民运动委员会委员
陈其瑗	广东广州	国民党员	39	北京大学	国民党中央候补执行委员、国民党广州特别市党部常委、广东国民大学校长
陈公博	广东乳源	国民党员	34	北京大学哲学系，留学美国	国民党中央执行委员、国民党中央农民部农民运动委员会委员

（续表）

姓名	籍贯	政治面貌	年龄	毕业学校（最高学历）	时任职务（除农讲所教职外）
毛 宪	湖南湘潭	国民党员	36	长沙法政学堂	广州国民政府监察院科员、法官考试典试委员会监试委员
蒲良柱	广东大埔	国民党员	22	国立中山大学农科学院	广东省党部青年干事
黄焯华	广东	群众	不详	不详	广东省农民协会《犁头》美术编辑
韦义光	海南琼山	共产党员	34	广东农业专科学校	省港罢工委员会干事
赵自选	湖南浏阳	共产党员	25	长沙县立师范学校、黄埔军校	
李一纯	湖南长沙	共产党员	27	中学毕业，留学苏联	

资料来源：农讲所纪念馆藏第六届教员档案。

除上述相对稳定的22名主要教员外，农讲所还外聘国共两党的党政领导、专家学者做专题报告或演讲。这些特聘的教员具有层次较高、流动性大、灵活性强等特点，是农讲所多元化教员结构中极为活跃的部分。

二、系统完整的理论教学

与前五届相比，第六届农讲所授课时间更长，开设的理论课程也更多。其课程根据教学目标设置，全面多元且有机统一。大多数教员的授课内容也系统完整，富有条理。

（一）课程之整体设置有机统一

第六届农讲所的培养目标与前五届一样，培养担负各地实际农民运动工作的人材。据此规定，教学内容包括三民主义、国民革命基础知识、农民运动之理论及其实施方法、集会结社之实习及宣传之训练等四个方面①。据此，理论课程开设25门，授课共252小时。其课程大致可分为以下三大类：

一是国民革命基础理论知识。它们包括《中国国民党史》《三民主义》《中国民族革命运动史》《各国革命史》《帝国主义》《苏俄状况》《社会问题与社会主义》《中国政治状况》《中国职工运动》《中国财政经济状况》《中国史概要》共11门。

二是农民运动理论知识。它们包括《中国农民问题》《农村教育》《农村合作概论》《海丰及东江农运状况》《军事运动与农民运动》《广东第二次农民代表大会决议案》《广宁高要曲江农运状况》《农业常识》共8门。

三是与政治宣传相关的课程。它们包括《地理》《统计学》《经济学常识》《法律常识》《革命画》《革命歌》共6门。

表3-3 第六届农讲所理论课程一览表

类别	课程名称	任课教员	授课时长
国民革命基础理论知识	三民主义	陈公博、陈其瑗	6小时
	中国国民党史	甘乃光	6小时
	帝国主义	萧楚女	14小时
	社会问题与社会主义	萧楚女	9小时
	中国民族革命运动史	萧楚女	5小时
	中国政治状况	彭述之	12小时
	中国财政经济状况	陈启修	4小时
	苏俄状况	陈启修	18小时

① 罗绮园：《本部一年来工作报告概要》，《中国农民》第2期，1926年2月1日。

（续表）

类别	课程名称	任课教员	授课时长
国民革命基础理论知识	中国史概要	恽代英	10小时
	各国革命史	张秋人	9小时
	中国职工运动	李立三	17小时
农民运动理论知识	中国农民问题	毛泽东	23小时
	农村教育	毛泽东	9小时
	军事运动与农民运动	周恩来	6小时
	海丰及东江农运状况	彭湃	4小时
	广宁高要曲江农运状况	周其鉴	6小时
	广东第二次农民代表大会决议案	罗绮园	15小时
	农村合作概论	于树德	10小时
	农业常识	韦义光、蒲良柱	16小时
与政治宣传相关的课程	经济学常识	陈启修	18小时
	法律常识	毛宪	9小时
	地理	毛泽东	4小时
	统计学	安体诚	9小时
	革命画	黄焯华	14小时
	革命歌	李一纯	1小时

资料来源：《第六届农民运动讲习（所）办理经过》，《中国农民》第9期，1926年11月。

上述课程系统完整，重点是研究中国革命的基本问题——农民问题，其课程占了8门（详见上表农民运动理论知识一栏）。在课时安排上，根据科目的轻重缓急，有的安排十几个小时，最少的则只安排4小时。其中授课时间最长的是毛泽东的《中国农民问题》，达23小时。

（二）课程内容之讲授系统条理

毛泽东讲授《中国农民问题》时，根据中国的历史和当时的实际情况，从人口、生产、革命目的、革命力量、战争关系等多个方面，论证国民革命中最主要的问题是农民问题。他指出："国民革命的大部是解决农民问题，其余问题皆不如农民问题的重要，可以说中国国民革命是农民革命。"[①]毛泽东还传授了从事农民运动的工作方法。其要点如下：一是要深知农民身受的痛苦、迫切的愿望与要求，帮助他们认识遭受痛苦的原因和解除痛苦的方法；二是生活要农民化，不要特殊化；三是要把农民引导到政治斗争上去，要为改善他们的日常生活进行斗争；四是要启发农民群众相信自己有力量；五是要善于发现积极分子，把他们团结成为一个核心去领导群众，就能发挥更大的力量；六是领导农民群众去斗争时，要团结最大多数反对极少数，要相信农民群众有无穷的智慧；七是要会说农民的话。[②]可以说，毛泽东的讲授和分析极富系统性和条理性。

周恩来在讲授《军事运动与农民运动》时，首先用马克思主义原理分析了中国军阀制度的来源及现状，然后以他亲自参加东征和东江革命斗争的经验，阐述军事运动与农民运动的重要性及其相互关系，证明革命战争必须有广大工农群众参加才能取得胜利。他说："党军所向无敌，不数月而肃清广东全境，就是由于一方面党军拥有数十万的工农群众，一方面反革命所利用的兵

[①] 第六届农讲所学员金绍勋听课笔记《农民问题》，广东农民运动讲习所旧址纪念馆编：《广州农民运动讲习所资料选编》，人民出版社1987年版，第188页。

[②] 丘倜：《关于中央农民运动讲习所学习情况的一点回忆》（1974年8月），农讲所纪念馆藏，第六届学员档案：《丘倜》。

士——民众都觉悟了，所以才收神速的效果。"①他的讲授条理清晰、分析透彻、论证有力、结论正确，具有切实的教学效果。

萧楚女在主讲《帝国主义》时，引用了列宁著作及进步刊物达二十多种。他依据马列主义的基本原理，分析了帝国主义的由来、性质和将来的命运，明确地指出："帝国主义本身底素质，倾向于灭亡之途"；"帝国主义目下正在：一方面尽量地长大它底最后限度的'胖体'；一方面开掘埋葬其最后胖体的坟墓。"②这些话语生动形象地阐明了帝国主义必然灭亡，共产主义一定胜利的历史规律，令人心服口服，极具理论性和说服力。

三、务实有效的军事训练

为培养既能宣传发动群众，又能领导武装斗争的农运骨干，此届农讲所在组织学生学习革命理论和方法的同时，还设立军事训练部，制订军事训练计划，开展了务实有效的军事训练。这主要表现在以下两个方面：

一是学员生活军事化。农讲所的《军事训练规则》规定："为熟习军事动作、养成军人习惯起见，除教普通学科实践外，学生一律准军人生活动作"③，不论出操、上课或外出活动以及请假等，统一由值日官和值星官分别负责。学员每人配备步枪、军装、草鞋、绑腿、挂包，生活作息时间以军号令为准。每天清晨军号一响，学员们就迅速起床，在五分钟内穿好军装，戴好军帽，打好绑腿，背起步枪，精神抖擞，歌声嘹亮，出操训练。学员陈子彬回忆

---

① 第六届农讲所学员冯文江听课笔记《农民运动与军事运动》，广东农民运动讲习所旧址纪念馆编：《广州农民运动讲习所资料选编》，人民出版社1987年版，第211页。
② 萧楚女：《帝国主义讲授大纲》，1926年8月1日，中国国民党农民运动讲习所印行。
③ 罗绮园：《本部一年来工作报告概要》，《中国农民》第2期，1926年2月1日。

道："学员过着完全军事化的生活，穿的是军服草鞋，进入饭厅都要集队，吃饭用多少时间也有规定，哨子一响，便要立刻走出饭厅集合；起床、睡觉、集队都听从军号行事，白天、夜晚都要轮流站岗放哨。"①

二是军训内容系统化。该届农讲所军训内容系统，循序渐进。开始时徒手训练：学习立正、稍息、转向、整齐步伐、队形变换、解散集合等；然后持枪训练，先讲步枪效能，继而教授使用技术，射击瞄准姿势等；接着是班排的战斗训练，观测远近距离，利用地形隐蔽，站岗、放哨以及冲锋、追击等；最后是野外演习，实弹射击，夜间紧急集合演习等。学员除在东较场军训外，也经常到附近的白云山、黄花岗等地演习，还曾到石井实弹射击。第六届学员王首道回忆说："在军事演习打野外中，不论是在沼泽地上还是荆棘丛中前进，一听到'卧倒'的命令，要立即就地卧倒。"②还有学员回忆："野外战术、夜间教育都严格实施，所长常常亲临现场，实地检查。"③

这样，经过长达十星期（上操128小时）的军事训练④，学员们不仅学会了从事武装斗争的基本技术，而且培养了吃苦耐劳的精神和顽强的革命意志。后来，很多学员成为农民武装斗争的

---

① 陈子彬：《关于广州第六届农讲所和农岩大革命时期的一些情况》，《党史研究参考资料》1981年第5期。学员黄丽生详细回忆了第六届农讲所起居膳食操课时间（见农讲所纪念馆藏第六届学员档案：《黄丽生》）：早晨六时起床，六时十五分集合点名并在所址附近做二十分钟的清晨运动，六时四十分早点，七时上课，九时下课，九时三十分早操，十一时三十分收操（上操地点在东较场），十二时午餐，十二时三十分午休及诊断会客，下午二时至四时上课，四时三十分至六时晚操，六时三十分晚膳，七时至八时五十分自习（周六晚自习时间为自由活动和集体游戏），九时晚点名，九时三十分熄灯就寝。

② 王首道：《革命的摇篮》，广东农民运动讲习所旧址纪念馆编：《广州农民运动讲习所资料选编》，人民出版社1987年版，第326页。

③ 冀三纲：《回忆忏悔新生》（1982年11月），农讲所纪念馆藏，第六届学员档案：《冀三纲》。

④ 《本部工作报告概要》，《中国农民》第9期，1926年11月。

组织者和指挥者，为探索革命新道路和中国人民的解放事业作出了重要贡献。

四、全面深入的理论研究

为了加强课堂理论学习的效果，培养学生独立思考的能力，第六届农讲所结合革命斗争需要，利用课余时间组织和指导学员开展全面深入的理论研究，其主要方式有组织农民问题研究会和研读革命理论书籍等。

（一）组织农民问题研究会

此届农讲所根据学员来源，组织了两广、湖北、湖南、江西、福建、安徽、江浙、云贵、四川、山东、奉直、豫陕、三特别区等13个农民问题研究会。每个研究会"推干事一人，书记一人至八人主持其事"，每周开会一至二次。所长毛泽东曾主持拟定租率、田赋、地主来源、主佃关系等36个调查项目[①]。在教务主任陆沉指导下，各研究会分别开展相关的专题调查，进行实际的农民问题研究。为了增强学员们对农村情况的了解，毛泽东还让学员们抄写民歌，并指出："从这些民歌里面可以懂得许多东西。"[②]在毛泽东的正确引导下，学员们综合运用所学知识，对各省实际问题进行探讨，兴起了调查研究的良好风气。由此，学员们对本省区农村的政治、经济及阶级斗争状况等有了进一步了解，为毕业后回省开展农运工作奠定了一定的基础。

（二）研读革命理论书籍

为了强化学员们的理论学习，农讲所发给每个学生的课外学

---

① 《第六届农民运动讲习（所）办理经过》，《中国农民》第9期，1926年11月。
② 《在广州中央工作会议上的讲话》（1961年3月23日），中共中央文献研究室编：《毛泽东文集》第8卷，人民出版社2009年版，第264—265页。

习书籍达31种，包括《三民主义》《建国方略》《建国大纲》《中国农民》（月刊）《农民运动》（周刊）《犁头》《孙中山先生对农民之训词》《中国农民问题研究》《土地与农民》《湖南农民运动目前之策略》《列宁与农民》《俄国农民与革命》《社会革命与农民运动》《中国民族运动及其策略》《帝国主义浅说》《社会进化简史》等。这些书籍大多是关于革命理论方面的，尤其以农民运动方面的居多，其中有16种是毛泽东在农讲所主编出版的《农民问题丛刊》中的书刊。

为了更好地指导学生阅读这些书籍、开展课外理论研究，农讲所指定萧楚女任专职教员，负责具体指导，毛泽东则参与指导。专任教员列出重要书籍中要紧部分中的问题，学生带着问题看书，"根究所问，随看随作答案，限期交卷"。萧楚女选择数份批改，"缮好张贴墙壁，名曰'标准答案'"。最后将答卷发还学生，"令照标准答案自行改正其错误"。[①] 此种方法，有利于锻炼学员独立思考问题的能力，对提高学员的理论研究水平有重要帮助。

五、精彩纷呈的理论演讲

除所内的教员外，第六届农讲所还邀请许多党政要人和社会名流给学员作报告或演讲。演讲或报告的地点大多是在农讲所内，但也有数次在国民党中央党部和广东省农民协会。有些报告是在每周日的党团活动时进行，只有农讲所党团成员参加；还有很多是在每周一举行总理纪念周的时间，面向全所师生。

（一）演讲嘉宾阵容强大

给农讲所学员作过演讲或报告的名人既有国民党的高级官

---

① 《第六届农民运动讲习（所）办理经过》，《中国农民》第9期，1926年11月。

员，也有共产党各方面的相关负责人，还有社会知名人士。他们具有高度的政治修养、渊博精湛的学识和丰富的实际斗争经验，深受学员敬佩。据学员回忆，农讲所之特邀演讲嘉宾有二十多人。下表是部分演讲嘉宾的概况。

表 3-4　第六届农讲所部分演讲嘉宾一览表

姓名	籍贯	政治面貌	时任职务
陈延年	安徽怀宁	共产党员	中共广东区委书记
张太雷	江苏常州	共产党员	中共广东区委宣传部长
邓中夏	湖南宜章	共产党员	中华全国总工会秘书长兼宣传部长
苏兆征	广东香山	共产党员	省港罢工委员会委员长
李伟森	湖北武昌	共产党员	共青团广东区委宣传部长
穆　青	四川合江	共产党员	中共广东区委组织部长
谭平山	广东高明	共产党员	国民党中央组织部长
阮啸仙	广东河源	共产党员	中共广东区委农委书记、广东省农民协会执行委员会常务委员
林祖涵	湖南安福	共产党员	国民党中央农民部长、农民运动委员会主席
瞿秋白	江苏常州	共产党员	中共中央委员
吴玉章	四川荣县	共产党员	国民党中常委
赵世炎	四川酉阳	共产党员	中共江浙区委组织部部长、上海总工会党团书记，并兼任江浙区委军委书记
吴稚晖	江苏武进	国民党员	国民党中央监察委员
谭祖安	湖南茶陵	国民党员	国民党中央政治委员会主席
何香凝	广东南海	国民党员	国民党中央妇女部长
褚民谊	浙江湖州	国民党员	广东大学校长
郭沫若	四川乐山	群众	广东大学文科学长
詹大悲	湖北蕲春	国民党员	国民党中央候补执委
江　浩	河北玉田	共产党员	国民党中央候补监察委员
张国焘	江西萍乡	共产党员	中共中央委员

资料来源：农讲所纪念馆藏第六届学员档案。

（二）演讲内容精彩励志

第六届农讲所邀请嘉宾演讲的内容丰富规范，以时局与革命形势、农运情况和工作经验等为主，精彩励志。5月3日，农讲所开学第一天，除所内教员甘乃光、陈其瑗、彭述之进行演说外，还有谭祖安、何香凝、褚民谊、郭沫若、胡谦、詹大悲、江浩等人相继演说。据《广州民国日报》记载，那天的演讲内容大致如下："中国国民革命，质言之即农民革命，因中国人口农民占百分之八十以上，农民受帝国主义、军阀、贪官污吏、土豪劣绅之压迫剥削，比任何民众为甚，国民革命若不得农民参加，农民问题若不在国民革命中得到解决，则革命必不能成功。以前五届学生组织了广东农民八十万，本届学生来自二十余省区，毕业后散布全国，必能组织全国之农民，立定国民革命之基础"。学员们精神振奋，高呼"组织全国农民参加国民革命"、"工农商学兵联合起来"、"打倒帝国主义"、"打倒军阀"等口号。[①]

此后，每遇国内外有重大政治事件，农讲所都邀请重要嘉宾给学员作报告或演讲。据学员回忆，陈延年在广东省农民协会和农讲所都给学员作过报告，主要分析当时的革命形势。[②]何香凝曾作妇女运动报告和国民革命史报告，"每当提到廖仲恺先生被反动派刺杀时，总伤感不已，声泪俱下，常常激起学员们对反动派极大的革命义愤。"[③]郭沫若也应毛泽东之邀，在农讲所作《国民革命即农民革命》演讲。时任省港罢工委员会委员长的苏兆征作省港大罢工的报告。共青团广东区委宣传部长李伟森则作中国青年运动的报告。[④]中共广东区委宣传部长张太雷作中国革命问

---

① 《农民运动讲习所开学纪盛》，《广州民国日报》1926年5月4日。
② 刘友珊：《回忆农讲所》（1976年2月），农讲所纪念馆藏，第六届学员档案：《刘友珊》。
③ 刘文治：《广州农民运动讲习所回忆片段》，《文史天地》2003年第12期。
④ 丘倜：《关于中央农民运动讲习所学习情况的一点回忆》（1974年8月），农讲所纪念馆藏，第六届学员档案：《丘倜》。

题的报告。① 张国焘报告"五卅"一年来运动之经过。② 谭祖安和吴稚晖则作统战关系的演讲。③

目前所见演讲内容保留最完整的，是瞿秋白所作的演讲《国民革命中之农民问题》④。1926年8月，瞿秋白到广州参加共产国际执委会远东局和中共中央代表团联席会议时，应邀到农讲所演讲。他明确指出："中国国民革命的意义，是在解放农民"，"中国国民革命是要解决农民问题、土地问题，用各阶级的联合战线，工人阶级的领导来斗争，才能得到胜利。"⑤ 他提出了解决农民问题的四个办法：一是解决农民经济的束缚，二是组织农民自卫军，三是农民参加政权，四是镇压一切买办地主阶级的反革命运动，剥夺其政权。⑥

这些演讲内容大多为革命理论，或依托重大事件讲解革命道理，为学员指明革命斗争的方向，起到了重要的励志作用。

六、丰富多彩的实践教学

实践的观点是辩证唯物主义认识论的基本观点。此届农讲所教学注重理论联系实际的原则和学以致用的理念，组织学员参加了丰富多彩的社会实践，特别是参加社会政治活动和开展农村实习。

---

① 《张太雷文集》，人民出版社2013年版，第612页。
② 《李赤雷日记》（1926年5月30日），农讲所纪念馆藏，第六届学员档案：《李赤雷》。
③ 李波涛：《回忆农讲所情况》（1965年5月5日），农讲所纪念馆藏，第六届学员档案：《李波涛》。
④ 该演讲由瞿景白记录，原载1926年11月30日出版的中共党内刊物《我们的生活》第4期，曾收入作者自编论文集与《瞿秋白文集》。
⑤ 《瞿秋白选集》，人民出版社1985年版，第306—307页。
⑥ 《瞿秋白选集》，人民出版社1985年版，第307—308页。

（一）参加社会政治活动

农讲所学员经常参加群众大会、示威游行等政治活动。据学员回忆，每一次都是精神振奋，热血沸腾。其主要活动有：

1926年5月4日至15日，农讲所课堂被广东省第二次农民代表大会用作会场，全体学员到会旁听实习。那时农讲所从大门到课堂一路挂满小红布旗和红花，课堂门口悬挂红色横幅，上书"农民团结起来"，课堂有国旗、党旗、农旗、标语等①，极具政治气氛。学员们与代表们一起听取了《农民运动在国民革命中的地位报告》《会务总报告》《广东农民一年来奋斗经过报告》等。在闭幕典礼上，所长毛泽东发表演说，阐述"农民之经济斗争与政治斗争之关系，并指出其敌人压迫原因"。②

5月5日，全体学员在本所参加第三次全国劳动代表大会及广东第二次全省农民代表大会联合纪念马克思诞辰108周年纪念日。他们与工农代表一起聆听郭沫若、陈启修、彭述之的演讲，并高呼全世界无产阶级联合起来、世界革命成功万岁、共产主义万岁等口号，合唱国际歌。③

5月30日，农讲所师生在本所召开纪念五卅运动大会，会后前往东较场参加群众大会及游行。示威游行时大雨滂沱，毛泽东所长率领全体学生按规定路线冒雨行进，不时高呼口号，"使有些退缩到路旁骑楼的其他单位游行人员为之感动，而自动回到自己的队伍继续游行"。④回所后，毛泽东又冒雨演说十分钟。

---

① 《工人之路特号》第300期，1926年4月24日。
② 《粤省农民代表大会之经过》，《时事新报》1926年5月16日，广东农民运动讲习所旧址纪念馆编：《广州农民运动讲习所资料选编》，人民出版社1987年版，第263页。
③ 《工人之路特号》第313期，1926年5月8日。
④ 李哲夫：《毛主席伟大的革命实践——农民运动讲习所回忆录》（1969年2月），农讲所纪念馆藏，第六届学员档案：《李哲夫》。

6月7日，全体师生到与农讲所相距不远的广东大学操场，参加援助英国工人大罢工大会。23日，广州各界举行游行示威，纪念惨遭帝国主义杀害的省港罢工工人；所长毛泽东又率领学生参加了这次政治活动。据学生回忆，"整齐的队伍，跟着毛泽东同志阔步前进，时而呼口号，时而唱革命歌曲"。①

7月1日，农讲所师生参加了国民政府在广州东较场举行的国民革命军北伐誓师大会，会后还参加游行示威，支持讨伐封建军阀的战争。

（二）开展农村调查实习

1926年7月，曲江县农民协会召开代表大会时，广东省农民协会邀请农讲所派员参加。所长毛泽东亲自带领50名学生前往。②一是参加曲江县农民代表大会，以壮大声势并鼓舞贫雇农的革命热情；二是到韶州（现称韶关）和曲江农村实习一星期，了解农民的组织情况，学习农民运动的经验。据学员回忆，会议期间，他们不仅与农友亲切交谈，高呼"农友们团结起来"、"打倒贪官污吏土豪劣绅"等口号③，还持枪轮流站岗④。

8月，毛泽东组织全体学员到农民运动最为活跃的海丰县实习两周，由教员陆沉、赵自选带队⑤。据《广州民国日报》报道："始

---

① 舒国藩：《毛泽东的言教与身教》（1993年9月），农讲所纪念馆藏，第六届学员档案：《舒国藩》。

② 中共中央文献研究室编：《毛泽东年谱（1893—1949）》上卷，人民出版社、中央文献出版社1993年版，第167页。

③ 黄丽生：《参加第六届农民运动讲习所的回忆》（1965年8月7日），农讲所纪念馆藏，第六届学员档案：《黄丽生》。

④ 《访问冀三纲记录》（1976年7月1日），农讲所纪念馆藏，第六届学员档案：《冀三纲》。

⑤ 李庆刚：《带领第六届广州农讲所学员到海丰实习的人究竟是谁》，《广东党史与文献研究》2019年第3期。

抵埠，即有汕尾海丰第五区党部、农民协会、各工会及商民协会、农民自卫军、劳动青年团、市政局，男女老幼两千余人，结队鸣锣响炮在海滨欢迎，高呼口号，声震大地，其雄壮激昂之状，非仅□革命战线□□表示极亲密之结合已也。"① 在海丰，学员们分成十余个小组，由当地农会会员作向导，到各乡各村进行调查，询问农友生活，观看田间生产，了解与学习海丰农运的丰富经验。8月12日，全体学员还参加了在海丰举行的纪念"七五农潮"三周年大会，聆听彭湃海丰农运发展经过报告。17日上午，学员们参加龙山致祭海丰农运死难五十三烈士活动，聆听了彭湃、赵自选、陆沉等人的演说。②

通过农村调查实习，学员们加深了对农民运动的了解，增强了从事农民运动的决心和信心。正如文献记载："赴海丰实习，……亲入革命的农民群众中，考察其组织，而目击其生活，影响学生做农民运动之决心极大。"③ 学员张明远在回忆录中写道："在海丰参加一次全县农民自卫军和农民代表的万人大会，第一次看到农民运动的雄壮伟大场面，参观访问了公平镇和几个乡村……使我坚定了一个信念：回去以后一定以这里为榜样，把家乡的农民发动起来。"④

---

① 《农民讲习所学生之实地练习——全体学生赴海丰参加县农会"五七"纪念大会》，《广州民国日报》1926年8月20日。

② 《海丰全县第二次农民代表大会会场日刊》41号，1926年8月，中共海丰县委党史办公室、中共陆丰县委党史办公室编：《海陆丰革命史料》第1辑，广东人民出版社1986年版，第528—529页。

③ 《第六届农民运动讲习（所）办理经过》，《中国农民》第9期，1926年11月。

④ 张明远：《回忆广州农民运动讲习所》，广东省档案馆、毛泽东同志主办农民运动讲习所旧址纪念馆编：《广州农民运动讲习所研究文集》，1986年印制，第33—34页。

七、面广定向的学员分配

第六届农讲所的学习时间原为6个月，但因"北伐工作紧迫，全国革命潮流高涨，各省区之广大农民群众亟待唤起，以为党及政府之基础"①，故将本届之实际训练时间缩短至四个多月，于9月11日举行毕业典礼。随后，毕业学员到国民党中央农民部领取还乡旅费，返回各省工作。

（一）学员分配特点与去向

本届学员来自全国20个省区，毕业后绝大部分仍被分配到各自省区，从事实际的农民运动（详见下文第六届农讲所部分学员工作分配情况一览表）。毕业生共有318人，"截至十月五日止，除病生三人未出所外，所有学生均已遣送回籍，从事工作"。②他们一般由国民党中央农民部介绍回各省，再由国民党各省党部的农民部委任为特派员。有的担任国民党省党部或县党部的特派员，有的担任省农协或县农协的特派员。以广西省为例，第六届农讲所广西籍学员40人，"由中央农民部介绍回省工作者二十余人，十月初即由本部（笔者注：国民党广西省党部农民部）全数委为特派员，各回原籍工作。"③

虽然学员名义上是由国民党省党部分配，但实际上是由共产党人具体负责分配工作。据学员回忆，从中央到地方，名义上都是挂着国民党的牌子，但由于当时具体负责农运领导工作的人几乎都是共产党人，加之许多毕业生本身就是党团员和进步青年，

---

① 《农所学生举行毕业礼》，《广州民国日报》1926年9月10日。
② 《第六届农民运动讲习（所）办理经过》，《中国农民》第9期，1926年11月。
③ 《中国国民党广西省党部农民部工作报告》（1926年），农讲所纪念馆藏，第六届学员档案：《李席珍》。

所以他们到各地后，一般都先向当地共产党的负责人报到，由其分配具体工作。①

表 3-5　第六届农讲所部分学员工作分配情况一览表

姓名	籍贯	毕业工作分配情况
王首道	湖南浏阳	被中共湖南区委和国民党湖南省委党部委任为农民运动特派员，前往祁阳县开展农民运动工作
黄益善	湖南嘉禾	以湖南省农运特派员的身份去领导嘉禾农民运动
罗　哲	湖南湘潭	被派回湖南，任湖南省农民协会组织干事
喻东声	湖南宁乡	任湖南省农运特派员，到宁乡县从事农运活动
胡祖舜	湖南蓝山	回湖南，被省总工会任命为工运特派员
王平章	湖北汉川	以湖北省农民运动特派员的身份返回湖北汉川县开展农运
王秀松	湖北黄安	由湖北省农民协会派往沔阳搞农运
赵世当	湖北通城	7月提前结业返汉，以湖北省农民运动特派员身份回通城开展农运，迎接北伐军
陈学渭	湖北黄冈	被派回黄冈开展农运
黄光和	广西梧州	留广州，在国民党中央党部工作
韦如山	广西恩隆	被国民党广西省党部农民部委任为农民运动特派员，回家乡恩隆县开展农运
朱积垒	福建平和	以国民党中央农民部特派员的身份随北伐军入闽，在家乡平和县开展农民运动
郭滴人	福建龙岩	以国民党中央农民部特派员的身份随北伐军入闽，在国民党中央农民部福建汀漳龙办事处岩平宁分处工作
李联星	福建龙岩	以国民党中央农民部特派员的身份随北伐军入闽，被任命为国民党中央农民部福建汀漳龙办事处负责人
陈子彬	福建龙岩	以国民党中央农民部特派员的身份随北伐军入闽，在国民党中央农民部福建汀漳龙办事处岩平宁分处工作

---

① 林锦文：《中国共产党与广州农讲所》，广东省档案馆、毛泽东同志主办农民运动讲习所旧址纪念馆编：《广州农民运动讲习所研究文集》，1986年印制，第122页。

（续表）

姓名	籍贯	毕业工作分配情况
舒国藩	江西进贤	回江西省从事工农运动
王国桢	浙江平阳	被委任为农民运动特派员，在浙南永嘉一带从事农运工作
金绍勋	浙江鄞县	返宁波，被宁波地委农运委员会委任为宁绍台第三分区——海口区农运负责人
竺清旦	浙江奉化	回宁波开展农运工作
曹广化	安徽寿县	回安徽，在寿县东南乡和合肥北乡开展农运
崔筱斋	安徽肥东	回安徽，在寿县东南乡和合肥北乡开展农运
陆铁强	江苏崇明	回上海，担任江浙地区农民运动委员会委员，并受委派回崇明县开展农运和建党工作
孙 选	江苏江阴	以江苏省农民运动特派员身份回江阴县指导农运
郭乐三	江苏铜山	以特派员身份秘密返回铜山县，负责农运工作
安友石	江苏无锡	经中共江苏省委介绍，到国民党江苏省农民部任特派员，回家乡无锡县开展农运
吴芝圃	河南杞县	回到开封进行革命活动
郭绍仪	河南邓县	回到邓县开展农运
张明远	河北玉田	回到北方区委任农运特派员，在玉田县及附近各县开展农运和建党工作
韩永禄	河北完县	被党组织派回家乡完县从事农民运动
解学海	河北无极	被分配到中共北方区委农民运动委员会工作
王紫树	河北文安	回到文安县开展革命工作
萧尊一	河北玉田	经中共顺直省委介绍，以农民运动特派员身份回玉田县开展农运
乔国桢	陕西葭县	回到陕西，先在富平县，后在三原县武字区开展农运
霍世杰	陕西绥德	回原籍从事农运
李维屏	陕西渭南	回到陕西，先在富平和三原一带秘密从事农民运动，后转到渭南开展农运
杜 涛	云南蒙自	回云南蒙自开展农运

（续表）

姓名	籍贯	毕业工作分配情况
康富成	内蒙古	回绥远地区开展农民运动
高布泽博	内蒙古	回绥远，在农村及土默特旗的蒙古军老一团中进行革命活动
王建功	内蒙古	回到内蒙，受党组织委派，以农民运动特派员身份在归绥一带开展农运工作

资料来源：农讲所纪念馆藏第六届学员档案。

（二）毛泽东与学员的分配工作

所长毛泽东十分关注学员的工作分配。当时有一些省份尚未建立省党部农民部，如云南、陕西、福建等省。鉴于这种情况，9月11日毕业典礼后，毛泽东就找这些省区学员代表谈话，指示他们回乡后如何开展工作。

由于云南既无国民党组织，也没有共产党领导，毛泽东在与云南籍学员周霄谈话时，建议其回到云南先组织一个干事会，"用民主集中的方式领导工作，又介绍周霄向国民党中央农民部长甘乃光当面请示。甘部长同意毛所长意见，把干事会定名为中国国民党特派云南农民运动办事处，干事及负责人员仍请毛所长圈定。"[①]9月17日，毛泽东写信给国民党中央农民部秘书陈克文，对云南农运的开展及人事作了安排。信的最后，毛泽东还附上第六届农讲所云南籍学员作为云南农运特派员的化名、云南农民运动特派员办事处简章和办事处开办费预算表[②]。

关于陕西农运人事安排，毛泽东在9月16日给陈克文的信

---

① 黄丽生：《参加第六届农民运动讲习所学习的回忆》（1965年8月7日），农讲所纪念馆藏，第六届学员档案：《黄丽生》。
② 《毛泽东关于云南及江西农运情形致陈克文》（原件藏中国国民党中央党史馆），《海外保存的毛泽东、周恩来、刘少奇大革命时期的几封信》，《党的文献》2011年第6期。

中写道："陕西办事处特别委员会，可以指定下列五人为委员：亢维恪、李维屏、李秀实、王述绩、杜松寿，以亢维恪为书记。"①10月11日，国民党中央农民部根据上述情况做出规定："云南、福建、安徽、陕西等省，因特别情形，由本部指定各该省在农民运动讲习所毕业学生，回籍组织临时办事处，指挥各该省农运工作。"②

对已经建立省党部的省份，毛泽东则在信中建议设立农民运动委员会，在省党部农民部的指导下开展工作，如江西。③江西籍学员丘倜回忆本省学生工作分配时说："临别时毛泽东还叮嘱：南昌还没打下来，你可把党给你们的介绍信和当地党组织联系，看看如何安排你们的工作。毛所长还告诉我他有电报到江西，指定我和舒国藩二人在国民党省党部农民部和省农民协会工作。"④

所长毛泽东对学员分配工作问题的关心与关怀，既体现了第六届农讲所的办学风格和特点，也体现了毛泽东的个人品格和作风，对办好农民运动讲习所和推动农民运动发展，都产生了重要而深远的影响。

---

① 《毛泽东关于陕西办事处特别委员会委员组成致陈克文》（原件藏中国国民党中央党史馆），《海外保存的毛泽东、周恩来、刘少奇大革命时期的几封信》，《党的文献》2011年第6期。亢维恪在1965年回忆说："临行前，经所安排，国民党中央农民部给我们发下派令，以亢维恪为农民部驻陕办事处主任。我将此项文件缝在被子里，遂即同我所告别。"亢维恪：《广州农民运动讲习所忆旧——第六期学习生活散记》（1965年6月），农讲所纪念馆藏，第六届学员档案：《亢维恪》。

② 《本部工作报告概要》，《中国农民》第9期，1926年11月。

③ 金以林：《毛泽东与广东农民运动讲习所》，《党的文献》2003年第3期。

④ 丘倜：《关于中央农民运动讲习所学习情况的一点回忆》（1974年8月），农讲所纪念馆藏，第六届学员档案：《丘倜》。

第三节　第六届广州农讲所的教学特点

在所长毛泽东的主持下，第六届农讲所更加注重课程的科学设置和学员的全面发展。农讲所教学目的明确，课程内容丰富，注重调查研究，强调理论联系实际、学以致用，教学方法颇具特色，教育教学效果也更为卓著。

一、教学目的明确，学员全面发展

农讲所以培养农民运动指导人才为目标，强调学员为人民为革命而学。在农讲所这座革命的大熔炉里，学员们学文练武，健康成长。

（一）培养什么人目的明确

农讲所的教学目的是培养学员树立献身农民运动的信念，成为优秀的农民运动指导人才。所以，毛泽东强调，学员们要深入基层农村，"引导他们组织起来；引导他们向土豪劣绅争斗；……引导他们参与反帝国主义反军阀的国民革命运动"。[①]

为此，第六届农讲所在招生标准中，强调报考人员的革命理想和革命意志，并进行相关考核方能录取；入学时要求学员自己填写检查表，检查表内容涉及家庭背景、个人职业、政治意向、革命运动经历、政治活动、入学介绍人等等；入学测试题目涉及对中国乡村和农民地位的认识、个人的学习经历、革

[①]　毛泽东：《国民革命与农民运动》，《农民运动》第8期，1926年9月。彭湃讲课时说："搞农民运动，要很勇敢，并且在党的指挥之下。……我们是农民指导者。……我们做农民运动要其本身的力量。"第六届学员周凯听课笔记《广东农民运动自己所得的经验》，广东农民运动讲习所旧址纪念馆编：《广州农民运动讲习所资料选编》，人民出版社1987年版，第215—216页。

命经历、入学动机等,由此保证学员的政治素质和文化水平。农讲所设有一个党支部,直属中共广东区委领导,支部书记彭公达。教员大多是共产党员,学员大部分是进步青年学生,很多是共青团员和共产党员,入学后经常开展党团活动。[①]农讲所围绕农民运动的理论和方法开设课程,并进行严格的军事训练和军事化管理;在进行课堂教学的同时,还组织学员深入农村,培养学员的组织宣传能力等。由此可见:从教育对象、教育者的选择到教育内容的确定,都紧紧围绕农讲所的教学目标,培育学员为革命为人民的政治立场,培养学员树立献身农民运动的信念,强调学员为农民利益而奋斗的人生价值取向,最终目的是成为优秀的农民运动指导人才,领导广大农民进行反帝反封建的解放斗争。

(二)怎样培养人途径多元

农讲所坚持政治、军事并重的教育方针,使学员全面发展。第一,通过多种形式,提高学员的政治觉悟。如系统进行政治理论教育,开设《三民主义》《帝国主义》《社会问题与社会主义》等政治理论课程,把思想政治教育渗透到教学中,用马克思主义的立场、观点、方法分析中国革命的实际问题;组织学员到农村调查农民的状况,以农村阶级斗争的实际教育学生;严格党的组织生活,充分发挥党组织和党员的作用,从而使很多学员提高了政治觉悟,加入了中国共产党。如学员王首道、萧尊一等就在农讲所党旗下庄严宣誓:"努力革命,牺牲个人;服从组织,阶级

[①] 由于农讲所党团工作并未公开,党团员人数没有记载。有学员回忆说,农讲所共产党员约有二百六十名(其中八十多人是在农讲所入党),也有学员回忆说,农讲所初期只有五十名左右共产党员,后来陆续发展到二百多人,还有学员回忆称,全所百分之八十学员是党团员,有十几个党小组。

斗争；严守秘密，永不叛党。"①第二，特别重视讲授有关农民运动理论和方法，培养学生核心能力。农讲所开设《中国农民问题》《农村教育》等专业课，同时聘请具有丰富农民运动经验的教员彭湃、周其鉴等在课堂系统讲授相关课程，以进一步提高学员的专业能力。此外，为了调动学员学习自觉性，训练学员独立思考问题的能力，以及分析问题和解决问题的能力，农讲所还围绕农民运动问题指定一些教材和书籍，让学员自己阅读，并根据教员所列问题，自己讨论解决，教员在学员讨论基础上加以必要的辅导，既活跃学员的思想又加深对课堂讲授的理解。第三，注重军事训练。军事训练约占三分之一时间，包含有军事知识讲授和军事操练。除一般的军事操练外，还开展实战夜战的训练。正如社会主义青年团广东区委书记阮啸仙在给团中央关于农讲所的报告中说，农讲所的军事训练，"使我们得一个经验：一个革命家如果受过军事教育，必更能守纪律，于任事还可洗涤书生习气，而为一不折不挠之能者"。②

二、教学内容系统，方法灵活多样

为加强对学员进行以农民问题为中心的革命教育，农讲所在课程设置和教学安排上，实行理论与实践相结合，主课与辅课相结合，同时采用多样化的教学方法，不仅受到学生欢迎，而且教学效果突出。

---

① 王首道：《革命的摇篮》，广东农民运动讲习所旧址纪念馆编：《广州农民运动讲习所资料选编》，人民出版社 1987 年版，第 315 页。
② 《阮啸仙给团中央报告》（1924 年 10 月 5 日），《阮啸仙文集》，广东人民出版社 1984 年版，第 145 页。

（一）根据培养目标安排教学内容

与前五届相比，第六届农讲所学习时间最长，学科最为全面。教学内容既体现三民主义思想，又宣传马列主义思想，反映了国共合作背景下明显的革命统一战线特色。既有课内系统完整的理论教学和务实有效的军事训练，又有课外全面深入的理论研究、精彩纷呈的理论演讲和丰富多彩的实践活动。既传授农民运动理论和方法，也传授工人运动知识；既讲中国历史经济政治状况，也讲国外革命史和苏俄状况；既有国民革命基础知识，也有革命歌、革命画、地理等教导宣传教育技能的科目。其中《革命画》[①]课程，使学员基本掌握了美术常识和绘画技巧，学会了运用这一形象化的通俗易懂的革命宣传武器。而《地理》虽然只有四小时的教学时间，但毛泽东讲授时，除了使学员对全国的地理知识有了基本的了解外，特别重视使学员学习本省的山川形势、人情风俗习惯以及地理方面对政治的影响，把开展农村革命工作和需要考虑的地理因素结合起来。《革命歌》一课，则使学员学到《国际歌》《国民革命歌》《少年先锋歌》等歌曲，外出参加政治活动时，高唱革命歌曲，热血沸腾。

此外，该届农讲所尤其重视理论教学与参加社会调查、实际斗争的有机结合，邀请社会政要分析当前革命形势，组织学员参加群众大会和示威游行，进行实际的农民问题研究，出版《农民问题丛刊》，还组织学员到农村实习，与当地农民交流，了解斗争情况，吸取斗争经验等。这样，使学员从事农民运动时，既会宣传革命道理，又能指导农民自卫。正如所长毛泽东在给

[①] 毛泽东特别重视革命画的宣传力量，他说："中国人不识文字者占百分之九十以上。……图画宣传乃特别重要。……广东工农两会做了不少的图画宣传，最能激动工农群众。"见《宣传报告》，《政治周报》第6、7期合刊，1926年7月。

学员讲话时所说："我们不但要会打仗，而且要会宣传，会组织，会教育，会领导。全中国的革命，一定能在我们手里发动起来！"①

（二）依据教学内容选择教学方法

农讲所作为学校，教员处于主导地位。所内设有专职和兼职的教员，按照教学计划开展教学，以课堂系统讲授为主，让学生掌握知识、形成技能、养成价值观。教员都具有一定的理论水平、实践经验和教学经历，能够结合教学内容和自身优势开展多样性教学，如启发式教学、讨论式教学、案例式教学等，强调学生的主动参与，并做到深入浅出，启发思维。毛泽东讲课经常采用通俗易懂的比喻和举事例说明问题，如以着急拉屎与寻找茅坑比喻农民的迫切需要和愿望②，以富翁不敢开除假装财神的店员比喻地主视财如命③等，其中最著名的是讲授《中国社会各阶级的分析》时，在黑板上画了一座多层的宝塔，比喻中国社会的阶级关系和阶级压迫。他说，只要最下层的广大工农劳苦大众起来进行革命斗争，"压在他们身上的几座大山就一定可以推翻。"④课堂上，他还组织学员们结合当时各阶级代表人物的表现进行了详细讨论。毛泽东这种启发式教学充分调动了学生的学习积极性，不仅给学员留下经久难忘的深刻印象，而且激发了学员们对帝国

---

① 李波涛：《回忆农讲所情况》（1965年5月5日），农讲所纪念馆藏，第六届学员档案：《李波涛》。

② 丘倜：《关于中央农民运动讲习所学习情况的一点回忆》（1974年8月），农讲所纪念馆藏，第六届学员档案：《丘倜》。

③ 《访问李波涛学员记录》（1976年9月14日），农讲所纪念馆藏，第六届学员档案：《李波涛》。

④ 郭绍仪：《回忆广州第六届农民运动讲习所》，广东农民运动讲习所旧址纪念馆编：《广州农民运动讲习所资料选编》，人民出版社1987年版，第336页。

主义、军阀、贪官污吏、土豪劣绅的无比仇恨，对被压迫被剥削的劳苦大众的无限同情，同时把学员朴素的阶级感情提升到理论高度，认识到唯有彻底革命，夺取政权，别无出路。

另外，农讲所教员教学不拘一格，风格多样，形成了各自特色，深受学员喜欢。据第六届学员回忆，毛泽东讲课时和颜悦色，用通俗的语言和具体的事实来说明问题的本质，有时话里还带些幽默，听来引人入胜；萧楚女口才好，讲课抑扬顿挫，极富感染力，特别是讲辛亥革命、五四运动，以及当时的五卅惨案和沙基惨案等现实斗争，更是慷慨激昂；彭湃以切身革命实践作课堂教材，现身说法，生动精彩，极受学员欢迎；周恩来讲课的逻辑性极强，井井有条，言简意赅；恽代英语言洪亮，充满激情，具有极强的感染力；陈其瑗讲民生主义时，引用"何不食肉糜"的典故，讽刺国民党上层官员对民生主义茫然无知，使学员们哄堂大笑。学员喜爱的教学方法，自然能够取得更好的教学效果。

三、理论结合实际，开创优良学风

第六届农讲所坚持理论联系实际的学风，理论教学内容贴近农村实际，贴近学生实际，注意用理论指导实践，又通过实践加深对理论的理解，强调学以致用，成为理论与实际相结合的典范。

（一）理论教学与实践教学有机统一

农讲所理论教学内容密切联系学生实际和农村实际，既讲授理论，也传授工作方法，强调学用一致。毛泽东为了使讲课内容密切结合学员的实际，课前虚心向学员调查研究，了解大量的实际情况，课堂上运用这些实际事例进行理论升华,体现理论联系实际的原则。彭湃在讲授《海丰及东江农运状况》时，在分析广东农民生活状况之后，将自己从事农民运动积累的经验传授给学员，他强调做农民运动应注意"要"与"不要"的十二点要领,如要吃苦、要从下部工作做起、要明白农民的生活状况及其心理等,同时不可生金钱关系、不要贪恋农民妇女、不要谈迷信、不要偷懒、不要出无为的风头、不要显出与农民不一律的动作等。[①]这十二条经验,对于将要奔赴农村工作的学生,既及时又实用,能够使学生更好地做到理论联系实际。

只懂得一般农民运动理论,并不能成为合格的农民运动干部。为了使学生将课堂上学到的理论与农村实际相结合,毕业后尽快适应农民运动的需要,农讲所在进行校内理论教育的同时,又组织学生参加校外实践活动,主要是参加社会政治活动和开展农村实习。尤其是农村实习,既使学生接触农村的实际,加深对农民运动理论的理解,同时又促进了当地农民运动的发展。学生杜松寿在回忆海丰农村实习时说,海丰的农民运动教育了我们,"觉得自己与农民表里如一地站在一起了,觉得只有为他们流了血才是光荣的,才如愿以偿了。"[②]在注重革命理论教学和军事训练的同时,农讲所也注重专业能力的训练,设置了训练学员从事农运宣传教育技能的科目,如《革命画》《革命歌》等,充分体现了理论联系实际的优良学风。

(二)积极向上的校园文化助力人才培养

农讲所创造性地利用各种手段和载体,将教育内容一点一滴落实到校园文化之中,从而对学员产生潜移默化的正面影响,助

---

① 第六届农讲所学员冯文江听课笔记《作农民运动应注意之点》,中共广东省委党史研究委员会办公室、毛泽东同志主办农民运动讲习所旧址纪念馆编:《广州农民运动讲习所文献资料》,1983年印制,第117页。

② 杜松寿:《记毛主席在广州农民运动讲习所的二三事》(1951年6月24日),农讲所纪念馆藏,第六届学员档案:《杜松寿》。

力于人才培养。

首先,加强学校环境的政治氛围。农讲所之课堂里,挂有马克思、恩格斯、列宁的画像和《国际歌》《国民革命歌》《少年先锋》等革命歌曲,还有"打倒列强"、"打倒军阀"、"农民运动万岁"、"世界革命万岁"等标语。学员一进入课堂,就会受到马列主义和革命气氛的熏陶,革命热情高涨。

其次,制订和执行严格的学习制度与生活制度。学员在课堂聚精会神听讲;课后认真整理听课笔记,阅读课外进步的书籍,热烈讨论问题,记录学习心得。实行军事编制,生活军事化,培养和锻炼学员的组织纪律性。[1]学员回忆说:当时"一切规章制度执行非常严格,学员们能自觉遵守纪律"[2],"秩序井然"[3]。此外,还组织膳食管理委员会,在毛泽东指导下,学员民主管理伙食,培养学员的组织能力。

再次,经常组织课外活动,开展讨论会、演讲会、故事会、文娱晚会等,在活动中对学员进行教育。如课外组织13个农民问题研究会,引导学员研究农村经济、政治、阶级关系、文化教育、风俗习惯、宗教信仰等方面的问题,训练其观察和解决问题的能力;所长毛泽东除了本人随时给学员作政治报告、专题讲话外,还邀请嘉宾作时事报告,使学员认清当前的革命形势和工农

---

[1] 开学初,毛泽东就对学员们说:"诸位……受军事训练,对于纪律当守。……把我们自己组织起来,继而把民众组织起来共同奋斗。帝国主义他的军队皆有组织,其力很强的,以此对待我们,我们若没有组织纪律是不能敌他的。"见《本所第二次纪念周所长报告》,广东农民运动讲习所旧址纪念馆编:《广州农民运动讲习所资料选编》,人民出版社1987年版,第209页。

[2] 熊熙才:《农讲所第六届讲习班情况的回忆》(1974年1月),农讲所纪念馆藏,第六届学员档案:《熊熙才》。

[3] 李哲夫:《毛主席伟大的革命实践——农民运动讲习所回忆录》(1969年2月),农讲所纪念馆藏,第六届学员档案:《李哲夫》。

运动的发展情况，同时进一步丰富学员的理论知识与实际知识；周六晚上的集体游戏时间，经常举办文娱晚会①，师生欢聚一堂，唱山歌、讲故事、表演戏剧和武术等，充满活泼愉快的气氛。

此外，农讲所还倡导艰苦朴素的校风。因为办学经费紧张，所长毛泽东经常教导学员要发扬艰苦奋斗、勤俭办学的精神。他说："我们要革命，才办了这个农民运动讲习所。钱少能办好学，才算真革命。我们勤俭办学，大家勤俭学习，共同革命。"②学员们穿灰布军服③，盖旧毛毯，用旧步枪。大家曾彼此开玩笑说："咱们农民讲习所是个穷地方，大门口永没见来过汽车，连学唱歌也没风琴。可是人穷志不穷，所长前边走，咱们跟着行，穷了才革命。"④

总之，虽然学宫古旧，面积不大，设施简陋，但在所长毛泽东主持下，第六届农讲所继承和发展了前五届农讲所的办学经验，有计划、有组织、有目的地开展教学管理和教学活动，形成颇具特色的办学风格。在亲如兄弟的革命大家庭气氛中，学员们学文练武，迅速成长，毕业后回到各地农村，积极投身革命事业，使革命火种燃遍祖国的四面八方。

---

① 据学员刘友珊回忆，文娱晚会曾分成两个中队，一个在前院，一个在后院，分别利用课堂和饭堂前面的月台作舞台。有时以班为单位表演节目，他们班曾演哑剧《打倒帝国主义》。毛泽东所长有时也参加晚会。《访问刘友珊记录》（1976年10月7日），农讲所纪念馆藏，第六届学员档案：《刘友珊》。

② 亢维恪：《广州农民运动讲习所忆旧——第六期学习生活散记》（1965年6月），农讲所纪念馆藏，第六届学员档案：《亢维恪》。

③ 有学员回忆称，除了上操和外出时规定穿军服外，平时多数穿汗衫背心、草鞋木屐，休息时还有些赤足行走的。有一次，前来参观的人看到学员服装不整齐，形色长短各有不同，觉得很奇怪。为什么农讲所不像其他军事学校一样做到整齐划一？毛所长回答说：学员们来自全国不同地区的乡村，如果改变了他们的生活习惯，丢掉了他们的简朴风尚，将来回乡就会脱离群众，负担不了艰苦的工作任务。黄丽生：《参加第六届农民运动讲习所的回忆》（1965年8月7日），农讲所纪念馆藏，第六届学员档案：《黄丽生》。

④ 亢维恪：《广州农民运动讲习所忆旧——第六期学习生活散记》（1965年6月），农讲所纪念馆藏，第六届学员档案：《亢维恪》。

第四章　广州农民运动讲习所与农民问题理论

广州农民运动讲习所最主要的办学宗旨是培养农民运动指导人才，因此在办学过程中把农民问题理论和方法作为核心教学板块，特别是第六届农讲所更为强化，一方面使学生对农民问题理论有了深刻的认识和详细的研究，另一方面也使共产党在农民问题理论上有了认识上的升华和飞跃。可以说农讲所的创办与对农民问题理论的研究，以及农讲所与学员所推动的农民运动发展，与共产党的农民问题理论发展同频共振、相互作用、相互促进，统一于农民运动的发展进程。就此而言，广州农讲所与共产党人在农民问题理论方面取得的重要成果和重大贡献，具有密不可分的关系。

第一节　《农民问题丛刊》的出版

《农民问题丛刊》[①]是毛泽东在担任第六届广州农民运动讲习所所长期间编写的一套旨在总结和推广国内外农民运动经验的系列教学参考书。《丛刊》的编撰与出版，对农民问题理论的宣

---

① 以下简称《丛刊》。

传和农民运动的推动发挥了重要作用。

一、《丛刊》创办的背景

1926年5月至9月，毛泽东根据各地农民运动的发展情况，亲自主持拟定了36个调查研究问题，涉及租率、租佃关系、田赋、宗教信仰、农村组织、盗匪以及兵祸天灾等，要求学员根据各自家乡实际情况完成调查。他还组织了13个农民问题研究会。"引导学生开始研究实际问题。"① 这13个农民问题研究会定期举行读书会和报告会，学员们完成的调查报告在研究会上组织讨论。农讲所还组织学员先后赴韶关、海丰等地实地考察农民运动开展情况，帮助学员了解中国农村和农民具体问题、总结和丰富农民运动经验。毛泽东将当时搜集的国内外与农民运动相关的文献，农讲所教员的讲义、对农民问题研究的文章，以及第六届农讲所学员完成的调查等，汇编成册，就形成了《农民问题丛刊》。

二、《丛刊》编纂出版概况

《丛刊》于1926年9月陆续编印出版，广州国光书店发行②，原定计划出版52种，因经费和时间等限制，最终只出版了26种③。第27至52种，则因第六届农讲所结束后人力和经

---

① 《第六届农民运动讲习（所）办理经过》，中共广东省委党史研究委员会办公室、毛泽东同志主办农民运动讲习所旧址纪念馆编：《广州农民运动讲习所文献资料》，1983年印制，第73页。

② 《广州市文物志》编委会编著：《广州市文物志》，岭南美术出版社1990年版，第395页。

③ 也有学者认为丛刊实际只出版了24种，彭湃的《海丰农民运动报告》和周其鉴的《广宁农民反抗地主始末记》编入丛刊，但以单行本形式出版。如果加上彭湃和周其鉴的报告，就是26种。毕耕、李永雪：《毛泽东主编的〈农民问题丛刊〉评析》，《理论月刊》2014年第7期，第32页。

费缺乏而无法出版。①《丛刊》编印时的说明，亦印证了经费紧张之情况："极力节省原预算内不必要之开支，剩出一点钱来编印农民问题丛刊。"②最终出版的26种皆32开，每种页数不一，最多的有168页，最少的只有8页。封面上方都有工农兵联合的图案。③《丛刊》为纸质铅印，长宽分别为18.5厘米和13厘米。④毛泽东亲自为《农民问题丛刊》写了序言——《国民革命与农民运动》。他在序言中道明了这套丛刊编写的初衷："说到研究农民问题，便感觉太缺乏材料。这种材料的搜集自然要随着农民运动的发展才能日即于丰富，目前除广东外各地农运都方在开始，所以材料是异常贫乏。这回尽可能搜集了这一点，印成这一部丛刊，作为各地农运同志的参考。"本套丛刊的精髓是八种关于广东的材料，"使我们懂得中国农民运动的性质，使我们知道中国的农民运动乃政治争斗经济争斗这两者结合在一起的一种阶级争斗的运动"，同时"给了我们做农民运动的方法"。毛泽东还指出未来工作之努力方向："关于农业生产问题的材料，本书只收得五种（第二十二种至第二十六种）关于此问题的材料并不是很缺乏，为了出版仓卒搜集不及，他日尚当另外编印。"⑤

---

① 广东农民运动讲习所旧址纪念馆编：《广州农民运动讲习所资料选编》，人民出版社1987年版，第168页。
② 《第六届农民运动讲习（所）办理经过》，中共广东省委党史研究委员会办公室、毛泽东同志主办农民运动讲习所旧址纪念馆：《广州农民运动讲习所文献资料》，1983年印制，第73页。
③ 《广州市文物志》编委会编著：《广州市文物志》，岭南美术出版社1990年版，第394页。
④ 卢洁、谭逻松主编：《毛泽东文物图集（1893—1949）》，湘潭大学出版社2014年版，第55页。
⑤ 《农民运动》第8期，1926年9月21日，中共广东省委党史研究委员会办公室、毛泽东同志主办农民运动讲习所旧址纪念馆：《广州农民运动讲习所文献资料》，1983年印制，第130、第131页。

三、《丛刊》的内容分类

《丛刊》的内容主要包括有关农民问题的政策、策略、论著、教材及师生的农村调查研究成果等。[①] 按照《丛刊》内容和特点，结合前人研究，全部书目可以分为以下几类：

（一）国共两党领袖的演讲与论著

该部分内容既有国民党领袖亦有共产党领导人的著述。如《孙中山先生对农民之训词》《土地与农民》等。

《孙中山先生对农民之训词》包括《对农民党员联欢会训词》和《对农民运动讲习所学生训词》。1924年7月28日，国民党农民部召集党员举办联欢会。孙中山非常重视，亲自到会讲话，发表《对农民党员联欢会训词》。他在讲话中谈道："今日开这个农民联欢大会，这是革命党和农民的第一次见面。"[②] 孙中山主要谈了两个问题：第一、农民为什么要联络起来？第二、农民如何联络起来？1924年8月21日，孙中山在农讲所首届毕业典礼上的讲话——《对农民运动讲习所训词》也围绕上述两个问题展开。

共产党领导人方面，李大钊的《土地与农民》原载于《政治生活》第62—67期，毛泽东将其收入《丛刊》。这篇以探讨解决农民土地问题为核心的文章，论述了农民的重要地位和解决农民问题的重大意义。李大钊在文中首先指出了农民于革命中的重要地位，提出："故当估量革命动力时，不能不注意到农民是其

[①] 广东农民运动讲习所旧址纪念馆编：《广州农民运动讲习所资料选编》，人民出版社1987年版，第168页。

[②] 《孙总理对农民党员联欢会训词》（节录）（1924年7月28日），广州农民运动讲习所旧址纪念馆编：《广东农民运动资料选编》，人民出版社1986年版，第152页。

重要的成分。"其次,他分析了农民破产的趋势,及自耕农和佃农是最困苦阶级的具体表现。第三,他还提出了"耕地农有"、农民协会、农民自卫组织等问题。同时,李大钊描绘了未来农村的美好前景。①

(二)有关农民运动的政策、决议与法规

《丛刊》收录了几种与农民运动有关的政策、决议与法规材料。如《中国国民党之农民政策》《广东省农民协会章程及农民自卫军组织法》《革命政府对于农民运动宣言》《广东第一次农民代表大会之重要决议案》《广东省党部代表大会对于农民运动之决议案》《广东第二次农民代表大会之重要决议案》等。

《中国国民党之农民政策》包括《中国国民党第一次全国代表大会对于农民运动之宣言及决议》和《中国国民党第二次全国代表大会对于农民运动决议案》。②《革命政府对于农民运动宣言》由《革命政府对于农民运动第一次宣言》《革命政府对于农民运动第二次宣言》《省长公署训令各县援助组织农民协会》《国民党中央执行委员会农民部致省署之公函》《广东省署通令民团统率处及各县县长严禁各属民团毋得强迫农民加入并不得妄向农民加抽》等五篇文章构成。《广东省农民协会章程及农民自卫军组织法》则包括《广东省农民协会章程》和《农民自卫军组织大纲》两篇。

在国共合作的背景下,国民党中央和国民政府以及多省市为

---

① 《土地与农民》(1925年12月30日—1926年2月3日),中共中央文献研究室、中央档案馆编:《建党以来重要文献选编》(1921—1949)第2册,中央文献出版社2011年版,第640—652页。

② 《中国国民党第一次全国代表大会对于农民运动之宣言及政纲》(1924年1月),《第一次国内革命战争时期的农民运动资料》,人民出版社1983年版,第17页。

了充分调动农民阶级的力量,多次召开各级农民代表大会,制定和发布各类决议和法规。1925年5月通过的《广东第一次农民代表大会之重要决议案》,包括经济问题议决案、农民自卫与民团问题议决案、农民协会今后进行方针议决案等。[1]一年后通过的《广东第二次农民代表大会之重要决议案》,包括农民运动在国民革命中之地位决议案、广东农民一年来奋斗经过报告决议案、全国政治状况与社会状况报告决议案、世界革命状况报告决议案、废除地主对于农民苛例决议案、取缔高利债决议案、废除苛捐杂税决议案、青年农民运动决议案等。[2]这些法规、决议和政策对于指导农民运动具有十分重要的意义。

(三)中外农民运动之经验与教训

这部分内容包括《湖南农民运动目前的策略》《海丰农民运动报告》《广宁农民反抗地主始末记》《普宁农民反抗地主始末记》《广东农民运动概述》《俄国农民与革命》《日德意三国之农民运动》《社会革命与农民运动》《列宁与农民》等。

《广东农民运动概述》包括"农民运动概况"和"广东乡村状况与经济情形"。"农民运动概况"简述了农民运动兴起的原因、一年来农运工作概况、广宁减租运动经过、高要惨案经过、普宁农民与地主冲突经过以及广东农民协会的地位等六个方面。[3]彭湃的《海丰农民运动报告》分8节和6个"补充",共五万余字。

---

[1] 《广东第一次农民代表大会之重要决议案》,《第一次国内革命战争时期的农民运动资料》,人民出版社1983年版,第263—280页。

[2] 《广东第二次农民代表大会之重要决议案》,《第一次国内革命战争时期的农民运动资料》,人民出版社1983年版,第286—323页。

[3] 《广东农民运动概述》(《农民问题丛刊》第18种),中共广东省委党史研究委员会办公室、毛泽东同志主办农民运动讲习所旧址纪念馆编:《广州农民运动讲习所文献资料》,1983年印制,第202—275页。

他详细记述了海丰农民运动发生发展过程，总结了该地区农民协会创建及运作的方法和经验，对农民运动发展具有重要的指导意义。毛泽东在阅读彭湃的这篇文章后，非常赞同其中的观点，并将该报告编入《丛刊》。周其鉴受聘为第六届农讲所兼职教员时，讲授《广宁高要曲江农运状况》，介绍他在西江和北江开展农民运动的情况。他还撰写了《广宁农民反抗地主始末记》，记述了广宁农民英勇反抗地主的过程，总结了中国共产党发动和组织农民开展政治、军事和经济斗争的经验与教训。

（四）中外农民、农业与农村相关信息

为了让农讲所学员接受更丰富多样的与农业、农村、农民相关的知识信息，拓展理论视野，毛泽东在《丛刊》中收录了一些介绍中外农村现状、农业生产与经营的文章。[①] 介绍国内方面的包括《农民合作概论》《中国的重要农产物》《中国重要农产物之对外贸易概况》《全国农业行政机关试验机关及教育机关》《中国农民问题研究》《中国之农业生产问题》等；介绍国外相关问题的有《苏俄之农业政策》《各国之农业进步及其原因》等。

四、《丛刊》出版的历史功绩

《丛刊》为农讲所学员提供了丰富的学习资料，也为从事农民运动的骨干提供了系统学习和研究的材料，在指导农民运动、推广农运经验、传播知识信息以及进行政策指导等方面发挥了积极作用。[②]

[①] 毕耕、李永雪：《毛泽东主编的〈农民问题丛刊〉评析》，《理论月刊》2014年第7期，第33页。本文主要参考毕耕、李永雪对《农民问题丛刊》的分类。

[②] 陈晋：《毛泽东阅读史》，生活·读书·新知三联书店2014年版，第66页。

(一)指导农民运动

《丛刊》出版时,毛泽东作了一篇题为《国民革命与农民运动》的序言。从该序言中,我们可清晰看到《丛刊》已经对农民运动的重要意义以及农民运动的方式给出了明确的答复。这也为《丛刊》定了一个整体的基调:研究农民问题、指导农民运动。《丛刊》中的第八种《湖南农民运动目前的策略》、第十二种《俄国农民与革命》、第十三种《中国农民问题研究》、第十四种《土地与农民》、第十六种《社会革命与农民运动》、第十七种《日德意三国之农民运动》、第十八种《广东农民运动概述》、第二十一种《普宁农民反抗地主始末记》等,对于国内外的农民运动和农民问题都进行了不同特点的描述,给农讲所学员提供了理论指导,对推动我国农民运动具有重要意义。正如《第六届农民运动讲习(所)办理经过》记载的:"这部丛刊如能完全出版,在目前之农民问题之迫切的研究农民运动之急激的发展中,确实可尽相当的供给材料之责。"[①]

(二)传播知识和政策信息

《丛刊》除了有助于农民运动的开展外,还给学员和农运干部提供了丰富的与农民、农业、农村相关的知识和政策信息。《丛刊》中收录了《中国重要农产物之对外贸易概况》《中国的重要农产物》和《中国之农业生产问题》等介绍中国的农业生产、改良方法以及对外贸易等方面信息的文章。《苏俄之农业政策》《各国之农业进步及其原因》等主要介绍国外农业生产知识,为农讲所学员更好了解中国与世界的农业信息提供了新的路径。此外,

---

① 《第六届农民运动讲习(所)办理经过》,中共广东省委党史研究委员会办公室、毛泽东同志主办农民运动讲习所旧址纪念馆编:《广州农民运动讲习所文献资料》,1983年印制,第75—76页。

毛泽东还将一些政策、法规和决议收入到《丛刊》中。如前文所提到的《中国国民党之农民政策》《广东第一次农民代表大会之重要决议案》《革命政府对于农民运动宣言》《广东省农民协会章程及农民自卫军组织法》等，为宣传有关政策发挥了重要作用。

总之，毛泽东非常重视农民问题。他在主办第六届广州农讲所期间出版的《农民问题丛刊》，提升了农讲所学员农民问题理论基础，对当时的农民运动具有重要的指导意义，在农民问题理论探索中占有重要地位。

第二节　广州农讲所举办时期共产党人对农民问题的理论探索

广州农讲所举办时期，共产党人将农民问题理论作为核心教学内容，进行系统性研究，把研究成果传授给学员。与此同时，农讲所师生在教学实践和推动农民运动发展的过程中，对农民问题进行了广泛而深入的探索，形成了许多具有指导意义的理论成果。农民问题理论与农民运动实践交互作用，推进了农民问题理论的丰富和发展，也推动了农民运动的发展。

一、共产党人对农民问题探索的主要理论成果

1924年国共合作后，在孙中山联俄联共扶助农工政策基调下，共产党人更加积极主动投身于农民运动和对农民问题的理论探索。在广州农讲所举办时期，形成了较为系列化的农民问题理论成果。1925年12月30日至1926年2月3日，李大钊在北京党组织的机关刊物《政治生活》上发表了《土地与农民》。至三一八事件后，李大钊将革命的希望完全寄托于农民暴动。1926

年夏，他发表的最后一篇题为《鲁豫陕的红枪会》的文章，强烈地表达了此种愿望。与六个月前写的《土地与农民》相比较，该文透露出更为激进的情感。他完全被农民革命的自发力量所吸引。[①] 他充满着对农民的信任与信心，相信农民自己有能力实现革命的最终目标，并认为乡村是中国革命的策源地。

除了李大钊外，毛泽东、彭湃、邓中夏、瞿秋白等共产党人都在农讲所举办时期对农民问题进行了深入探讨和研究，并形成一定的理论成果。毛泽东完成了《中国社会各阶级的分析》《中国农民中各阶级的分析及其对于革命的态度》《国民革命与农民运动》等文章，集中阐释了农民在国民革命中的重要地位和革命的动力等问题。邓中夏在中共三大以后开始了对农民问题的初步探索。1925年，他发表了《劳动运动复兴期的几个重要问题》，从工农联盟的角度，进一步阐释了农民革命对中国革命的重要性。1926年出版的《海丰农民运动》，主要描述了彭湃在1922年至1924年间开展广东海丰县农民运动的具体过程，该文主要围绕海丰农民的经济、政治、文化以及农民运动状况等展开分析与讨论。瞿秋白在五卅运动之后，开始注意到进一步将各革命阶级、阶层民众广泛组织成巩固的团体是最为关键之事，同时他还注意到农民的力量，主张帮助农民组织，实行为农民谋利益的政纲。他写的《国民革命中之农民问题》等文章提出了很多真知灼见。

二、毛泽东对农民问题理论的特殊贡献

在长期的革命斗争中，毛泽东始终关注关心农民问题，并以极大的精力来从事农民运动和对农民问题的理论研究。在广州农

---

① ［美］莫里斯·迈斯纳著，中共北京市委党史研究室编译组译：《李大钊与中国马克思主义的起源》，中共党史资料出版社1989年版，第266页。

讲所举办时期,由于主持农讲所工作以及开展农民运动的需要,毛泽东对农民问题开展了深入探讨。他运用马克思主义关于农民问题的理论,经过实地调查研究,找到了分析中国农村和农民的科学方法——阶级分析法,且运用此种方法理清了农民问题和农民运动在国民革命的特殊性与关键性,论证了中国国民革命的动力和目标。①

(一)《中国社会各阶级的分析》的发表

国共合作实现后,广东地区的农民运动得到蓬勃发展,农民阶级显示出了强大的革命力量。如何正确客观分析中国社会各阶层,进而确定中国革命的领导力量、主要动力和革命对象等问题,就摆在了中国共产党人面前。

1925年毛泽东回乡养病期间,对韶山农村农民农业状况进行了详细考察,收集了许多相关材料,增进了对中国农民问题的认识。1925年12月,毛泽东发表《中国社会各阶级的分析》一文。毛泽东从不同阶级的政治经济地位、心理活动以及对革命的态度等方面,论述革命的动力和对象。文章开宗明义:"谁是我们的敌人,谁是我们的朋友?这个问题是革命的首要问题。"他一针见血地指出了中国革命之关键所在。毛泽东清晰地认识到"中国过去一切革命斗争成效甚少,其基本原因就是因为不能团结真正的朋友,以攻击真正的敌人。"为此,"我们要分辨真正的敌友,不可不将中国社会各阶级的经济地位及其对于革命的态度,作一个大概的分析。"②他写这篇文章的背景主要是为了反对党内当时存在的两种错误倾向:第一种是以陈独秀为代表的右倾机会主

---

① 黄毓婵:《毛泽东在广州农民运动讲习所期间对农民运动的认识》,《广东省社会主义学院学报》2014年第2期,第88页。

② 《毛泽东选集》第1卷,人民出版社1991年版,第3页。

义，将精力主要置于同国民党合作上，一直忽视农民力量；第二种是以张国焘为代表的"左"倾机会主义，不注意团结国民党内部的革命力量，同时也忘记了农民。这两种错误思想共同的问题是没有真正弄清楚革命的敌人和斗争的对象。

阶级分析方法是马克思列宁主义者观察和处理社会问题的根本方法。在这篇文章中，毛泽东将中国社会各阶级划分为：地主和买办阶级、中产阶级、小资产阶级、半无产阶级以及无产阶级；又将半无产阶级分为绝大部分半自耕农、贫农、小手工业者、店员、小贩等五类。同时，他在对中国社会各阶级的经济地位及其对革命的态度进行分析后指出了中国革命的敌人、领导力量和团结对象。"可知一切勾结帝国主义的军阀、官僚、买办阶级、大地主阶级以及附属于他们的一部分反动知识界，是我们的敌人。工业无产阶级是我们革命的领导力量。一切半无产阶级、小资产阶级、是我们最接近的朋友。那动摇不定的中产阶级，其右翼可能是我们的敌人，其左翼可能是我们的朋友——但我们要时常提防他们，不要让他们扰乱了我们的阵线。"[①]他在调查了中国农村的基本情况后，运用马克思主义的阶级分析方法，又深入分析了当时农村的社会结构"中国农村以中农和贫农为主要群众的小资产阶级和半无产阶级，……都是革命的力量"[②]；并认为"绝大部分半自耕农和贫农是农村中一个数量极大的群众。所谓农民问题，主要是他们的问题"[③]。毛泽东根据上述分析指出，农民是革命的依靠力量，是无产阶级最广大、最忠实的同盟军，这也解决了革命的同盟者问题。

---

① 《毛泽东选集》第 1 卷，人民出版社 1991 年版，第 9 页。
② 王全营等编：《中国现代农民运动史》，中原农民出版社 1989 年版，第 104 页。
③ 《毛泽东选集》第 1 卷，人民出版社 1991 年版，第 6 页。

毛泽东使用的阶级分析法既是一种定量分析的方法，即对各阶级所占之比例作出量的分析；亦是一种定性分析的方法，即将各阶级置于整个社会结构及各个不同历史时期去考察。纵而观之，阶级分析方法是立体分析方法，即从不同角度，对整个农村的现状作全面而又系统的考察和分析。[1]此种分析方法，一方面客观分析了中国社会各阶级的经济、思想和政治状况，剖析了大革命时期中国农村的社会结构；另一方面又使共产党找到了最广大和最忠实的革命同盟军，及时纠正了党内的两种错误倾向，为确立农民问题是中国革命的中心问题奠定了理论基础。毛泽东在第五、六届广州农讲所、国民党政治讲习所等对《中国社会各阶级的分析》进行讲授，并将该文收入第五届农讲所教材。

（二）《国民革命与农民运动》的发表

1926年国民党右派分子大造反对农民运动的舆论，陈独秀等人为缓和同国民党的关系，不敢放手发动农民运动。他在7月召开的中共四届三次扩大会议上，对农民运动还作了种种限制。面对党内外较复杂的斗争形势以及北伐战争顺利推进为农民运动提供的良好外部环境，如果不能从理论上阐明农民运动与国民革命的关系以及农民问题是国民革命的中心问题，农民运动势必会受到负面影响。鉴于上述情况，毛泽东于9月写了《国民革命与农民运动》一文。在文章中，毛泽东鲜明地提出："农民问题乃国民革命的中心问题；农民不起来参加并拥护国民革命，国民革命不会成功；农民运动不赶速的做起来农民问题不会解决；农民

---

[1] 欧阳斌、唐春元主编：《毛泽东农民问题理论研究》，浙江人民出版社1993年版，第44页。

问题不在现在的革命运动中得到相当的解决农民不会拥护这个革命。"他还预言：只有湖南、广东、江西、安徽、山东、河南、直隶等几个政治上特别重要的省份的农民被组织发动起来，其他地区的农民才有被组织与发动的可能，帝国主义和军阀的基础才能被动摇，革命才能取得最终胜利。①

文章最主要的理论贡献在于毛泽东深入阐述了农民运动在国民革命中的地位和农民在打击地主阶级方面的作用。首先，他对地主阶级在中国社会的政治经济地位进行了分析。在文章开头便指明："经济落后之半殖民地革命最大的对象是乡村宗法封建阶级（地主阶级）。"他从经济和政治两个维度阐明了打击地主阶级的原因。毛泽东已经深刻意识到军阀和地主阶级有着密不可分的关系。全国大小军阀都是地主阶级在政治上挑选出来的代表，军阀是从地主阶级的土壤中滋生和发展起来的。这是在中国革命史上第一次将摧毁农村封建势力作为首要任务。其次，毛泽东对买办阶级和地主阶级做了比较，认为"都市的工人学生中小商人应该起来猛击买办阶级，并直接对付帝国主义……然若无农民从乡村中奋起打倒宗法封建的地主阶级之特权，则军阀与帝国主义势力总不会根本倒塌"。②此时，毛泽东已明确了中国革命的领导力量以及革命对象，认为国民革命即农民革命。

《国民革命与农民运动》认真剖析了农民在中国社会结构中

---

① 《国民革命与农民运动》（《农民问题丛刊》序），中共广东省委党史研究委员会办公室、毛泽东同志主办农民运动讲习所旧址纪念馆编：《广州农民运动讲习所文献资料》，1983年印制，第128、第130页。

② 《农民运动》第8期，1926年9月21日，中共广东省委党史研究委员会办公室、毛泽东同志主办农民运动讲习所旧址纪念馆编：《广州农民运动讲习所文献资料》，1983年印制，第128、第129、第130页。

的地位，同时进一步分析了农民、农民问题、农民运动与国民革命间的关系，将农民对国民革命的重要性以及农民参加国民革命和解决农民问题等有机地综合地辩证地统一起来，进行了最早最全面最深刻的论述，体现了那个时代毛泽东对中国农民问题认识的高度和深度，具有典型性和代表性。

三、共产党人探索农民问题理论的特点

广州农讲所的举办，共产国际对中国共产党农民运动的指导与帮助，农民运动的发展，推动了共产党人对农民问题理论的探索。这种探索呈现出农民问题理论的内容系统丰富、农民问题理论的认识不断深化以及研究农民问题理论的共产党人广泛多元等特点。

（一）内容系统丰富

国共合作实现后，在农讲所举办和农民运动发展过程中，共产党人对中国农民问题进行了多方位多视角研究。1924年7月萧楚女发表了《中国底农民问题》一文，论述了"农民问题，在中国便自然尤其是一个与社会治乱有关系的根本问题"[①]。这是我们党比较早地从国家社会的层面分析农民问题的重要性。此后，毛泽东的《中国社会各阶级的分析》《国民革命与农民运动》、李大钊的《土地与农民》，论述了农民问题的重要性。1924年底，邓中夏在《我们的力量》一文中，明确提出了无产阶级领导地位的问题。1925年4月，张秋人在《广州的青年革命军》一文中指出，农民、工人和兵士是国民革命之主力军。1926年4月，王若

---

① 中共中央党史研究室《萧楚女文存》编辑组、广东革命历史博物馆编：《萧楚女文存》，中共党史出版社1998年版，第167页。

飞以雷音为名所作《最近政治局面与本党各方面工作概况》指出，"中国的工人阶级若不与农民结成很好的同盟军，绝不能领导中国的革命，且将因孤立而失败。"[①]在这里目前提出工农联盟问题。1926年5月，瞿秋白在《向导》发表《最近中国之中央政府问题》指出，准备自己的武装，自动地联合各界组织管理地方自治机关，如市民代表会、乡民代表会等，明确提出了组织和管理地方自治机关的问题。在《国民革命中之农民问题》一文中，瞿秋白进一步提出农民参加政权，乡村政权归农民，城市的政权也要有农民代表的思想。1925年7月，陈独秀发表《我们如何应付此次运动的新局面》一文，提出"急须武装学生、工人、商人、农民，到处组织农民自卫团，以抵抗军阀之压迫。"[②]在农讲所举办时期，共产党人对农民问题在国民革命中的重要性、无产阶级领导权、农民同盟军、农民武装以及农民政权等问题都进行了理论探索，体现出系统丰富、视角多元等特点。

（二）认识不断深化

在多层面系统探索农民问题理论的同时，共产党人对农民问题的认识也不断深化。1924年7月萧楚女在《中国底农民问题》一文，分析了农民问题之重要性。李大钊《土地与农民》一文，将农民问题与国民革命成功联系起来。毛泽东的《中国社会各阶级的分析》和《国民革命与农民运动》，进一步科学论证了农民在中国革命中的地位和作用。得出了"农民问题乃国民革命的中心问题"的结论。1925年2月，郑容的《民团与革命》提出，要使民团成为保护贫农、自耕农、佃农、雇农利益的自卫军，成为

---

① 高熙：《中国农民运动纪事（1921—1927）》，求实出版社1988年版，第123页。
② 《我们如何应付此次运动的新局面》，《陈独秀文章选编》（下），生活·读书·新知三联书店1984年版，第65页。

切实的为贫农利益而奋斗的力量。这里蕴含着改造民团的思想。1926年4月，瞿秋白相继发表了《北京屠杀与国民革命之前途》和《中国革命中之武装斗争问题》，提出了"武装工人农民"的问题，亦指出"革命党的指导"问题，形成了必须由革命党来领导农民武装斗争的思想。再如，1925年5月，邓中夏在《中国工人》上发表文章，除了继续强调无产阶级必须领导国民革命并联合农民等思想外，还强调："政权不是从天外飞到我们工人手中的，是要我们从实际政治斗争去一点一滴的以至于全部的取得。政权我们不取，资产阶级会去取的。"①此种夺取领导权的思想，相较于之前形成的"天然"领导权思想以及能够取得领导权的思想，显然是大大加深了一步。从上可见，共产党人在革命斗争的实践中，对农民问题的认识不断深化和提高。

（三）研究主体广泛多元

在农讲所举办时期，对农民问题的研究引起共产党人的高度重视，出现了研究农民问题主体多元的特点。在这段时间里，许多共产党人，如彭湃、邓中夏、陈独秀、毛泽东、李大钊、瞿秋白、王若飞、萧楚女等，总结早期农运经验，围绕农民问题的重要性、工农联盟、农民土地、农民政权、农民武装等问题作了阐释，在理论上提出了一系列重要的观点。如毛泽东提出科学分析农村阶级问题；陈独秀提出农民土地和武装问题；李大钊提出农民土地问题；邓中夏提出工人阶级领导权问题；彭湃主张工农联合、农兵联合问题；瞿秋白提出武装农民问题等。总之，这个时期对农民问题研究的主体是广泛多元的，提出的农民问题理论观点也是

---

① 邓中夏：《劳动运动复兴期中的几个重要问题——贡献于第二次全国劳动大会之前》（1925年5月），中共中央文献研究室、中央档案馆编：《建党以来重要文献选编》（1921—1949）第2册，中央文献出版社2011年版，第346页。

丰富系统的。

从上可见，国共第一次合作开始后，共产党人对农民问题理论的探讨日趋广泛、深入和多元，从忽视农民问题到重视农民问题，从对农民问题表面化地探讨到对农民问题细致地分析，从某一方面到系统分析，从少数人到主体多元，无论是纵深性还是延展性都有重要发展。

第三节　广州农讲所举办时期共产党在农民问题理论上的贡献与局限

从第一届农讲所开学到第六届农讲所学员毕业，在广州农讲所举办的过程中，在开展农民运动和投身第一次大革命的过程中，共产党在农民问题理论上不断取得重要理论成果，在许多方面实现了创新发展。但由于中国共产党对农民问题理论的探索刚刚起步，对如何将马克思主义农民问题理论与中国实际相结合还处于摸索阶段，再加之受共产国际的影响，共产党在农民问题理论的探索与实践中仍具有历史局限性。

一、共产党在农民问题理论上的主要贡献

广州农讲所举办时期，中国共产党对农民问题进行了广泛深入的探讨，形成了一系列理论成果，在农民问题理论上的贡献是多方面的。

（一）确立中国革命"中心问题"理论

在半殖民地半封建中国社会，农民问题的地位是不言而喻的，因为农民占据了中国人口的大多数。对于这个涉及大多数人的问题，共产党的认识不断加深，特别是随着广州农讲所的创办、农

民运动的发展以及北伐战争的进军，共产党对农民问题重要性的认识、对农民问题在革命中的地位和作用问题的认识形成了新的理论成果。1924年7月，萧楚女在《中国底农民问题》指出："农民问题，在中国便自然尤其是一个与社会治乱有关系的根本问题了。"文中他提出解除农民生活之困苦要从三方面着手：对于农业，"应该从科学上去加以经营"；对于农地，"应该从政治上和经济上去加以整理"；对于农民，"应该从社会文化上去加以训练与教育"。[①] 这是我们党比较早地从国家社会的层面分析农民问题的重要性。中共四大首次明确提出了无产阶级领导权问题和农民同盟军问题，指出农民阶级是社会的重要成分。1926年5月，毛泽东在第六届农讲所讲授《中国农民问题》时，从革命运动发展的历史纵深，总结了历史经验和教训，阐明了农民在国民革命中的地位，并鲜明地指出农民问题的本质是土地问题，党的工作中心就是土地问题。这些论述充分体现了农讲所举办时期共产党对中国农民问题认识的高度和深度。

（二）提出农民运动领导权思想

关于革命领导权问题，共产党内认识比较早并且明确提出领导权问题的是瞿秋白和邓中夏等人。中共四大第一次论述了无产阶级领导权问题。会议指出："中国的民族革命运动，必须最革命的无产阶级有力的参加，并且取得领导的地位，才能够得到胜利。"[②] 这里不仅明确指出工人阶级是革命动力，而且要取得领导地位，才能保证民族革命运动之胜利。此外，会议强调把农民运动放在共

[①] 中共中央党史研究室《萧楚女文存》编辑组、广东革命历史博物馆编：《萧楚女文存》，中共党史出版社1998年版，第167、第173页。

[②] 《对于民族革命运动之议决案》（1925年1月），中共中央文献研究室、中央档案馆编：《建党以来重要文献选编》（1921—1949）第2册，中央文献出版社2011年版，第219页。

产党的领导之下,提出要在国民党之外,以各地农会中之支部为中心,发挥党的作用。中共四大之后,关于无产阶级领导权问题的认识继续深化。邓中夏除了继续强调无产阶级必须领导国民革命并联合农民等思想外,还突出强调参加国民革命之目的是取得政权。此后,中国共产党又多次强调了工人阶级的领导地位问题。1926年4月,《中国共产党致第一次全国农民大会信》指出,工人阶级有领导农民运动和民族革命运动之必要。[1]同年7月,中共中央执委会扩大会议制定的《农民运动议决案》,再次强调了农民问题之重要性,指出"我们的党要想领导中国民族解放运动顺利的进行,就在取得这项农民的势力,取得农民运动的指导权"。[2]综上可见,共产党比较早意识到了工人阶级领导权问题,第一次国共合作之后,随着农民运动的发展和国民革命的进展,对领导权的认识也经历了由"天然"领导权到"必然"领导权,再到"夺取"领导权的认识升华,显示了共产党对中国革命基本问题的认识在不断深化和发展。

(三)形成农民同盟军理论

农民同盟军问题是共产党认识比较深刻和统一的问题。中共四大明确提出了农民同盟军问题:"他们是中国革命运动中的重要成分,并且他们因利害关系,天然是工人阶级之同盟者。"[3]毛泽东的《中国社会各阶级的分析》《中国农民中各阶级的分析

---

[1] 《中国共产党致第一次全国农民大会信》(1926年4月20日),中共中央文献研究室、中央档案馆编:《建党以来重要文献选编》(1921—1949)第3册,中央文献出版社2011年版,第144页。

[2] 《农民运动议决案》,中共中央文献研究室、中央档案馆编:《建党以来重要文献选编》(1921—1949)第3册,中央文献出版社2011年版,第300页。

[3] 《对于民族革命运动之议决案》(1925年1月),中共中央文献研究室、中央档案馆编:《建党以来重要文献选编》(1921—1949)第2册,中央文献出版社2011年版,第218页。

及其对于革命的态度》等文章对同盟军问题进行了较为细致的探讨。此后，关于农民同盟军问题的认识也愈加明确。1926年2月召开的中央特别会议提出了工农联盟的主张："只有工人和农民的联盟，足以引导国民革命到最后的胜利。"①此后，工农联盟的思想得到发展。3月14日中共中央发出中央通告第79号，指出"要引导国民革命得到胜利必须取得农民的援助，造成工农势力的大联合"②。王若飞认为，发展农民运动，取得农民，是共产党当时最重要的工作。③《中国共产党致第三次全国劳动大会信》进一步强调了工农联盟的重要性，指出："我们不但要组织一般劳苦的工人群众，并且要和劳苦的农民群众组织亲密的同盟，领导他们参加一切经济的政治的争斗，才免得工人阶级孤军独战之困难。"④对农民同盟军问题的认识，解决了中国革命的最重要的动力问题，也解决了中国革命的主力军问题，为夺取革命最后胜利奠定了最为坚实的群众基础。

（四）探索建立农民政权理论

早期，共产党对建立政权的认识是模糊和概念性的。当初开展农民运动，建立农民协会，也只是通过农民协会保障农民的权益，争取生活的改善。随着农民运动的发展，有些地方也

---

① 《关于现时政局与共产党的主要职任议决案》（1926年2月），中共中央文献研究室、中央档案馆编：《建党以来重要文献选编》（1921—1949）第3册，中央文献出版社2011年版，第106页。

② 《中央通告第七十九号——关于二月北京中央特别会议》（1926年3月14日），中共中央文献研究室、中央档案馆编：《建党以来重要文献选编》（1921—1949）第3册，中央文献出版社2011年版，第129—130页。

③ 高熙：《中国农民运动纪事（1921—1927）》，求实出版社1988年版，第123页。

④ 《中国共产党致第三次全国劳动大会信》（1962年4月20日），中共中央文献研究室、中央档案馆编：《建党以来重要文献选编》（1921—1949）第3册，中央文献出版社2011年版，第143页。

提出了建立乡自治公所，实行乡村自治，甚至是民选县长的要求。但在国共第一次合作时期，规定农会不能干扰行政，农民武装也局限于保护农民利益的自卫范围，而且建立农民武装还需要国民党的审批，因此在广州农民运动讲习所举办期间，没有形成"一切权力归农会"的局面，但共产党对建立农民政权问题也在持续探索中。

1925年10月，中共中央发表《告农民书》，分析了农民受压迫的状况和原因，提出了实行"耕者有其田"的办法，认为实现"耕地农有"，"更须革命的工农等平民取得了政权"，将"耕地农有"与工农政权紧密联系起来。[1]1926年2月，中国共产党广东区执行委员会和中国共产主义青年团广东区执行委员会发表《告广东工农兵及一切革命的群众》，指出"民众的觉悟已日益普及而深入，民众的运动日益扩大而猛进。在广东民众运动已有一根据地，在全国民众运动已成为一种政治上伟大的势力"。在这个文告中还提出"人民得握政权"的口号。[2] 在《中国共产党关于农民政纲草案》和《第五次大会前中央农委对于政权问题之决议案》以及其他相关文件中，将土地问题与农民政权问题相关联，提出必须推翻农村中劣绅的政权，代之以革命的农民所建立的政权。而且农民政权应由贫农中农掌握，农民政权是土地革命的前提和重要保证。在党内较早地把政权和农民联系起来是瞿秋白。1926年瞿秋白《最近中国之中央政府问题》一文明确提出了组织和管理地方自治机关的问题，指出"各地一般民众应当积极起来反抗反动政治，

---

[1] 《告农民书》（1925年10月10日），中央档案馆编：《中共中央文件选集》第1册，中共中央党校出版社1989年版，第513页。

[2] 《告广东工农兵及一切革命的群众》，广东省档案馆等编：《广东区党、团研究史料（1921—1926）》，广东人民出版社1983年版，第227、第228页。

准备自己的武装，自动的联合各界组织管理地方自治机关，如市民代表会、乡民代表会等，要达到这一目的，不应当畏惧武装的暴动。"①

总的来看，中国共产党对革命政权和农民运动政权问题进行了探索，形成了一些重要的分析和论述，但这些思想和论述还是比较笼统和原则的。随着大革命的发展，农村中的阶级斗争日益严峻，地主阶级和封建军阀对农民运动的残害日趋严重，国民党内和共产党内对农民政权和土地革命问题的认识也出现了严重分歧，从而影响了相关理论的发展和实践探索。

（五）提出建立农民武装思想

中国共产党对建立农民武装问题的认识，亦经历了由浅入深的过程。1924年11月11日，《向导》周报刊发《中共中央第四次对于时局的主张》一文，将促成农民协会和建立农民自卫组织提上了实际工作的日程。②随后赵世炎主编的《政治生活》第22期发表《农民自卫问题》一文，提出开展农民运动应该分"三步走"：第一步是号召农民请赈；第二步是组织农民；第三步是武装农民。并指出"不要和任何军阀发生关系，保全农民自己的力量和势力"。③中共四大提出宣传并扩大农民自卫军，鼓动充当民团和乡团的农民加入农民自卫军，并认为此种组织应在党的政

---

① 《最近中国之中央政府问题》（1926年5月10日），《瞿秋白文集》（政治理论编）第4卷，江苏省瞿秋白研究会印，第150页。

② 《中共中央第四次对于时局的主张》（1924年11月），中共广东省委党史研究委员会、中共广东省委党史资料征集委员会编：《第一次国共合作研究资料》，1984年印，第125页。

③ 刘学礼：《历史源起与走向合作：中国共产党早期乡村革命》，中共党史出版社2015年版，第103页。

治领导之下。[①] 这时已经形成了建立农民武装的思想，摆脱了改造民团的思想束缚。此后，关于建立农民自卫军的主张成为全党的共识。《告农民书》提出农民应该有包括"由农民协会组织农民自卫军，并要求政府发给枪弹，以防土匪及兵灾"在内的最低要求。[②] 1926年4月，瞿秋白发表《中国革命中之武装斗争问题》，提出了"武装平民"之思想，指出武装平民之工作急须进行，[③] 同时认为民间的武装暴动，若没有革命军队的援助和革命党的指导，是难以胜利的，并以红枪会和大刀会的斗争经验加以证明。这里不仅提出了武装农民与工人的问题，而且形成了必须由革命党来领导农民武装斗争的思想。

中国共产党对武装农民的认识早期比较抽象，随着革命的深入发展，开始逐步认识到在实际中建立农民武装、实行武装自卫的重要性和必要性，形成了建立农民自卫军，保护农民利益的思想。此后，又将武装农民与国民革命的成功联系起来，然而中国共产党领导新式农民革命的理论此时尚未形成。

（六）初步形成土地革命理论

中国革命实质上是农民革命，农民革命的中心问题是土地问题。1922年6月发表的《中共中央第一次对于时局的主张》，首次提出分配土地给贫苦农民的问题。国共第一次合作实现后，农民运动得到支持和发展，农民对土地问题也提出了要求。1925年9月底至10月初召开的第四届中央执行委员会第二次扩大会议，

[①]《对于农民运动之议决案》（1925年1月），中共中央文献研究室、中央档案馆编：《建党以来重要文献选编》（1921—1949）第2册，中央文献出版社2011年版，第243页。

[②]《告农民书》（1925年10月10日），中央档案馆编：《中共中央文件选集》第1册，中共中央党校出版社1989年版，第513页。

[③]《中国革命中之武装斗争问题——革命战争的意义和种种革命斗争的方式》（1926年4月12日），《瞿秋白文集》（政治理论编）第4卷，江苏省瞿秋白研究会印，第58页。

比较系统阐释了"耕地农有"的主张,指出解决农民问题最终之目标是没收大地主、军阀官僚庙宇的田地分给农民,但是要到建立国民革命政府之际。随后中共中央发表的《告农民书》,指出解除农民困苦最根本的方法是要实行"耕地农有"。若要达到上述目的,非要打倒军阀政府不可。这也就说明,实现"耕地农有"并不是目前的要求和目标。实践证明,在当时的条件下,要想实现"耕地农有"无异于与虎谋皮。只有代表最广大人民利益的中国共产党,才能彻底解决中国农民的土地问题。

二、共产党在农民问题理论探索中的局限

在广州农讲所举办时期,共产党对农民问题理论进行了广泛而深入的探索,形成了许多重要的理论成果,但在探索过程中也存在一些局限。

(一)党内存在一些分歧

随着大革命轰轰烈烈的进行,虽然绝大多数共产党人对农民问题有了较为深刻的认识,但在共产党内部对农民理论问题的认识也存在一定的差别。总体观之,对农民问题的认识大同中有小异,前进中有反复。

1. 农民在中国革命中的地位

有人认为,在陈独秀所构想的中国革命进程中,无论是在资产阶级民主革命阶段,还是在社会主义阶段,农民的地位与作用都是相当模糊不清的。[1]1926 年 7 月,中共第四届中央执行委员会第三次扩大会议对中国社会各阶级进行分析时,陈独秀认为中

---

① [美]莫里斯·迈斯纳著,中共北京市委党史研究室编译组译:《李大钊与中国马克思主义的起源》,中共党史资料出版社 1989 年版,第 261 页。

国的国民革命是资产阶级民族民主革命,资产阶级是否参加以及是否参加到底这个问题,对于中国革命至关重要。这个群体在革命中占有非常重要的地位,若没有他们的参加,国民革命会陷入困难和危险的境地。[1]这次会议通过的《农民运动议决案》认为:农民"在中国民族解放运动中占着极重要的地位",随着政治觉悟以及政治生活地位的提高,他们将成为民族解放运动的主要势力。共产党若想顺利领导民族解放运动,就必须取得农民运动的指导权。同时,我们也要注意到,该决议对农民武装自卫等问题也进行了条条框框的约束,如规定农民武装自卫不要超出自己的范围,不能拥有常备的武装组织等。此时中国共产党为了维护国共统一战线,认为团结农民时,应该只攻击极其反动的大地主、中立不积极作恶的大地主、团结小地主。[2]瞿秋白也同陈独秀一样,将城市资产阶级和城市无产阶级看作是社会革命中非常重要的两支社会势力。[3]这和当时共产党内以毛泽东为代表将农民问题看作是中国革命的核心问题的观点是有很多差异的。

2. 对农民运动的态度

到1926年,中国南方大部分地区的农民运动都如火如荼地进行着。尽管大多数共产党员都不否认农民在中国革命进程中发挥着重要作用,但是对于如何评价蓬勃发展的农民运动却存在着分歧。陈独秀等领导人在肯定农民运动伟大作用的同时,也对农民运动中存在过激行为忧心忡忡:"军官们家里的土地和财产被

---

[1] 《中央政治报告》,中央档案馆编:《中共中央文件选集》第2册,中共中央党校出版社1989年版,第168页。

[2] 《农民运动议决案》,中央档案馆编:《中共中央文件选集》第2册,中共中央党校出版社1989年版,第206—207、第212—213、第210页。

[3] [美]莫里斯·迈斯纳著,中共北京市委党史研究室编译组译:《李大钊与中国马克思主义的起源》,中共党史资料出版社1989年版,第261页。

没收，亲属被拘禁，一些平民被扣留和罚款；禁止运粮；强迫商人摊款；农民私分粮食，吃大户；士兵寄回家的小额汇款被农民没收和瓜分"。这些过火行为令出身中小地主阶级的军人和土豪劣绅联合起来，分散了抗击反动派的力量，对革命十分不利。他强调必须要纠正过火行为，节制没收土地等行动。同时要"揭露言过其实的反动宣传，以中止军官和国民党在左派间引起的恐慌，从而克服农民运动道路上的障碍。"①有学者认为，国共两党土地问题上的分歧，影响了国共两党的关系，甚至成为国共合作破裂的诱因。②陈独秀指出农民运动存在"过火"现象和行为，是从国民革命的全局出发，特别是从国共力量对比的现实出发，认为必须同国民党保持良好的关系。③或者说，陈独秀的某些右倾主张和做法，是一种机会主义的平衡策略。④从上可见，当农民运动蓬勃展开之际，党内以陈独秀为代表的一部分人与毛泽东等共产党人对农民运动的态度有明显区别。

（二）共产国际对共产党农民问题理论的形成影响重大

1920年，列宁为共产国际第二次代表大会草拟了关于殖民地和民族问题的提纲草案。草案中，列宁主张"必须特别援助落后国家中反对地主、反对大土地占有制，反对各种封建主义现象或封建主义残余的农民运动，竭力使农民运动具有最大的革命性。"⑤

---

① 中共中央党史研究室第一研究部编：《共产国际、联共（布）与中国革命文献资料选辑（1926—1927）》（上），北京图书馆出版社1998年版，第467、第468页。

② 吴九占：《土地问题上的分歧与国共第一合作的破裂》，《史学月刊》1993年第4期。

③ 中共中央党史研究室第一研究部编：《共产国际、联共（布）与中国革命文献资料选辑（1926—1927）》（上），北京图书馆出版社1998年版，第468页。

④ 吴九占：《再论国共"党内合作"的维持与破裂》，《西南师范大学学报》2002年第6期。

⑤ 中共中央党史研究室第一研究部编：《共产国际、联共（布）与中国革命文献资料选辑（1917—1925）》，北京图书馆出版社1997年版，第117页。

共产国际在指导中国革命过程中十分关注农民问题及推动中国农民运动的开展，这对于中国共产党农民问题理论的探索、实践与形成具有重要的指导意义。但同时，共产国际对中国共产党在探索农民问题理论过程中所犯的错误和遭遇的失败也有不可推卸的责任。总的来看，共产国际轻视中国共产党和中国无产阶级的力量，过高估计了中国国民党和中国资产阶级的力量。[①] 面对国共合作面临破裂的危局，为了巩固国共合作的统一战线，共产国际开始逐步限制农民运动的开展，最终做出了抛弃土地革命的决策。此时的中国共产党不得不在共产国际的指示与中国革命的发展之间寻找平衡。此种局面令中国共产党人无法对农民问题理论进行实事求是的分析与客观的判断，理论无法跟随实践的步伐。

（三）农民问题理论与实践脱节

由于国共合作时期的中国共产党尚处于幼年阶段，农民问题理论也不够系统和成熟，农民斗争经验不足，更不能在实践中创造性地运用马克思主义农民问题理论，再加之共产国际在指导中国农民运动和解决中国农民问题上自相矛盾的政策，令中国革命实践中之农民政策、农民问题理论表现出反复和徘徊。中共四大即指出："有时对农民提出的口号太高，范围太大，或未至提出此口号之时机便即过早提出，犯了一种幼稚病，反促进反动势力之联合进攻，使我们不易于支持争斗"。[②] 这突出表现在处理农民土地问题上。国共合作开始后，农民运动蓬勃发展，对土地问题的认识与解决也开始提上日程。但当农民运动进展到要求直接

---

① 李洪涛：《共产国际与中国共产党农民问题理论关系研究（1921—1935）》，南京师范大学 2015 年硕士学位论文，第 77 页。

② 《对于农民运动之议决案》，中央档案馆编：《中共中央文件选集》第 1 册，中共中央党校出版社 1989 年版，第 361 页。

解决土地问题之际，共产党还存在着依靠国民党和国民政府来解决农民问题的观念。1926年底汉口特别会议更是认为在当时减租减息等争斗，在农民群众中，比解决土地问题更为迫切。[①]一年后的中共五大又认为没收一切地主的土地太激进了，对小地主尚不能如此。[②]由此可见，中国共产党未能根据革命发展的实际情况在理论与政策上给农民以有力指导，这也是共产党在大革命时期处理农民土地问题上的局限之一。

总之，国共第一次合作实现后，都逐渐将注意力置于农民和农民运动上，都看到了中国农民所具有的磅礴革命力量。如何推动和指导农民运动成了此时国共两党共同聚焦的话题，也都展开了对农民问题的理论探索。在这一过程中，共产党根据在农民运动的实践中不断丰富和发展农民问题理论，且越来越多的共产党人参与到农民问题理论的探索中，毛泽东作出了特殊贡献。但由于中国共产党尚处于幼年时期，对农民问题的理论探索处于初期阶段，农民运动的经验不足，更不能把马克思主义农民问题理论与农民运动实践有机结合起来，此种进步与成绩也有一定的曲折与反复。

---

① 《政治报告》（1926年12月13日中央特别会议），中央档案馆编：《中共中央文件选集》第2册，中共中央党校出版社1989年版，第564页。

② 《陈独秀在中国共产党第五次全国代表大会上的报告》（1927年4月29日），中共中央党史研究室第一研究部编：《共产国际、联共（布）与中国革命文献资料选辑（1926—1927）》（上），北京图书馆出版社1998年版，第353页。

第五章　广州农民运动讲习所与中国农民运动

国共第一次合作实现后，两党在广州开办了六届农民运动讲习所。绝大多数学员学习结束后都返回原籍，他们活跃在全国各地的农村中，把在农讲所学到的知识与本地实际情况相结合，灵活运用所学，创造性地使用各种方式发动农民组织起来，成立了各级农民协会组织，并组建规模不等的各种农民武装以配合农民运动的开展，使得广大农村的反封建斗争在广度和深度上不断向前推进，为广东革命根据地的统一和巩固、为北伐战争的胜利进军、为轰轰烈烈的农民运动提供了强有力的支撑。

第一节　广州农讲所与广东农民运动的发展

广州农讲所在短短两年多的时间里，输送了大批农民运动骨干人才，及时缓解了农运干部紧缺与运动发展速度不平衡的问题。这些学员大部分为广东籍，学习结束后大都散布在广东各地，为当地农民运动的发展奠定了坚实的基础。凡是农民运动发展较快较好的地区，都与农讲所学生的努力密不可分。与之相适应，农民运动发展较快的地方选派到农讲所进一步学习的学员人数也比其他县市多，比如广州市郊、顺德、广宁、花县、南海、番禺、紫金等地。在各届学员的不断努力下,广东的农民运动迅速发展起来。

一、广东各地方农民运动的发展

1925年7月,国民政府在广州正式成立,地方行政分为省、行政区、县和市。起初,广东省政府下设有广州、东江、西江、北江、南路和海南6个行政区,各区由行政委员代表省政府处理具体事务。1926年初,广东省农民协会在开展农民运动的过程中,以此行政区域划分为基础,把全省的农民运动划分为七大区:中路地区、惠州地区、潮梅海陆丰地区、北江地区、西江地区、南路地区和琼崖地区。

(一)中路地区农民运动的发展

中路地区包括广州市郊、番禺、南海、三水、顺德、新会、增城、花县、从化、佛冈、龙门、清远、台山、东莞、宝安、赤溪、中山等17个县,基本位于以省城为中心的珠江三角洲交通比较便利的区域,是农民协会组织建立时间较早、发展速度较快的地区。广州农民运动讲习所的六届毕业生中,有超过18%的学员来自该区各县,共计148人。其中,经济比较发达的顺德县选派的学员最多,共计35人;来自花县的有29人;来自中山县的也有29人。农讲所主任彭湃、阮啸仙当初也以国民党中央农民部特派员身份,在这一地区发动成立农民组织。还有第一届、第二届的许多外县籍的学员,在毕业之初也曾在广州周边地区帮助组织开展农民运动,发动农民成立基层农民协会。

广州农讲所第一届学员学业结束后,有王镜湖、郑千里两人,以国民党中央农民部农运特派员的身份在番禺发动成立农会及农民自卫军,组织农民团结起来要求地主减租。韦启瑞、侯凤墀(即侯凤池）则在番禺钟村负责指导训练农民自卫军。1924年9月，钟村特别区农民协会成立，有会员一千两百多名，农民自卫军有队员126名。1925年5月，番禺县农民协会成立。会址先是在广州东皋大道1号，后来迁往番禺学宫东巷。在广州平定军阀杨希闵、刘震寰叛乱中，番禺县夏园、珠村两乡农民自卫军参与战斗。6月15日《广州民国日报》发表《番禺农民自卫军歼敌殊功》，文中记录："珠村农民自卫军在郑千里、潘文治率领下，与革命政府合作，为阵地兴兵并作向导与后方警戒"。[①] 鼓励各地农民积极参加革命。

南海县和佛山市郊紧邻广州西南，农民自发的斗争意识非常强，早在1921年就曾经爆发过数十万农民参加的反对豪绅抽收茧捐的斗争。1924年5月，在第一届农讲所毕业生梁复燃、梁桂华等人的领导下，建立了农民协会和农民自卫军——南浦乡农团军。农团军在廖仲恺和国民党中央农民部的支持下，获得了正式立案，在全省农民武装斗争中起了榜样作用。正如罗绮园在《农民运动》上发文所评价的那样，担当了"日后农民自卫军的张本"。1924年6月2日的《广州民国日报》发文，报道了该农团军成立大会的盛况。文章写道："赴会者除四十七乡农民外，有临近镇海四约仁和各乡，及顺德石阁水边十乡联防乡团。佛山各工会皆列队到场，商团各界，亦纷纷往贺。凡三千余众，……由彭素民、廖仲恺、冯菊坡、施卜、杨鲍安、罗绮园、杨殷及外宾法朗克等，相继演说，情形骧欢。……团员共三百人，皆各有枪械。"[②] 农

[①] 《广州民国日报》1925年6月15日。
[②] 《佛山南浦农团军开幕纪盛》，《广州民国日报》1924年6月2日，杨绍练、余炎光：《广东农民运动（1922—1927）》，广东人民出版社1988年版，第92页。

团军的成立，有力地推动了佛山及附近的南海、顺德等地的农民运动，尤其是担任农团军团长的吴勤本，还参加了第二届农讲所的学习。1924年10月第二届农讲所学员结业，南海籍的17人都返乡从事农民运动，很快在厦滘、乐安、山紫等乡建立了农民协会。1925年5月，南海四区农民协会成立，由吴勤本担任会长。

毗邻南海的顺德县，农民运动起步早，基础好。阮啸仙曾称赞顺德县农运是"广东近南路农民运动之起点"。[①]1924年8月，第一届农讲所毕业生李民智与郭竹棚等人一起到云路乡开展农民运动，发动组织起云路乡农民协会，这是顺德县的第一个农会。1925年4月17日，顺德县农民协会成立，此时共有3个区农会，18个乡农会，会员达到四千多人。6月，该县县长和民团破坏县农会，扣押了郭竹棚。在国民党中央农民部和省农民协会的支持下，农会最终取得了反抗斗争的胜利。这次胜利极大地鼓舞了全县的农民，短短几十天内要求加入农会的农民成倍增长，据《广州民国日报》报道："八月间，新建立的乡农会二十多个，农会会员已达一万名。"[②]各乡农民自卫军也在此期间陆续成立。

中山县是孙中山的家乡，也是农民部所列的农民运动重点地区之一，但国民党右派在这里势力雄厚，同时又一直存在着复杂的姓氏宗派矛盾，开展农民运动面临的困难很大。广州农讲所第一届至第三届毕业生中，共有34人来自中山县，他们为当地的农民运动发展作出了杰出贡献。1924年8月，农讲所第一届学员梁桂华以国民党中央农民部农民运动特派员的身份来到中山组织农民运动。他原本会理发，就以理发为掩护走街串巷深入群众中

---

① 阮啸仙：《广东省农民一年来之奋斗报告大纲》，广州农民运动讲习所旧址纪念馆编：《广东农民运动资料选编》，人民出版社1986年版，第371页。

② 《广州民国日报》1925年8月22日。

广泛宣传，帮助成立了九区农民协会和上下栅农民协会，为中山县的农民运动奠定了初步基础。

新会县的第一个乡级农民协会，是在农讲所第一届毕业生李冠南的推动下组织成立的。第一区青云坊乡农民协会成立于1925年2月1日，是新会县的第一个乡农民协会。经过一年多的努力工作，1926年7月，新会县各乡农民协会联合办事处在江门成立，主要负责人也是李冠南。

东莞县农民协会的成立是与农讲所第一届毕业生莫萃华的努力分不开的。1924年10月1日，在洪屋涡乡农民协会和农民自卫军成立大会上担任主席的正是莫萃华，他在农民中间声望很高。10月23日，东莞县第二区农民协会在厦漕乡成立，莫萃华担任执行委员长。到1925年4月20日东莞县农民协会成立时，莫萃华担任了执行委员会委员。10月，在国民党广东省第一次党员代表大会上，莫萃华等人向大会递交了《县地方公款应酌拨充农民协会》等一系列提案，提案要求惩处土豪劣绅，切实维护广大农民群众的利益。

广州北邻的花县也是全省较早开展农民运动的地区之一。农讲所第一届毕业生黄学增以国民党中央农民部特派员的身份深入乡村，发动农民组织起来开办识字班，启发农民的阶级觉悟，引导他们与地主劣绅作斗争。花县农会于1924年10月正式成立。成立大会上通过了实行二五减租、取消各种不合理苛例以及组织农民自卫军等决议，并以"会员须知"的方式对全体会员提出行动准则。此时的花县各乡村中已经成立了几十个基层农会，参加者多达一万三千多户，农民自卫军拥有八百多人[①]。

[①] 中共花县县委党史办公室编：《花县党史大事记》，1982年印，杨绍练、余炎光：《广东农民运动（1922—1927）》，广东人民出版社1988年版，第102页。

为了和农会对抗，当地的恶霸地主们成立了"花县田主维持会"，悬赏收买歹徒暗杀农会干部、破坏农会组织。1925年1月18日，花县民团总局局长江侠庵包围了县农会，枪杀农会干部及会员。惨案发生后，陈道周与黄学增等人奔走于广州和花县之间，向外界披露花县惨案的真相，通过国民党中央农民部和中共广东区委农民运动委员会、省农会等有关组织和部门，要求惩办民团匪徒、缉拿杀人凶手。在陈道周的努力和社会各界的压力下，花县民团被迫同意和平解决惨案。斗争的胜利不仅使农会恢复了原先的活动，而且在周边农村中进一步扩大了影响，为县级农会的成立奠定了基础。9月3日，花县农民代表大会召开，农讲所主任彭湃以省农会代表的身份出席大会并作报告，使各村镇的农民代表受到极大的鼓舞。1926年7月，广东革命政府北伐期间，反动势力乘革命军主力北进的机会制造了"杨村事件"破坏农民运动，许多农民惨遭杀害。花县农会请求省农会协助，共同要求政府出面处理这一惨案。彭湃也亲自前往花县负责协调处理，最后迫使民团在赔偿协议书上签字，花县农会取得的胜利再次鼓舞了更多的农民大胆参与农会组织的各种活动。

清远县的农民协会和农民自卫军组建于1925年5月。1925年4月，第三届农讲所学员来自清远的钟耀生、赖松柏等人返乡工作。第一届毕业生韦启瑞等也奉命到清远指导农民运动。正是他们的共同努力，促成了清远县农民协会的成立，并由各乡农会选派精壮青年会员共330人为常备队，组织建立了农民自卫军。

（二）惠州地区农民运动的发展

惠州地区主要包括大部分东江各区属的县市，有惠阳、紫金、河源、博罗、龙川、新丰、连平、和平等共8个县。广州农讲所培养的历届东江籍毕业生共89人，占到学员总数的近12%，其中 12 人来自惠阳。

该地区由于紧邻海陆丰地区，受澎湃领导的农民运动的影响，早在 1923 年就建立过农民协会组织，并一直有部分农会坚持秘密活动，开展农民运动的基础非常好。1924 年 11 月，广州农讲所第一届学员黄超凡被派遣回龙川开展工农运动，在金鱼乡建立塘耙屋农会。12 月，他返回广州农讲所担任第三期学员的辅导员。为了配合国民革命军东征，黄超凡带领着由农讲所第三期数十名学员组成的宣传队，从广州赶赴惠阳一带发动农民运动。到 1925 年 5 月，惠阳县共建立了乡农会二十多个，会员约两千多人。[①]当东征军离开惠州回师广州时，平山、淡水等地的土豪劣绅趁机勾结驻惠军阀胡谦围攻农会。黄超凡组织农军反击，不仅成功摧毁了民团堡垒，还发动了取消苛捐杂税，实行减租减息的运动。省港大罢工爆发后，黄超凡奉令组织农军纠察队负责巡逻沿海口岸，封锁淡水、澳头水陆交通，切断与香港的来往，截获偷运香港的走私货物，并逮捕走私分子，打击走私贩运，是早期农军运动配合工人罢工运动的典范之一。第二次东征开始后，惠阳县农民协会得到了东征军总政治部的大量经费支持。随着革命军在战场上的胜利，激发了更多的农民组织起来斗争的觉悟，乡农民协会的数量增加到了 76 个，会员人数达到四千人。[②]1925 年 11 月，惠阳县农民协会正式成立，旧址位于今天惠州市市区都市巷 13 号。朱观喜担任农会委员长，戴云昭任副委员长，何聪任秘书，林喜、黄星南、余子光、何有等人担任执行委员。惠阳县镇隆区附近的农民运动，则是在第三届农讲所学员罗志白、余子光、黄配勋、林浩池等人的努力下，

[①] 阮啸仙：《惠阳县农民协会成立的经过》，《阮啸仙文集》，广东人民出版社 1984 年版，第 217 页。

[②] 阮啸仙：《惠阳县农民协会成立的经过》，《阮啸仙文集》，广东人民出版社 1984 年版，第 222 页。

逐渐开展起来的。到1926年3月，在潼湖、甲子坲、镇隆、新圩、横沥等乡村组织建立了近百个农会，同时组织成立了农民自卫军，打击地主武装民团、开展减租减息运动。到1926年4月为止，惠阳县的乡农会已经增加到了186个，会员近一万四千人，占整个惠州地区会员人数的一半。①

第三届农民运动讲习所学员钟一强、戴耀田、钟应天、刘战愚等人来自紫金县，他们以农民运动特派员的身份随东征军返回家乡开展工作。紫金县第一次农民代表大会于1925年5月召开，会上，正式改组成立了"紫金县农民协会"，由钟一强担任会长。12月，钟一强主持召开了紫金县第二次农民代表大会，成立了一支三百多人的县农军大队。戴耀田则在古竹区协助开展农民运动，同时发展共产党员。中共古竹党支部、区农民协会、区工联会、妇女解放协会、少年先锋队和劳动童子团等先后成立，并组建了农民自卫军。1926年3月，戴耀田和钟一强一起到广州参加省农民协会扩大会议。4月紫金县第三次农民代表大会召开，决定在全县发动农民开展"二五减租"运动。为此，戴耀田还到南岭主持召开了减租减息誓师大会。钟一强等率领农民自卫军配合运动，在肃清陈炯明部残余和地主武装的斗争中，缴获长短枪四百多支，子弹六万多发以及大量物资。为此，广东省农会特意颁发了"力除民害"匾额一幅。打击了地主武装的嚣张气焰，同时获得了更多农户的拥戴与信赖。

1925年10月，广州国民政府为了彻底摧毁陈炯明的军阀势力，命令国民革命军举行第二次东征。两次东征过程中，沿路的

---

① 《广东农民运动报告》（1926年6月），杨绍练、余炎光：《广东农民运动（1922—1927）》，广东人民出版社1988年版，第165页。

各级农民协会积极组织农民协助侦察敌情、帮忙运送粮食等后勤补给；同时还调动农民自卫军参与前线作战和维护后方秩序。广州农讲所第三届毕业生卢耀门奉命随东征军参战，并在攻克陈炯明的根据地惠州城后留在当地工作。期间，惠阳县平山区农会发动了蕉田及附近乡村里一百多人为东征军做向导、挑夫等工作。卢耀门还于1926年被国民党中央农民部任命为惠阳县平山农军联防办事处主任。后来又担任了省农会惠州办事处秘书兼中共惠阳县委委员，在惠阳、博罗和附近的海丰、陆丰等地组织发动农民运动。第四届学员刘乃宏在随东征军攻克惠州之后，奉周恩来的命令返回紫金县参与家乡的农会工作。

1925年11月21日，周恩来被广州国民政府任命为广东东江各属行政委员，负责惠州、潮安等25个县的行政工作，他为保护和发展工农运动进行了许多具有开创性的工作。1926年1月13日，广东省农民协会惠州办事处正式成立，主任是朱祺。办事处设在原来的惠阳县农民协会里。办事处下辖惠阳、博罗、紫金、龙川等8个县的19个区农民协会，307个乡农会，农会会员两万五千多人，农民自卫军四千多人。①

（三）潮梅海陆丰地区农民运动的发展

潮梅海陆丰地区包括潮安、丰顺、潮阳、揭阳、饶平、惠来、澄海、普宁、南澳、五华、兴宁、平远、蕉岭、梅县、大埔、海丰、陆丰等共17个县和汕头市郊。这里是广东省内最早开展农民运动的地区。1922年，澎湃就在海丰县及周边地区组织开展过农民运动，虽然惨遭破坏被压制下去，但在农村中有坚实的基础。1924年国共合作之后，澎湃在广州主持第一届农民运动讲习所，

---

① 朱祺：《惠州办事处会务报告》，《中国农民》第6、7期合刊，1926年7月，第5页。

一批批农讲所毕业学员返乡工作,东江沿岸到海陆丰地区的农民运动很快恢复起来。

1925年3月16日,彭湃领导成立了海丰农民自卫军,大约由六十多人组成。为了培养急需的自卫军基层军官,同时组建了农民自卫军训练所,担任总队长职务的是毕业于黄埔军校的共产党员李劳工。一个月后,自卫军发展到二百多人。5月初,李劳工又在陆丰组建立了一支四十多人的农民自卫军,在各区设立十人左右规模的农军脱产小队,乡村里设不脱产农军,两县共有一万多人。李劳工牺牲后,两县常备农军合编为海陆丰农民自卫军大队,吴振民为大队长。常备大队三百多名队员,平时负责维持治安,肃清残敌,收缴地主豪绅所藏枪支武器等,为农民协会的活动提供了坚强的支撑。国民革命军第二次东征时,海陆丰农民自卫军作为先导,有力地支持了国民革命军的一系列战斗。在周恩来的支持下,他们还得到了东征军拨给的两百多支枪和经费支持,为进一步发展壮大准备了必要的条件。

1925年10月,海丰、陆丰、五华、普宁、潮安5个县,先后正式成立或者恢复了县农会。1926年1月,广东省农民协会驻潮梅海陆丰办事处在汕头成立。至1926年4月底,全区已经有12个县恢复和建立了农会组织,农会会员发展到三十五万多人,占到全省农会会员总数的一半以上。若和早期的1923年的数据相比较,会员人数增加了近两倍。仅仅海丰县一个县的农会会员人数就达到十万四千多人,是全省县级农民协会中会员最多的。单就会员人数来看,全省排名前四位的县级农会中,有三个都是潮梅海陆丰地区所属的县:海丰第一,陆丰第三,五华排在第四位。不过,如果以发展速度来看的话,五华县当名列前茅,五华县农会是在第一次东征之后才成立的,短短几个月的时间,会员人数就达到四万多人。这与广州农讲所五华籍学员的努力是分不开的。

第六届农讲所学员毕业前,所长毛泽东特意委派彭湃和赵自选带领全体师生在海丰实习了两个星期。他们深入到农民协会和农民军自卫队部,现场参观学习。《中国农民》发文报道此事:"赴海丰实习在将届毕业之时,学生于上课已久,接受各种理论之后,亲入革命的农民群众中,考察其组织,而目击其生活,影响学生做农民运动之决心极大。"[①]这次实习不仅使学员们受到鼓舞,提升了实践工作能力,而且也使周边的农民看到有这么多青年人才愿意和农民一起并肩战斗,极大激发了斗争精神,进一步推动了海丰农民运动的发展。

(四)南路地区农民运动的发展

1925年9月,广东省南路行政专员公署成立,下辖高雷地区共16个县市,分别是阳江、阳春、茂名、信宜、电白、化县、吴川、廉江、遂溪、海康、徐闻、合浦、灵山、防城、钦县及法属广州湾(后湛江市)。其中部分县如今归属于广西壮族自治区。南路是广东省内经济较为落后的偏远地区,有法国"租借"的广州湾,有长期盘踞的军阀龙济光、邓本殷,而且这里的土匪之多"为广东全省冠,亦可说为全国冠"[②],是全省受兵匪灾害最重的地区之一,广大农民和港口圩镇市民的赋税负担沉重,雇农工资低廉,雷州及信宜部分,一年的工资才十六元左右,每年都有以千百计的人卖身当猪仔到南洋去当苦工,民众生活十分悲惨。同时,这

---

① 《中国农民》第9期,1926年11月,广东农民运动讲习所旧址纪念馆编:《广州农民运动讲习所资料选编》,人民出版社1987年版,第81页。

② 黄学增:《广东南路各县农民政治经济概况》,《中国农民》第4期,1926年4月,广州农民运动讲习所旧址纪念馆编:《广东农民运动资料选编》,人民出版社1986年版,第551页。

里的民众又长期深受宗法社会的钳制，农民运动比东江、西江和广州周边地区沉寂滞后很多。

广州农讲所培养的历届南路籍毕业生共23人（第四届旁听生2人），占到总人数的近3%，其中来自遂溪的学员有10人、来自海康的3人。相应地，遂溪、海康都是南路地区农民运动搞得比较好的县，但是，农民运动开始的时间却都比较晚，直到1924年冬才秘密开始活动。广州农讲所第二届毕业生黄杰、第四届毕业生陈荣封、陈业遵等3人来自海康，他们毕业后返回家乡从事农民运动。在他们的共同努力下，至1926年初，海康县8个区中有6个区建立了农民协会，66个乡成立农民协会。[①]1926年4月17日，海康县第一次农民代表大会召开，在雷州城老宾兴祠成立了海康县农民协会。随后，农会组织了约有五百人参加的海康县农民自卫军。县农会成立后，选派陈凤鸣到广州参加第六届农民运动讲习所的学习。陈凤鸣毕业返乡后，不仅在海康各乡镇宣传组织农民运动，他还经常到周边的遂溪、东海岛、徐闻等地的农民中间，启发他们团结起来谋求自身解放，同封建势力作抗争。

广州农讲所第三届毕业生中来自遂溪的只有黄广渊1人，在他之前的第一届农讲所学员黄学增，毕业后并没有立即返回遂溪工作。黄广渊于1925年4月秘密返回遂溪第六区（民乐），他组织成立了一个大约有一百一十名成员的青年同志社，发动这些社员深入到贫苦农民中间开展工作。之后，遂溪成立了5个乡农民协会，还组建了一支有七十多名成员的农民自卫军。第四届农讲所毕业生中，遂溪籍的是女学员祝君（钟竹筠）。她毕业后被

---

① 黄学增：《广东南路各县农民政治经济概况》，《中国农民》第4期，1926年4月，广州农民运动讲习所旧址纪念馆编：《广东农民运动资料选编》，人民出版社1986年版，第551页。

任命为国民党中央农民部农运特派员，同时担任国民党广东省党部妇女部的工作，负责指导和组织发动南路下辖各地的广大农村妇女积极参与农民运动和妇女自身解放运动。

1925年10月，国民革命军南征。农民部选派了广州农讲所第三届学员黄广渊、苏其礼（新兴人）、第四届毕业生何毅（琼州人）、第五届毕业生欧赤（乐会人）、卢宝炫（灵山人）、刘坚（遂溪人）等返回南路工作。负责发动和组织沿途各地区的农民为革命军当向导侦查。南征军打败了长期盘踞在南路地区的军阀邓本殷，但地主在广大农村的残酷剥削并没有被真正摧毁。1925年12月，第五届农讲所学员梁本荣以农民部特派员的身份，回到自己的故乡信宜县开展农民运动。他挨家逐户宣传革命道理，发动农民参加农会，利用圩日在圩场上用念白榄、唱山歌和演说等形式，大力发动农民参加农民协会。他还利用当地的民谣口语，写成通俗易懂的革命歌谣，亲自教农民传唱。到1926年初夏，信宜县成立了十多个乡级农民协会，并组建了一支农民自卫军。

1926年3月7日，广东省农民协会南路办事处在梅菉成立，第一届农讲所毕业生黄学增被任命为办事处主任。他根据分散在各地联络员们的报告材料，撰写了长达15000字的《广东南路各县农民政治经济概况》[①]，在《中国农民》第4、5期上连载，以详实的数据分析了南路的具体情况。为后续的工作提供了极大的便利。到1926年10月，南路地区农民组织总计9县13区144乡，共计会员10093人。为了解决南路地区基层革命干部紧缺的困境，黄学增还和韩盈、杨枝水等人一起在梅菉组建了一个宣传学校、

---

① 黄学增：《广东南路各县农民政治经济概况》，《中国农民》第4、5期，1926年4、5月，广州农民运动讲习所旧址纪念馆编：《广东农民运动资料选编》，人民出版社1986年版，第550页。

在海康县组织成立了雷州宣传讲习所和工人夜校。在他们的积极活动和影响下，遂溪、阳江、茂名、化县、电白、海康等县陆续建立了农民协会。不到半年的时间，南路农民协会会员就发展到了十二万之多。1927年初，南路大多数县都成立了县一级的农民协会或筹备组，整个南路农会会员人数近四十万人。

（五）西江地区农民运动的发展

西江地区包括广宁、四会、高要、德庆、罗定、云浮、郁南、新兴、封川、开建及高明、鹤山、开平、恩平共14个县。广州农讲所培养的历届西江籍毕业生共66人，占到总人数的近9%，其中输送学员最多的是广宁县，共有29人，其次是鹤山，共有10人。

西江地区有组织的农民运动也正是从广宁开始的。早在1924年国民党中央农民部制订的初期农运计划里，广宁就被列为重点地区之一。农民部选派去广宁的特派员是广东省早期学运领导人周其鉴，他本人在发动和组织群众方面有非常丰富的经验，与他同行的还有一个大约三十人的青年工作组，他们很快就在广宁打开了工作局面。广州农讲所第一届学员中只有一个来自广宁，但他的身份很特殊，他叫陈伯忠，出身于地主家庭。毕业后以农民部特派员身份返乡开展农民运动，他不仅到贫苦农民中间去走家串户宣传革命，而且率先从自己的家庭开始，说服他的地主父亲给佃户减租，深得农民群众拥护与信赖。

在他们的积极发动下，到1924年10月，广宁县共建立了19个区农会，57个乡农会，入会农民达到一万多户，并组织了有三百多人的县农民自卫军[①]。在各区乡普遍成立基层农会的基础上，10

---

① 杨绍练、余炎光：《广东农民运动（1922—1927）》，广东人民出版社1988年版，第110页。

月 6 日，广宁县第一次农民代表大会在县城南街学宫召开，正式成立广宁县农民协会和农民自卫军。这是西江地区第一个县级农会组织和第一支农民自卫军。周其鉴被选为县农民协会执行委员会委员长，副委员长兼农民自卫军队长由陈伯忠担任。农会组织广大贫苦农民开展减租运动，要求地主减租四成，其中三成归佃农，一成归农会。由于减租运动直接触犯了地主的利益，他们以"保产大会"、"业主维持会"等名义派兵围攻农会。为支持广宁的农民运动，广东区委派彭湃来指导，同时还请求派出了大元帅府铁甲车队到广宁做后盾。1925 年初，潭布的农军在铁甲车队帮助下，扫清了当地的地主武装，解散了地主民团。经过 3 个月的激烈斗争，地主代表被迫接受了农会提出的减租条件，取消了大秤，统一使用农会的正斗。至此，广宁的大规模减租运动取得重大胜利。

广宁农民运动的胜利极大地鼓舞了西江两岸各县的农民。周边的高要、德庆等地纷纷组织成立农民协会和农民自卫军。高要县选派了伍腾洲、伍国辉、陈汝波、邓仲荣、黎茂龄等 5 人前往第三届广州农讲所学习。1925 年 4 月，伍腾洲等 5 人从农讲所毕业回乡，开展农运宣传工作。29 日，端沅农民协会在高要县领村举行了成立大会。大约有三千多农民参加了当天的大会。周其鉴和韦启瑞以农民部特派员的身份也参加了大会，会上选举谢大德为农会执行委员长，伍国辉为秘书长，伍腾洲为执行委员。参加大会的农讲所学员还有邓广华、陈均权、卢耀门等人。

鹤山县也是农运重点地区之一。为了推动农运发展，广东区团委选派陈式熹等到第一届广州农讲所参加学习，并在毕业后返回鹤山，以小学教师的身份做掩护，秘密从事农民运动。1925 年 1 月，又选派宋中兴、宋伯瑜、冯保葵等 10 人到第三届农讲所学习。毕业后，除冯保葵外派到他县工作外，其余 9 人均返回鹤山工作。在他们的积极发动下，到1925年夏，玉冈、乌石、清溪、洞田等乡村都建立了农民协会，会员共达五千多人。凡是建立农会的乡村，同时也都组建了农民武装，开展反对苛捐杂税、减租减息等斗争。而且，各地农军在斗争中互相支援，农民运动的影响在西江地区越来越大，鼓舞了更多农民参与的积极性。

1926年1月，广东省农民协会西江办事处在肇庆五经里北段端江义学里正式成立。中共西江地委书记周其鉴为办事处主任，李芳春任书记，农讲所毕业学员陈均权和韦启瑞任委员。办事处借助广宁农民运动取得胜利的契机，积极总结经验、广泛宣传，领导西江各县陆续成立了农民协会和农民自卫军。到4月底，西江地区已成立了县级农会11个，区农会36个，乡农会706个，会员达十一万多人。单从规模上看，已经超过了基础比较好的中路地区，在全省七大区中，名列第二（第一是海陆丰地区）。这一时期也是西江地区农民运动开展的最好的一个时期。

（六）北江地区农民运动的发展

北江地区所辖包括曲江、乐昌、乳源、翁源、仁化、英德、始兴、南雄、连南、连山、阳山共11个县。广州农讲所培养的历届北江籍毕业生共30人，占到总人数的约4%。早在1924年9月孙中山督师北伐时，就将大本营设在曲江（韶关），广州工农军团奉命于训练间隙分散到附近数十里的乡村，深入群众中间开展宣传工作。但是，直到1925年广东省农会成立之后，北江的农民运动才普遍发展起来。1925年11月，曲江县农民协会正式成立。广州农讲所的120名学生，在主任澎湃及教练员的带领之下，也特意乘粤汉火车参加了成立大会，并在会后进行了两天的实践教学，学生们分组到周边乡村演说、调查农民状况，宣传农民团结斗争的必要性。这样的实践教学，一方面提升了学员的实战能力、积累了工作经验。另一方面也鼓舞了当地农民积极参与农民协会组织的各项活动。到1926年4月，曲江已经建立了区农会7个，乡农会141个，会员人数达到11320名[①]，占到了整个北江地区会员总数的四分之三。

1926年1月，广东省农民协会设立北江办事处，办事处设在韶关市下后街四邑同乡会会馆。在办事处的统一领导下，北江农运很快进入全面发展时期，大部分县都组建了农民协会，并陆续组建了农民自卫军。1926年4月，广州农讲所第三届毕业生卢耀门（即卢克文）从惠阳调来粤北工作，担任了省农会北江办事处秘书、曲江县委委员。他与广州农讲所第一届毕业生侯凤墀（侯凤池）、第二届毕业生宋华、第三届毕业生刘战愚等人一起，到仁化县展开宣传组织农会工作。他们一户挨一户的宣传，一村接一村的发动。4月中旬，仁化伪县长黄永璜率领一百多人的武装来到董塘要挟，要求解散各村农会。各乡村农会立刻组织会员拿着锄头、锹镢、担挑等农具来支援，竟然把县长吓得带兵逃回仁化城。由此，农会会员更增强了信心和斗志。周边农民在看到组织的斗争威力后，纷纷主动要求加入农民协会。5月25日，在禾坪岗举行区农会成立典礼。会上由上级农会授旗授印（犁头旗），连续三天舞龙舞狮、演唱白话剧，扩大影响。6月间，区农会召开扩大干部会议，宣布实行二五减租、减息、退押和清算高利贷政策。会后，各乡干部带领会员向大地主发动了减租退押的斗争，还利用缴获地主豪绅的一部分枪支子弹，开始组织农民自卫军。自卫军队员刻苦训练，日夜巡逻维持地方治安。还在各村创办了

---

① 《广东省第二次农民代表大会的报告及决议案》（1926年5月），广州农民运动讲习所旧址纪念馆编：《广东农民运动资料选编》，人民出版社1986年版，第339页。

夜校扫盲班，提高男女会员的文化水平。7月，仁化县第五区（董塘）农民协会率先成立，一、二、三、四区农会也相继成立，全县农会会员很快就增至八九千人。

到1926年5月，有曲江、南雄、英德、仁化、乐昌等5个县成立了农民协会，总共有区农会10个，乡级农会211个，会员人数15402人。每个区都组织有一个农民自卫军大队，他们提取祠堂庙宇的公款，购买了部分枪械弹药等武器装备，直接由县农民协会军事部指挥配合农会的斗争行动，保卫斗争果实。

1926年7月，北伐军挺进湖南，北江农民协会组织了约一万农民随军。他们主要负责运输队等战争勤务工作，给两湖战场以极大的支援。但是，北伐军挺进湖南后，广东的农会组织却陷入了困境，各地国民党右派和地主武装残害农会干部的恶性事件逐渐攀升。为了有效地应对地主武装，1926年12月，北江办事处仿照广州农讲所和黄埔军校的办校经验，创办北江农军学校。农军学校招收了两期学员共259人，学员毕业后由北江办事处统一分配，大部分学员被派回家乡，成为北江农运和武装斗争的骨干，对推动北江农运的发展和武装斗争起到了重要作用，作出了积极贡献。

（七）琼崖地区农民运动的发展

广东省农会琼崖办事处所辖的地区基本上是大革命时期海南行政区的范围，包括整个海南岛，主要有澄迈、定安、乐会、琼东、琼山、琼州、万宁、文昌等13个县。广州农讲所培养的历届海南籍毕业生共33人，占到总人数的约4%。他们大多来自乐会、琼山等县。由于和广东大陆隔着海峡，交通不便的琼崖地区是当时农民运动开始最晚、发展最缓慢的地区。

1924年10月，第二届广州农讲所学习班结业，有雷永铨、周廷恩、张昌隆等来自琼崖地区的学员共27人。雷永铨毕业后虽然是留在广州，但他经常与琼崖籍的同志们一起讨论如何在家乡开展革命宣传。1925年6月，他受命返回琼东县担任嘉积农工职业学校校长。这所学校的学生基本上都是出身于普通劳动人民家庭，半工半读学习木材加工、藤竹编织、瓜果种植等技术。雷永铨到任后，参照广州农讲所对学校进行改造，校园里各处都张贴着革命标语。学员们在接受严格的军事训练的同时，也接受了比较系统的马克思主义理论教育，政治课程教授《共产党宣言》《唯物史观》《资本论》《中国革命史》等，还讲授社会发展史和时事等知识。雷永铨给学员们讲授农民运动理论，同时运用理论联系实际的教学方法，组织学生到农村播放留声机吸引群众，组织发动农民团结起来开展打倒土豪劣绅、废除旧礼教等斗争。同广州农讲所一样的是，学员们毕业后大多都回到各县基层中，组织成立农民协会和农民自卫军，甚至开办了小规模的农民训练所，为琼崖各地农民运动的进一步开展创造了条件。后来，为纪念不幸遇刺身亡的国民党左派领袖廖仲恺，嘉积农工职业学校正式改名为琼崖仲恺农工学校。

1925年4月，第三届广州农讲所学习班结业，来自琼崖的有乐会的林鸿德、琼东的黄昌炎、文昌的张诗才和翁诗熟4人。国民革命军南征时，原籍琼崖的共产党员冯平以国民党中央农民部特派员的身份，随军向海南进军。他们在万宁、乐会等县的农村中宣传发动农民，陆续建立起农民协会，只是规模都比较小，影响范围有限。

1926年2月，广东省农民协会琼崖办事处在海口正式成立，冯平担任主任，第四届农讲所毕业生何毅担任委员，胡向一担任书记，梁达理担任秘书长。到1926年4月底，有万宁、琼山、乐会、琼东、定安、澄迈等6个县建立了农会组织。整个琼崖地区共建立了83个乡农民协会，会员人数也达到了8864人，其中，万宁、琼山两县发展形势较好，会员人数也最多，都超过了两千人。从1926年5月国民党通过"整理党务案"开始，广东省内其他地区的各级农民协会都纷纷面临发展困境。唯独海峡对岸的琼崖地区与此形成鲜明对比，从5月到8月，农会数量翻了一番还多：3个月内新增加的乡农民协会达到95个，新增加会员7232名。[①]

1926年8月，琼崖第一次农民代表大会在海口召开，琼崖农民协会正式成立，冯平当选为主任，同时兼琼崖农民自卫军总司令。农会在海口市义兴街的高州会馆里创办了琼崖高级农民军事政治训练所（简称"琼崖农训所"）。农训所主任由冯平兼任，大部分学员结业后都成为各级农民协会的骨干，部分学员返乡后担任农民自卫军的指挥员，为之后的革命斗争作出了积极贡献。

二、广东省级农民组织的建立

各县市的农民运动不断发展壮大，迫切需要及时总结经验、完善自身组织。同时，农会的发展也招致地主武装力量的疯狂报复，更需要各地区之间交流斗争经验、互相配合战斗、统一行动，这就使得省级农民组织的建立提上了日程。

（一）广东省农民协会

彭湃早在1923年7月就在海丰领导成立过一个广东省农会。虽然名称上叫省农会，但其实际影响力并没有遍及全省，它是由"惠州农民联合会"改组发展而来。而且，由于遭到陈炯明派兵围攻，逮捕了农会干部，农会很快被迫转为秘密的零星斗争。直到第一次国共合作后，农民运动再次获得发展的机会。1924年6月30日，国民党中央农民部派出20名农运特派员，到地理位置

[①] 以上统计数字据罗绮园《三个月来会务报告》，广州农民运动讲习所旧址纪念馆编：《广东农民运动资料选编》，人民出版社1986年版，第455页。

重要、农民运动基础较好而且交通方便的顺德、佛山以及东莞、鹤山、香山、广宁等地帮助组织农民开展反帝反封建的斗争。在国共两党的共同努力下，农民协会迅速发展。1925年5月统计，全省已有22个县建立了农会组织，会员达二十一万多人，具备了成立省级农民协会的条件。

1925年4月2日，国民党中央农民部部长廖仲恺签发《关于农民运动之通告》，决定召开全省农民大会，并函请当时的广东省长胡汉民拨出一块地方供广东省农民协会办公使用。4月15日广东省长公署给广州市政厅的训令中正式拨给了会址。1925年5月1日，广东省第一次农民代表大会在广州召开，由阮啸仙、彭湃主持，与会代表117人。大会发表《广东省农民协会成立宣言》，宣布广东省农民协会正式成立。廖仲恺是大会的9人主席团成员之一，他代表国民党中央在开幕典礼上发表演说。与会者们一起分析了广东农运的实际情况，制定了新的农会章程，统一省内各地农会的名称和旗帜。大会通过了经济问题、农民协会方针、农民自卫军与民团问题、农工联合以及加入赤色农民国际等7项决议案。

广东省农民协会的办公室和第三期农讲所设在东皋大道的同一个大院里，省农协在二楼办公，农讲所的学员们就在一楼和大院里学习、训练。毛泽东、周恩来、陈延年等人经常在这里工作，农讲所的教师和教官有时候也会接受省农民协会的委派工作，比如，第六届农讲所的军事训练总队长赵自选在1926年底出任广东省农民协会农民自卫军部部长兼军事总教官。部分农讲所的学员毕业后，也接受省农协的委派奔赴地方工作。比如，第六届学员李运昌于1926年11月毕业后，以广东省农民协会潮梅海陆丰办事处农军部主任的身份赴东江地区协助澎湃组织农民运动。

广东省农民协会的领导机关是执行委员会，由彭湃担任执委会委员长，常务委员共5人，分别是阮啸仙、彭湃、罗绮园、周其鉴和蔡如平。执行委员会下设秘书、经济、军事、组织、宣传共5个部，秘书长萧一平，执行委员黄学增，候补执行委员韦启瑞都是广州农讲所第一届毕业生学员。广东省农协聘请国民党中央农民部部长廖仲恺和时任国民党中执委委员兼任组织部部长的共产党员谭平山为广东省农民协会顾问。

广东省农民协会为国民革命军二次东征和南征提供了有力的支持。东征和南征过程中，省农民协会派十余名特派员随革命军出发，沿途宣传和组织群众。而东征与南征的军事胜利，让农民看到了强大的革命力量，纷纷要求组织农民协会，又进一步推动了农民运动的发展。

1926年1月，广东省农民协会将全省划分为中路、潮梅海陆丰、惠州、北江、西江、南路、琼崖等七大区，除中路直属省农协领导外，其余各区分别在汕头、惠州、韶关、肇庆、梅菉和海口成立办事处指导基层工作。1月，广东省农民协会驻西江办事处在肇庆成立，主任周其鉴；驻惠州办事处在惠阳成立，主任朱祺；驻北江办事处在韶关成立；驻潮梅海陆丰办事处在汕头成立。2月，驻琼崖办事处在海口成立，主任冯平。3月，驻南路办事处在梅菉成立，主任黄学增。各办事处基本都是5个工作人员：主任1名，书记1名，委员1名，文牍1名，庶务1名；特派员十多人。这些基层组织的设立，促进了广东各地农民运动的进一步发展。

1926年5月1日，广东第二次全省农民代表大会在广州召开。大会由彭湃主持，罗绮园作了会务总报告，之后通过了《会务总报告决议案》。该议案充分肯定了广东省农民协会成立一年以来，所取得的巨大成就："从组织上已经由二十一县发展至六十一县，会员人数由二十万增加到六十二万。"①会议还通过了《广东农民一年来奋斗经过报告决议案》，明确提出本会要联合全体农民，要以多数人应享得幸福之原则，争回为劣绅土豪所垄断把持之乡村政权，要参加地方政治，得派代表参加地方行政、司法、教育等机关以及关于农民事件之会议，以取得实际之利益。②广西、贵州、湖南、湖北、江西、福建、浙江、江苏、河南、山东、山西等11省，都派了代表赴广州参加此次会议。在这次大会上，彭湃、黄学增、韦启瑞等13人当选广东省农民协会执行委员。

表5-1 全省农民协会人数统计表

路别	县数	区数	乡数	会员人数
中路	13	40	876	101,298
惠州	5	16	324	28,297
潮梅	12	62	1,872	352,367
南路	9	13	144	10,093
琼崖	6		83	8,864
西江	11	36	706	110,136
北江	5	10	211	15,402
共计	61	177	4,216	626,457

资料来源：1926年5月广东第二次全省农民代表大会统计③。

1926年8月17日至24日，第二届广东省农民协会执行委员会扩大会议召开。参加会议的有中共中央代表瞿秋白、中共广东

---

① 《会务总报告决议案》，广州农民运动讲习所旧址纪念馆编：《广东农民运动资料选编》，人民出版社1986年版，第384页。

② 《广东省第二次农民代表大会的报告及决议案》（1926年5月），广州农民运动讲习所旧址纪念馆编：《广东农民运动资料选编》，人民出版社1986年版，第393页。

③ 《第一次国内革命战争时期的农民运动资料》，人民出版社1983年版，第134页。

区委、省农协负责人朱官喜、澎湃、周其鉴及各办事处的负责人，黄学增任大会秘书长。阮啸仙作报告《全国农民运动形势及其在国民革命的地位》。此次会议主要讨论如何继续深入开展农民运动的问题，并确定了进一步整顿各级农会组织、提高会员的政治觉悟和加强团结、准备力量对付反革命势力进攻的方针。会议通过了整顿农民自卫军、整理会务、举办省农协农民特别训练班、加强调查工作等十一项决议。澎湃对《广东农民目前最低限度之总要求》的草案作了详细汇报说明，提出了农民在政治、经济方面的最低要求。此次大会还确定了各种加强农会组织的具体措施。随后，广东省农会派农军训练员到各地帮助训练农民自卫军，并且由广东省农民协会发给结业证明书。国民党中央农民部也调整了在广东的农运特派员，调整后的各地人员分配情况为：北江22人，惠州5人，中路28人，西江16人，潮梅地区14人，南路6人，琼崖5人，另有广西6人。[①] 此时，全省有组织的农民大约有八十多万人，全省组建有农民自卫军的乡共计392个，队员共有11226人。各项工作都在逐渐深入进行。

但是，随着北伐军进入两湖战场，留在广东的国民党右派和地主武装趁机对各地的农会和农军进行反扑，残害农运干部的惨案不断发生，使广东的农民运动进入了一个困难时期。

为了开展宣传组织等工作，指导农民运动，广东省农民协会于1926年1月在广州创办了机关刊物《犁头》。前八期为旬刊，由国民党中央农民部代为发行。第九期开始，由广东省农民协会宣传部负责，每期刊印一万份，概行赠阅。第十一期开始改为周刊，除重要机关社团仍赠阅四千份之外，其余则由各路办事处负责推

---

① 高熙：《中国农民运动纪事（1921—1927）》，求实出版社1988年版，第162页。

销往全省各地。杂志的封面是阳光下竖立在土地上的一把尖锐的犁头，画面充满了力量感。由于第一次国共合作的大背景，所以占据了太阳中最大面积的是国民党党徽。起初是旬刊，后来为适应农民运动发展的需要改为周刊，罗绮园担任主编，主要撰稿人有罗绮园、阮啸仙、伍卓宣、彭湃等。创刊号的《犁头宣誓》中，明确宣称农民革命所蕴含的巨大力量犹如"一把钢的犁头"，"犁头唯一的责任：就是在开耕的时候，将上层的、枯燥的、龟裂的、减削了培养能力的地面滚个翻身，同时又把那些在地面上潜滋暗长寄生着的莠草乱苗连根铲除，为日后的种子辟一条新的生活。犁头的使命只是生的创造，恶的铲除"；"我们的敌人是帝国主义、媚外军阀、买办地主、劣绅土豪、贪官污吏、骄兵悍将。凡此种种……犹之莠草，势在铲除，使所犁之地，永属于持犁之人"。[①]

与《犁头》几乎同一时期创办的还有《农友》（湖南）、《湖北农民》、《锄头》（江西）、《山东农民》、《耕牛》（陕西）等杂志。它们发表了各种号召农民革命的墙报、传单、标语、漫画等宣传作品，以简单有力的画面帮助基层农会组织开展工作。比如有一幅漫画传单《快乐的聚宴呵！》，画上帝国主义者、地主、官僚、买办、土豪等围坐一桌开宴，餐桌上摆的是"农工血肉"和"佃农"。漫画以直白的画面控诉农民所受到的重重剥削，鼓励农民起来斗争。《犁头》第十二期刊登的一幅漫画《我们的过去，我们的现在，我们的将来》，形象描绘着农民从过去被压迫到现在起来斗争，直至最后取得胜利的过程。它以巨大的石头被掀翻、先前的压迫者被打倒在地、农民获得最终的胜利这样的画面，直

[①] 罗绮园：《犁头宣誓》（代发刊词）（1926年1月），《犁头》第1期，1926年1月25日，广州农民运动讲习所旧址纪念馆编：《广东农民运动资料选编》，人民出版社1986年版，第268页。

接而有力地表达了农民斗争的正义性，以及对农民革命运动必胜的信心。

《犁头》杂志还发表文章和时事短评，介绍各地的经验，给各个地方农会参考借鉴，提供理论支持，同时，也为地方农会的斗争行动制造舆论和提供支持。比如，1926年8月10日，三水县农会遭到地主的民团围捕，八名农会骨干被拘禁。《犁头》第十五期就对此事及时发表短评，揭露和抨击三水县民团摧残农会的罪行，为营救农会干部提供舆论支持。9月，国民党广东省执行委员会在第四十二次会议上专门讨论之后，决议将三水县长杨宗炯等人撤职查办。

虽然这次发生在三水的事件以农会的胜利告终，但这类民团围攻农会、妄图摧毁农民运动的事件在省内各地频频发生。农村中的地主不甘心放弃自己的利益，旧军阀和部分国民党右派也在暗地里支持地主武装。所以，各地农会建立和壮大自己的农民武装的必要性就越来越凸显出来了。

（二）广东省农民训练所

1926年6月，广州农讲所军事训练总队长赵自选带领第六期全体学员，到海陆丰农村进行实践调查学习。赵自选是黄埔军校一期毕业生，早年在广州大元帅府铁甲车队任军事教官期间，曾奉命带铁甲车队的两个排到广宁县支援农民运动，又协助彭湃办《广宁日报》；之后还担任过海陆丰农民自卫军总指挥，组织和领导东江地区农民自卫军参加第二次东征。由于这些亲身经历，赵自选深知军事素养对于发动农民运动的重要性，在他担任农讲所军事训练总队长期间，对学员训练要求严格，十分重视军事素养的培养。广州农讲所这次赴海陆丰地区实践学习也推动了当地对农运干部的培养。

1926年10月31日，广东省农民协会主办的第一届农民训练所在海丰县开学。招收学员300人，招生名额平均分配，由省农会通告各县农会负责选拔合适的农运骨干入学参训。第一期学员来自高要、广宁、曲江、顺德、中山、清远、惠阳、东莞等8个县，每县各30名，番禺、南海及广州市郊各20名（报到时，广州市郊学生超出了原定额5人）。学习时间为一个月。以广州农讲所的政治、军事教学经验为模板，开设的课程有孙文主义、国民党的基础问题、广东农民运动、农民协会组织法、会员须知、政治常识、普通常识、集会讲演、诗歌评论和军事训练等。学员按照军事编制管理，12月1日举行毕业考试。学生"锐意筹志学习，成绩颇佳"，全体学生在毕业后都被委任为农民运动特派员分发回原籍，为促进广东农民运动发展作出了贡献。

（三）广东省各地农民自卫军及训练班的组建

在半殖民地半封建的中国，旧军阀和地主相互勾结，压迫和剥削广大农民，并且残酷地镇压农民反抗。在广东农村，地主豪绅大多都有自己的武装——民团。民团冒用"保境安民"的招牌，打着维护地方民众利益的旗号，实际是由地主豪绅以合法身份组织起来的地方武装，是封建主义在农村维护反动统治的工具，并且得到了帝国主义和封建军阀的支持。广东各地的农民运动开展起来后，地主豪绅就利用民团捣毁农会组织，残忍杀害农运骨干。所以，伴随着各县、区、乡农民协会的建立和农民运动的发展，各地普遍组建了农民武装。但这些利用农闲时节组织起来的农民毕竟和正规训练的战士不同，要想取得进一步发展，需要更多的有军事素养的基层骨干，所以广州农讲所毕业的学生们在实际工作过程中，仿照农讲所的做法，运用自己学习到的教学方法和经验，在本地开办了各种农训班或者农军学校。据不完全统计，在广东省内的有顺德农民自卫军干部学校、北江农军学校、龙川县农民运动讲习所、海丰农民自卫军训练所、琼崖农民自卫队训练所等。这些训练班和讲习所培养农运干部,组建农民武装力量,不仅为广东农民运动的发展提供了必需的武装保障,而且他们中的一些人还跟随北伐军征战,国共第一次合作破裂后还以各种形式在中国共产党的领导下坚持斗争。

1. 顺德农民自卫军干部学校

1926年5月,广州农讲所第一届毕业学员萧一平组织开办了顺德县农民自卫军干部学校。它是广东省最早的县办农民自卫军干部学校之一。学校开办之前,顺德县已经组织成立了5个区一级的农会,143个乡一级的农会,会员约一万八千多人,农民自卫军约有两千人。农民运动发展迅速,急需大批农会干部和军事干部负责指挥工作。中共顺德县支部和县农会决定,学习借鉴黄埔军校的政治教育及军事训练理念,在大良西山庙内的三元宫开办农民自卫军干部学校,培训骨干。第一期于5月正式开课时共招收有学员240人,分成4个班。学校共举办了6期,每期学习时间为3个月。校长由中共广东区委派来的黄埔军校毕业生、共产党员詹宝华担任。学员结业后返回到各区、乡负责领导农民运动,使得农民自卫军的战斗力得到了快速提升。显然,干部学校有必要继续扩大,不久,农民自卫军干部学校三区分校就在陈村新圩开学,军事教官由共产党员江筠、崔宝田、黄德治(黄埔军校毕业生)等人担任。仿照广州农讲所和黄埔军校的教学法,同时注重对学员进行革命思想教育,政治教育与军事训练并重,把学员培养成既具有坚强的革命意志,又有较高的指挥、作战能力的武装骨干。1927年国民党反动派在广州发动四一五政变之后,学校被迫停止活动。

2. 饶平农民自卫军模范训练班

1926年11月,中共饶平县支部创办了农民自卫军模范训练班,从各地选拔农军骨干进行培训。训练班地址位于饶平县三饶城东明朝万历年间的古宗祠——詹氏大宗祠,这是一座有着典型的潮汕建筑精美工艺的祠堂。训练班仿照广州农讲所的办学模式,从开办至结业共4个月,参加训练的46名学员来自上饶、三饶、浮山等地。省农会农军训练员王思静、农会主席林琼璜等人担任训练班的教员。训练班结业前,学员们都到城郊竹篮村后山进行实弹射击,经过全面考核鉴定合格之后,再由广东省农民协会发给结业证明书、农民自卫军徽章和军服,分赴基层开展农民运动。

3. 普宁农民自卫军训练班

1926年,普宁农民自卫军训练班建立,原址厚积寺是清代的文昌祠,位于洪阳镇培风塔(乌犁塔)北侧。普宁县农民协会、县农民自卫军基于大队部和农民自卫军一、二期训练班也同在此地办公。1926年11月,李运昌(当时用名李芳歧,河北乐亭人,李大钊的侄子)从第六届广州农讲所结业后,以广东省农民协会潮梅海陆丰办事处农军部主任的身份,赴汕头协助澎湃工作。仅仅半年之后,潮阳、潮安、澄海、揭阳、普宁、梅县等地就陆续都组织了农军模范队。1927年四一五政变后,白色恐怖开始在广东省内蔓延,各地农会纷纷遭到围攻。形势紧急,各地农军组成了潮普惠三县军事委员会,组织五千多名农民军在普宁县附近的塔脚武装暴动。他们在前线总指挥李运昌的领导下,攻克国民党据守的县城,夺取了农民武装暴动的第一个胜利。

4. 琼崖农民自卫队训练所

1926年8月召开的琼崖第一次农民代表大会上,广东省农民协会驻琼崖办事处主任冯平当选为琼崖农民协会主任兼农民自卫军总司令。为了培养更多的基层骨干，推进海南广大农村里的农运工作，冯平等人创办了琼崖高级农民军事政治训练所（简称"琼崖农训所"）。1927年1月，琼崖农训所在海口市龙华区义兴街的高州会馆里正式开课，第一期学员32人，其中乐会8人，万宁7人，琼山6人，澄迈3人，琼东3人，临高2人，定安、儋县、陵水各1人。农训所的学习和生活都是军事化组织管理，学习时间3个月，主要学习政治、军事、农运工作等课程。琼崖农训所里还成立了学员党支部，以加强学员的思想政治工作和组织生活管理。1927年4月22日，琼崖国民党当局奉行蒋介石的"清党"命令捕杀共产党员和工农群众。琼崖农训所全部学员都遭扣押，被迫停办。

5. 北江农军学校

为适应农运发展的需要，北江办事处向省农会执委会提出在韶关创办农军学校的建议。1926年11月，农讲所毕业生侯凤墀（侯凤池）与卓庆坚等人一起创办了北江农军学校，校址位于曲江县城弓箭街（今韶关市区建国路，原本是清代都司衙门）。学校主任朱云卿是黄埔军校第三期毕业生，在省农协军事部工作期间就在花县组织武装农民自卫军，对这方面的工作很有经验。当时驻扎在韶关的是国民革命军第二军教导师陈嘉祐部，他对农军学校的创办不仅给予了财力和物力支持，还选派了优秀军官负责学员的军事学习和训练。学校的招生要求十分严格，首先由中共北江地委和北江办事处根据各县农会和农军的发展需要，统一分配名额，然后经过学校口试、笔试和一般性体检后择优录取。农军学校共招收了两期学员。第一期学习1926年11月开始，1927年2月结束。学员总共97名，编为3个大队9个分队。第二期1927年3月初开学，招收学员162名，编为2个大队6个分队。开学一个月就因蒋介石的四一二反革命政变被迫迁往南雄。在南雄，农军学校坚持到4月底才结束。

北江农军学校的组织形式、教学内容、军事训练等基本都是仿照广州农讲所和黄埔军校，并且直接采用了广州农讲所的教材。军事课学习的是国民革命军的"步兵操典摘要"和"野外勤务"；政治课主要学习毛泽东编写的《中国革命与农民问题》《工农联盟》《社会发展史》等。农军学校非常注重提高学员的政治觉悟，卓庆坚亲自兼任政治教官，上课之余还每周给学员作一次政治时事报告，带领大家一起学习《向导》《中国青年》《犁头》等进步刊物。他还仿照广州农讲所的做法，积极组织学员参加当地一系列重大政治活动，以加强学员理论与实践相结合的意识和能力。1927年3月，曲江县龙归乡的地主民团武装攻击农会，23名农民自卫队员遇害。卓庆坚等人迅速召集北江农军学校学员和各县的农民自卫队奔赴龙归，在曲江县农民自卫军的配合下，不仅歼灭了龙归民团，打击了地主的嚣张气焰，为农会干部伸张正义，更有效地增强了农民团结起来革命必胜的信心，也显示了农军学校学员的骨干作用和战斗实力。学员毕业后，由北江办事处统一分配，大部分学员被派回家乡，有的被派往外县。绝大多数学员很快成长为中流砥柱，为推动北江农运和农村武装斗争的发展作出了积极的贡献。

6. 龙川县农民运动讲习所

1927年1月，龙川县农民运动讲习所在佗城镇百岁街郑家祠和叶家祠正式成立。县长罗俊超兼任班主任，广州农讲所第五届学员黄自强担任副班主任，负责具体事务。虽然名字叫龙川县农讲所，但事实上开班时招收的100名学员中，只有一半学员是由龙川各区乡选送，另一半学员是来自附近的兴宁、河源、和平3

个县。所有学员都是自费在附近客栈解决吃住问题,在所内学习政治和军事理论等课程及军事操演。原定学习时间是4个月,但是因蒋介石发动的四一二政变,学员们提前结业返回原籍。

这些分布在全省各地的农民自卫军训练班,虽然时间短、规模小、条件简陋,但却为当地培养了一大批优秀青年,及时缓解了边远农村干部紧缺的困难。他们白天下地干活,晚上深入农户谈心,或召集农民聚会,物色积极分子,或者在圩口等传统的群众集会中,散发传单、漫画宣讲建立农会的好处,并且以相邻地区农会为例,讲述农民翻身作主的道理。他们帮助组建农民自卫军,不仅进行了各种反封建的斗争,推动当地农民运动的发展,而且为国民革命军提供情报及后勤等方面的支持,有力地支援了北伐战争。同时,他们也为国共两党基层组织的建立和发展作出了贡献,直接推动了党对农民的思想教育,也为全国各地的农民运动发展创造了有利条件。

第二节 广州农讲所与全国农民运动的发展

全国各地农民运动逐渐发展壮大的过程,凝聚着广州农讲所历届毕业生的长期努力甚至是流血牺牲。很多外省籍的毕业生返乡后,都迅速成长为当地的农运骨干,有些任职县级甚至是省级农运干部,有力地推动了全国农民运动的发展。

一、全国部分地区农民运动的发展

广州六届农讲所先后为全国20个省(区)培训了急需的农民运动指导人才。有明确登记籍贯的六届农讲所学员中,非广东省籍的共404名。许多学员返乡工作后,效仿广州农讲所的经验,创办各类农讲所、农训所，培养基层农运骨干。据不完全统计，从 1925 年到 1928 年，短短 3 年之内就达到了四十多个。同时，他们组织和发动当地的农民运动，在推动全国农民运动发展中发挥了重要作用。

（一）广西农民运动的发展

广西的农民运动是直接受广东影响而逐步发展起来的。广州农讲所的学员参与领导了这一过程。在农讲所学习过的广西籍毕业生有 50 人，肄业生 2 人。绝大多数学员都由国民党广西省党部委派回原籍工作。

1925 年 9 月，广州农讲所第三届肄业生韦拔群和陈伯民返回广西开展农民运动。韦拔群担任东兰县农民协会军事部部长以及田南道农民运动主任。为了提高基层农运骨干的素养，韦拔群和陈伯民在壮族、瑶族聚居区东兰县武篆乡北帝岩的大溶洞内，开办了广西第一届农民运动讲习所。学习期是 3 个月，从 1925 年 11 月开班到 1926 年 1 月结业，招收的 276 名学员主要是东兰、凤山、百色、凌云、河池、南丹等 12 个县的贫苦农民，大部分是壮族人。教师和学员吃住都在这个溶洞里，岩洞不仅能容纳农讲所的课堂和阅览室，也足以容纳学员宿舍和食堂，还有一条长三百余米的隧道直通山后，属于进能攻、退能守的战略要地。最难得的是这个纵深长达 137 米的天然石洞拥有一个极为宽敞明亮的洞口，洞口宽达 64 米，最高处有 43 米高。韦拔群效仿广州农讲所的组织形式和教学设置，开设的课程涉及各国革命史、苏俄概况、经济学常识、中国史概要、三民主义、法律常识、农民协会组织章程等内容。一般上午学习理论课，下午操练军事课，学习间隙还会开展社会实践调查等活动。第二届广西农讲所的学习期是 5 个月，从 1926 年 10 月开班到 1927 年 3 月结业。在武篆育才高等小学校举办，学员一百二十余人，均为东兰县籍。该届比较有创意的是专门设立了"妇女运动讲习班"，招收了女生学员四十余人，增加了妇女运动相关的课程。同时还附设有一个青年训练班，增设识字、算术课程，以提高青年的文化知识水平。到1926年12月，广西全省已经成立的县级农民协会有2个，乡农民协会34个，人数约八千人。

第四届广州农讲所共有2名广西学员：林培斌和廖华卓。两人毕业后都留所工作。后来林培斌返乡，担任国民党广西省党部苍梧道办事处主任期间，发动农民开展斗争，"当在筋竹演讲时，农民环听者千数百人，经数小时之久，屹然不去。"[①]1926年3月，梧州市党部选拔了30名学生到广州农讲所学习。

第五届广州农讲所广西籍学员有黎赤夫、李植华、黄启涛、罗瑞成、谢铁民、叶翰兰等6人。毕业后黄启涛担任广西农运特派员返乡开展工作。第六届广州农讲所广西籍学员有桂林平乐县的黄逖熙、荔浦县的江文良、恭城县的王汉民、永福县的吕示平、全县的唐正作等40人。除王汉民学习期间在广州病逝外，其余学员都被委任为广西省农运特派员，回乡开展农民运动。平乐县有32个村建立了农民协会，会员多达三千余人；沙子区还组建起了一支大约四百八十人的农民自卫军；荔浦县三十多个乡、村成立了农民协会。至1927年春，桂林县及周边的8个县都相继开展了农民运动，会员有七千多人。

（二）湖南农民运动的发展

湖南的农民运动开始的时间比广东晚，易礼容于1925年接

[①]《犁头》第6期，1926年3月25日，广东农民运动讲习所旧址纪念馆编：《广州农民运动讲习所资料选编》，人民出版社1987年版，第370页。

受委派，负责湖南全省的农运工作，他和柳直荀、李庠、陈伏泉等人为湖南农民运动奠定了群众基础。随着北伐军的到来，湖南各地农民运动发展的广度和深度都迅速赶超广东，毕业于广州农讲所的湖南籍学员们发挥了不可或缺的作用。

第四届广州农讲所毕业学员中共有11人来自湖南，他们分别是：郭屏寰、杜克明、黄志高、葛东林、胡应林、戴菊秋、赵松德、陈俊杰、龚泽湘还有毕业后留所的李佳竹和徐鹤。第五届广州农讲所有湖南籍学员44人，占到总数的近40%。阮啸仙在《全国农民运动形势及其在国民革命中的地位》一文中所说，1925年8月后"农民运动讲习所有二十九个学生回湖南各地实地工作，农民运动在湖南便萌芽起来了。"[①] 广州农讲所的毕业生为湖南农民运动发展作出了重要贡献。贺尔康，长期在长沙、衡阳、湘潭等地领导农民运动。黄福生毕业后即以省农运特派员的身份，帮助组建湘阴县农民协会。蔡协民毕业后担任了国民党湖南省党部南县、华容、安乡、沅江4县农民运动特派员，后来，他组织了有三千多名农民的义勇队配合北伐军作战。李渭璜毕业后，以衡山农运特派员的身份返回家乡帮助开展农民运动，他曾经担任岳北农工会秘书长，后来参加毛泽东领导的秋收起义，担任过游击队司令、红军师长。周振汉在攸县筹建县农民协会。雷晋乾任祁阳县农民协会委员长、祁阳县农民自卫军主任，领导农民与地主作斗争，曾经设立特别法庭，判决土豪劣绅。

1926年，中共湘南地方执行委员会决定举办衡阳农民运动讲习所，担任教育长的夏明震也是从广州农讲所毕业回乡的地方农

---

① 阮啸仙：《全国农民运动形势及其在国民革命中的地位》，《犁头》第19、20期合刊，1926年11月，广东农民运动讲习所旧址纪念馆编：《广州农民运动讲习所资料选编》，人民出版社1987年版，第371页。

运领导人。他仿照自己在广州农讲所所学，结合当地农运实际情况，亲自给学员讲课，为湘南的农民运动培养了一批骨干力量。毛泽东的妹妹毛泽建以农运特派员的身份，在衡阳县北乡集镇的集兵滩农民讲习所任教，主讲《共产主义浅说》等课程，带领学员读《向导》《新青年》等进步刊物，发动当地农民组建农民协会和自卫队，与土豪劣绅作斗争。后来，她还创办了神皇山农会，宣传发动广大妇女冲破陈旧的族规的禁锢，争取自身解放。1926年6月，衡阳县农民协会宣告成立，夏明震被选为副委员长。此时，全县成立区一级农会23个，乡一级农会244个。

随着北伐军在湖南的节节胜利，更多的农民受到鼓舞迅速地组织起来，农民运动的广度和深度很快就超过了广东。到1926年11月，湖南全省75个县，已经成立了49个县级农民协会，462个区级农民协会，6867个乡级农民协会，会员发展到1367727人[①]。1926年12月1日至28日，全省第一次农民代表大会在湖南长沙召开，参加大会的有52个县、2个特别区的农协代表170人，代表会员130万人。中共湖南区委向大会提出了湖南农民目前最低限度的要求28项。大会通过了《湖南省第一次农民代表大会宣言》《铲除贪官污吏和土豪劣绅》《乡村自卫问题决议案》《乡村自治问题决议案》《地租问题决议案》等40个决议案；还成立了湖南省审判土豪劣绅特别法庭，由易礼容、谢觉哉等任审判员，当众处决了"湖南省筹安会"会长叶德辉。这次大会选举了湖南省农民协会委员会，推举易礼容为委员长、周谷城为顾问，正式成立了湖南省农民协会。12月28日，毛泽东应邀在湖南省第一次农民代表大会

---

① 《第一次国内革命战争时期的农民运动资料》，人民出版社1983年版，第361页。

闭幕式上作了关于革命联合战线的报告。他说："反革命方面，已有国际、全国和全省的联合战线；革命方面，也应该有同样的联合战线来抵抗他们。"毛泽东肯定了湖南农民运动以暴力打击土豪劣绅是"革命斗争中必取的手段。"他驳斥了"惰农运动"之类对农民运动的污蔑以及"帝国主义没有打倒以前，我们内部不能闹事"的反动论调。他说："过去军阀政府时代，只准地主向农民加租加息，难道现在农民向地主要求减租减息，就是'闹事'了吗？如果是这样，那么，这种只准地主向农民压榨，不准农民向地主作斗争的，就是站在帝国主义、反革命一边的人，就是破坏革命的人。"[1]毛泽东还应湘区委书记李维汉的邀请，给参加农民代表大会的共产党员代表们举办了一个短期训练班，连续做了3场报告，鼓励大家运用马克思主义的基本观点，多做社会调查以帮助解决农民运动中的实际问题。到1927年1月，湖南全省已有七十多个县组织了农民协会，会员增至二百多万人，能直接领导的群众达一千万人，约占全省农民总数的一半。

（三）福建农民运动的发展

第五届广州农讲所福建籍学员赖玉珊、赖秋实2人，都是来自永定。第六届广州农讲所福建籍学员有郭滴人、陈子彬、朱积垒、黄昭明、李联星、胡永东、王奎福、温家福、朱文昭等16人。他们大部分以国民党中央农民部特派员身份，跟随北伐军赴汕头，在东路军总政治部工作。1926年10月，北伐军进入福建闽西地区，郭滴人和陈子彬随军回到家乡龙岩县，建立农会、工会和学生会，领导当地农民运动，打击地主豪绅。李联星在漳州农工运动讲习班和工农政治讲习所担任教员。王奎福等人于1927年3月，在上杭县临

---

[1] 高熙：《中国农民运动纪事（1921—1927）》，求实出版社1988年版，第192页。

江镇亨四街原基督教会旧址创办了"汀属八县社会人员养成所",招收学员164名,基本上都是来自长汀、上杭、武平、连城、永定、宁化、清流、归化8个县的优秀共产党员、共青团员和青年积极分子。朱积垒随北伐军东路军回到家乡平和县,以国民党中央农民部特派员的身份,积极组建农民协会。他在上坪村等地组织开办平民夜校,先后组织成立了农会、工会、学生会、青年促进会等,带领大家一起把他在广州农讲所期间学习到的工作方法运用到实处,进行社会调查。1926年12月初,闽南第一个农民协会在上坪成立,协会的会员证上印有"不劳动,不得食,宜协力"等字样。1927年初,平和县农民协会发展到二十多个乡镇,入会的农户达有二千多。

(四)其他地方农民运动的发展

1926年9月,广州农讲所第六届学员结业。安徽选派的毕业学员共有15人,结业前,毛泽东亲自找安徽学员谈话、布置工作任务,他要求学员们回到原地后既要大胆地工作,又要慎重保密。为了防止路途中敌人盘查,农讲所学习期间发的讲义报刊等文字材料一律要交回。崔筱斋、胡济等人取道上海回合肥,组织了安徽省农民运动委员会并主持农运工作。

农讲所第六届毕业学员中,来自江苏的有孙选、张力等10人。孙选以国民党江苏省党部农民运动特派员的身份,在江阴以及附近的沙洲等地开展工作,后来当选为江阴县农民协会会长。他效仿广州农讲所的办学模式举办了县农讲所,培训基层骨干,在革命力量相对薄弱的苏南地区深入农村调查,撰写了关于沙洲农民生活状况和江阴政治、教育等情况的调查报告,发动农民同土豪劣绅作斗争。

农讲所第六届学员中共有16人是陕西籍,他们毕业后很快就成为陕西省各级农运机构的骨干。李维屏、李秀实、杜松寿等

5人毕业后返回农民部陕西办事处特别委员会工作。到1927年2月，陕西省农民部设立的西安、渭北、陕东3个农民运动办事处里总共有9名负责人，其中6名是广州农讲所的学员。霍世杰在中共豫陕区委农民运动委员会工作，被当地群众称为农运大王。乔国祯担任中共陕甘区委农民运动委员会书记，是当时著名的关中农民运动三杰之一。李维屏担任县农协委员长的渭南县，是当时陕西省农民运动发展速度最快、斗争规模最大的县市之一。

北伐时期，广州农讲所的陕西籍毕业生们与当地的农运干部一起，深入农村中宣传北伐战争胜利发展的大好形势，组织农民与地主作斗争，废除旧团局。改编红枪会，建立了各级农民自卫军。据武汉政府农民部的调查，至1927年6月，陕西农民协会会员为705000人，农民自卫军十万人以上。陕西省第一次农民代表大会在西安召开，正式成立了陕西省农民协会。这是大革命时代陕西农民运动最高潮的时期。

二、全国农民协会临时执委会的成立

第一次国共合作时期，共产党人和国民党左派在农民运动的组织领导问题上，思想和行动能基本保持一致，一致抵制国民党右派的干扰，执行孙中山扶助农工的政策，积极引导和发动农民参与国民革命，推动农民运动在全国范围内逐渐开展起来。

（一）全国农民第一次代表大会

据1926年4月初统计，全国12个省的各县、区、乡以上农民协会有5353个，会员九十八万多人。其中广东就达六十四万多人，占全国农协会员总人数的65.3%。

在这种情况下，计划于4月20日在广州召开全国农民第一次代表大会。中共中央执行委员会发出《中国共产党致第一次全国农民大会信》，信中指出中国农民的两大特点，提出农民运动要注意两件事，特别指出农民运动必须与民族运动相结合，与工人运动相结合，并且只有在工人阶级领导下进行斗争，才能获得真正胜利。

表 5-2 全国已成立农民协会会员统计表

	省级农民协会	各级农民协会数目 县	各级农民协会数目 区	各级农民协会数目 乡	合计	会员人数
广东	已成立	23	177	4,527	4,727	647,766
广西	已成立	2		34	36	8,144
河南	已成立	4	32	238	274	270,000
四川		1	16	63	80	6,683
湖南			44	43	87	38,150
湖北	已成立		13	25	38	4,120
山东				12	12	284
直隶			6	21	27	1,342
江西			6	30	36	1,153
热河		5			5	2,200
察哈尔		1			1	600
陕西				30	30	1,000
总数	4	36	294	5,023	5,353	981,442

资料来源：1926年6月国民党中央农民部统计数据[1]。

（二）全国农民协会临时执委会的成立

最早要求建立全国农民协会的是广东省农民协会。1926年8月，广东省农民协会召开扩大会议，罗绮园在报告中呼吁："只是广东农民孤独奋斗，总要求恐怕还不易办到，因为与全国农民有切肤的关系。何况现在国民革命军的势力已达长江，各省农民又纷纷起来，要求筹备全国的农民协会，以统一全国革命农民群众的

---

[1] 《第一次国内革命战争时期的农民运动资料》，人民出版社1983年版，第65页。

力量，进而谋求全国农民的解放"。① 这次扩大会议还提出在广州设立全国农协筹备处，以促进全国农民大团结之早日实现。

之后，湖南也发出建立全国农民协会的倡议。1926年12月，湖南省第一次农民代表大会通过了《请求成立全国农民协会的决议案》，决议案提出："本大会应即联合广东、湖北、江西、河南之农民协会，在最短期间，召集全国农民代表大会，成立全国统一的农民的协会，以确定今后全国农民运动的方针，统一全国革命的农民之行动。"②

1927年3月，湖南有组织的农民已经达到三百万，湖北一百一十一多万，广东、福建、江苏、浙江、安徽、山东等省都超过了一百万，江西有四十多万，河南也有三十多万。此时，广东的潮、梅、海陆丰等17县农民代表大会及劳动童子军代表大会再次提出，请广东省农民协会发起组织全国农民协会。正是在这样的背景之下，毛泽东向国民党中央农民部部长邓演达等提议召开各省联席会议，讨论筹组全国农民协会问题。3月27日，国民党中央农民部农民运动委员会召开扩大会议，将筹组全国农民协会列入国民党中央农民部的工作计划。3月30日，湘、鄂、赣、豫4省农民协会代表在武汉召开联席会议，共同推举了由13人组成的中华全国农民协会临时执行委员会，执委会委员分别是：广东的彭湃、湖南的易礼容、江西的方志敏、湖北的陆沉、河南的萧寅谷与国民党中央的邓演达、毛泽东、谭平山、孙科、徐谦、张发奎、谭延闿、唐生智共13人。邓演达、谭平山、谭延闿、

---

① 罗绮园：《广东省农民协会扩大执行委员会会议》，《犁头》第15期，1926年9月23日，广州农民运动讲习所旧址纪念馆：《广东农民运动资料选编》，人民出版社1986年版，第437页。

② 湖南省农民协会编：《湖南农民第一次全省代表大会宣言及决议案》，1926年12月，《第一次国内革命战争时期的农民运动资料》，人民出版社1983年版，第444页。

毛泽东、陆沉5人为常务委员。4月9日，临时执委会向全国发表就职通电，宣布"就职视事"，并推定邓演达为宣传部长、毛泽东为组织部长、彭湃为秘书长。通电中说：中华全国农民协会临时执行委员会"誓立于革命地位，领导全国农民努力奋斗。以完成国民革命，与一切帝国主义及封建势力做最后的斗争。"[①]中华全国农民协会临时执委会成立后即制定了《今后农运规划》，对发展各地农协组织、建立各级农民政权和解决农民土地等一系列问题作了具体部署。

第三节 后广州农讲所时期的农民运动

1926年9月，第六届广州农讲所学员毕业，此后的农民运动进入了后广州农讲所时期。由于国共第一次合作仍在一段时间内维持，农民运动也在复杂的政局中向前发展。1927年4月中央农民运动讲习所开办，农民运动得以进一步扩展。但此后，大革命日渐进入紧急关头，农民运动也处于风雨飘摇之中。

一、中央农民运动讲习所的成立

北伐战争开始后，北伐军得到了沿途农民的大力支持。随着北伐军在湖南、湖北、江西等地的顺利进军，这些地区的反动军阀被打倒了。但军阀的基础并不能随之被立刻铲除，需要大量的农运骨干深入农村去做宣传工作，动员和组织农民阶级去铲除封建势力，以巩固胜利成果。在广东农民运动的发展过程中，广州农讲所的作用之大有目共睹。因此，在湘鄂赣新开辟的省份设立

---

① 高熙：《中国农民运动纪事（1921—1927）》，求实出版社1988年版，第228页。

农民运动讲习所被迅速地提上了日程。

首先倡导建立湘鄂赣农民运动讲习所的是毛泽东。1926年11月，毛泽东到上海就任中共中央农委书记。他向中共中央提出一份《目前农运计划》，建议目前农运发展应采取集中的原则，即大力发展北伐军经过的湖南、湖北、江西、河南4省的农民运动，以此为重点，同时在陕西、四川、广西、福建、安徽、江苏、浙江全面展开。计划中提出加强与国民党左派合作，在武昌开办农民运动讲习所，培养一批农民运动的骨干。之后，毛泽东冒着风雪赶往武汉并沿途考察了江苏、浙江、江西等地农民运动的实际情况。他亲赴这三省的国民党省党部提出建议，进行沟通，共同成立了筹备组开启准备工作。后来，国民党中央搬迁到武汉办公，出于对农讲所重要作用的认识，国民党决定把三省农讲所扩充为中央农民运动讲习所。

中央农讲所由邓演达、毛泽东、陈克文3人担任常务委员负责管理全所工作。然而，邓演达当时担任北伐军总司令部政治部主任，同时兼任国民党中央农民部部长，经常在前线处理北伐战事，农民部的日常工作是由秘书陈克文处理的。毛泽东当时也担任着中共中央农委书记等职，但他仍是中央农讲所实际上的主持者，大量的日常工作则由教务处、训导处和总务处负责，教务主任是周以栗、训导主任是陈克文、总务主任是柳季刚。毛泽东聘请了许多著名的共产党人到农讲所担任教员。他们有：瞿秋白、夏明翰、恽代英、彭湃、方志敏、李立三、陈荫林、于树德等；其他的教员也都是国民党左派，如邓初民、何翼人、陈克文；还有知名人士李达、李汉俊等。招生时也特别注重学生的政治素养，优先录取此前就在农村中从事农运工作的共产党员、共青团员和积极分子。最初的计划是招收来自17个省的739名学员，其中农民二百六十多人，工人四十多人。农讲所编3个班，学习时间4个月。

后来，应河南省的请求，在花园山增加 1 个河南红枪会首领的特别训练班，学员大约有一百人，学习时间 1 个月。学员们在自己参与讨论制定的《规约》里明确说明："我们进来这里的唯一目的，是研究革命的理论和行动，我们的责任，是唤起广大的农民群众，领导他们起来，打倒我们的敌人，解决农民群众的痛苦。"①

但事实上，随着北伐的不断推进，革命形势变得日趋复杂，统一战线面临着名存实亡的危险。国民党右派不断制造迫害中共党员、惨杀农工的事件。1927 年 2 月 27 日，湖北省阳新县地主制造了骇人听闻的"阳新惨案"，以酷刑杀害农协干部及同情农工运动的县警备队长等 9 人。3 月 6 日，江西省赣州总工会遭到国民党新编第 1 师党代表倪弼围攻，工会委员长陈赞贤遇害。3 月 18 日，毛泽东在中央农民运动讲习所与国民党中央农民运动委员会联合召开的千人大会上致词，明确提出对于"农民与地主冲突"，"我们要打倒土豪劣绅，就要援助这派主张农民利益的。"② 3 月 26 日，农讲所全体师生在校内大操场组织各界群众参加"追悼阳新、赣州死难烈士大会"，通过了依法惩办蒋介石的请愿书，并于会后举行声势浩大的示威游行。毛泽东号召大家：从今日起，我们要下一决心，向那些反动分子势力进攻，务期达到真正目的。

1927 年 3 月 7 日，报到的学员已经超过了四百多人，农讲所常务委员会决定先开班上课，一直到 4 月 4 日，中央农讲所开学典礼才正式举行。开学典礼上发表的《开学宣言》再次强调："中央农民运动讲习所的使命，是要训练一般能领导农村革命的人才来，对于农民问题有深切的认识、详细的研究、正确解决的方法，更锻炼

---

① 《中国国民党中央农民运动讲习所规约》，《第一次国内革命战争时期的农民运动资料》，人民出版社 1983 年版，第 114 页。

② 高熙：《中国农民运动纪事（1921—1927）》，求实出版社 1988 年版，第 221 页。

着有农运的决心。几个月后,都跑到乡间,号召广大的农民起来,实行农村革命,推翻封建势力。中央农民运动讲习所,可以说是农民革命的大本营。""今天的开学,可以说是我们的誓师。我们从今天起,决心为农民奋斗而牺牲,除了农民运动,没有第二条路走。"①

与广州农讲所举办时期一样,毛泽东十分注重培养学员理论联系实际的能力,亲自为学员讲授农民问题的课程。他讲《中国佃农生活举例》,以湘南湘潭西乡一位壮年佃农为例,计算了佃农一家租田15亩的收入与支出详情,通过个案分析告诉大家:中国的佃农比世界上任何一个国家的佃农都苦,这正是许多佃农被迫离开土地,变成兵匪游民的真正原因。毛泽东给学员们讲授他自己实地调查的经过以及《湖南农民运动考察报告》。学员们则随身带着农讲所编印的《农村阶级分析调查表》,到武汉周边的洪山、石咀、咸宁、通山农村进行社会调查,了解当地农民受剥削的实际情况和地主豪绅对农民的压迫,使学员进一步在实践中认识到农民问题的普遍性及严重性,认识到要通过农民协会组织开展农民运动才能发挥革命主力军的作用。

由于面临的形势更为复杂,中央农讲所比广州农讲所更注重对学员的军事训练。所内设有军事教育委员会,对全校学员按军事编制组成总队部,下设1个特别训练队和4个队部。学员《规约》中也明确规定:"为要纠正浪漫的个人活动,并且为将来发展农民武装起见,所以要受严格的军事训练。大家要深切明了这个意义。若以为这是用军事的力量来干涉我们的生活,不接受这种严格的军事训练,便是对革命没有诚意。便是并不想要造成一

---

① 《中央农民运动讲习所开学纪念特刊》,《第一次国内革命战争时期的农民运动资料》,人民出版社1983年版,第120页。

个真正的革命党员，是一种极大的错误。"①学员从学习到日常生活都实行军事化管理，平时身穿和北伐军一样的灰布军装，每人一支汉阳造步枪，每天2个小时军事训练，每周一次实战标准的野外军事演习时，不仅要全副武装，而且还要携重二十斤左右。这些教学活动，为学员们后来成长为各地武装起义和工农武装割据的骨干奠定了坚实的基础。

二、后广州农讲所时期农民运动的发展

1927年4月9日，中华全国农民协会临时执行委员会委员13人，向全国发表就职通电明确宣称："誓立于革命地位，领导全国农民努力奋斗。以完成国民革命，与一切帝国主义及封建势力做最后的斗争"，并且"定于7月1日召开代表大会"。②然而仅仅三天后，蒋介石在上海发动四一二反革命政变。在南方，宁汉分庭抗礼；在北方，奉系军阀把持的北京政府依然控制着半壁江山，中国出现了三足鼎立的局面。以"左派领袖"自居的武汉国民政府主席汪精卫，一度声称，坚决执行孙中山的联俄、联共、扶助农工三大政策，继续保持国共合作，既反对东面的新军阀蒋介石，同时继续派兵讨伐北方的旧军阀张作霖。毛泽东特意从中央农民运动讲习所的学员中，挑选出了一百多名既熟悉北方情形又擅长宣传组织工作的学员，随北伐军一起赶赴河南战区，发动沿途农民配合二次北伐。

主力部队开拔河南前线后，各地的国民党右派趁机在后方作乱。驻守在湖北宜昌的革命军第134独立师师长夏斗寅，勾结四川

---

① 《中国国民党中央农民运动讲习所规约》，《第一次国内革命战争时期的农民运动资料》，人民出版社1983年版，第117页。

② 高熙：《中国农民运动纪事（1921—1927）》，求实出版社1988年版，第228页。

军阀杨森于5月13日发表《讨共通电》，17日率部偷袭距武昌城南30公里的纸坊车站。21日，驻守湖南的国民革命军第35军军长何键率领部队包围了常德农民协会等所有革命团体，八十多名共产党员和革命群众遇害。当天夜晚，驻守在长沙的何键部第33团团长许克祥，制造了"马日事变"。他率兵一千多人突袭湖南总工会、农民协会、农民讲习所，解除了工人纠察队和农民自卫军武装，释放了所有在押的土豪劣绅，一百多名共产党员、中国国民党左派及工农群众遇害。形势越来越复杂，国民党中央在无兵可用的情况下召开紧急会议商议对策，以武汉警卫团和武汉军事政治学校的学员为骨干整编为中央独立师，由武汉卫戍司令叶挺和党代表恽代英率领平叛。农讲所选出四百余名优秀学员，编入叶挺中央独立师第2团第3营参与平定夏斗寅武装叛乱。5月下旬，毛泽东应湖北农工厅厅长董必武的请求，调集了三百多名以湖北籍为主的学员组成学生军，与湖北省政府警卫团一起赶赴麻城追剿红枪会，增援农民协会。当学生军从湖北麻城凯旋时，全体学员们受到极大的鼓舞，更加增强了对农民运动和武装斗争的热情与信心。

5月30日，全国农民协会临时执委会发出《全国农协对湘鄂赣三省农协重要训令》（以下称《训令》）。《训令》中说：蒋介石、夏斗寅、许克祥等叛变，均反对工农运动，并非工农运动果真有"过火"问题。《训令》肯定了农民革命的重要性和打倒土豪劣绅的必要性，号召各地农民协会，为了避免反动派故意找借口寻衅生事，捏词诬陷，要"严密农民协会组织，整肃农民运动的步骤"，"注意改良乡村旧习惯之步骤；开始乡村建设事业；加紧宣传工作；注意革命同盟者的利益"；要"巩固革命的联合战线，造成整个的打倒帝国主义及一切反动势力之森严的革命堡垒，以保障已得的革命胜利，力求耕地农有之实现，而达到解放全中国民众的目的。"训令特别强调了武装农民问题。① 5月31日，全国农民协会临时执委会再次发出通告：全国农民大会决定改期到10月1日举行。随后，在全国农协及湖北省农协宴请太平洋劳动会议代表的欢迎宴会上，毛泽东致辞说，中国革命是世界革命的一部分，中国农民有工人运动之影响与指导，前途无可限量。此时，农民协会的组织在大革命的风潮中已遍及粤、鄂、湘、赣等17个省，全国农民协会会员已经发展到九百多万。

表5-3　1927年全国农民协会会员统计

	是否成立省农民协会	各级农民协会数目 县	区	乡	村	会员数
湖南	已成立	41	638	13,207	——	4,517,140
湖北	已成立	21	——	——	——	2,502,600
陕西	——	20	141	——	3,894	705,160
广东	已成立	73	——	——	——	700,000
江西	已成立	10	171	2,009	——	382,617
河南	已成立	4	30	238	——	245,500
四川	——	6	59	334	——	33,200
福建	——	2	16	147	——	28,415
山西	——	7	——	——	——	17,050
广西	——	2	——	34	——	8,144
安徽	准备成立	2	30	130	——	6,600
热河	——	9	13	31	35	5,423
察哈尔	——	1	——	——	——	600
直隶	——	1	4	——	82	360
山东	——	——	——	14	——	284
云南	——	2	——	——	——	——
总计	5	201	1,102	16,144	4,011	9,153,093

资料来源：武汉政府农民部，1927年6月的调查。② 注：江苏无调查，约有会员二三十万。

---

① 高熙：《中国农民运动纪事（1921—1927）》，求实出版社1988年版，第244页。
② 《第一次国内革命战争时期的农民运动资料》，人民出版社1983年版，第66页。

1927年6月15日、17日，《汉口民国日报》全文刊载了谭延闿、谭平山、邓演达、毛泽东、陆沉以中华全国农民协会临时执行委员会常务委员的名义发布的《全国农协临字第四号训令》（以下称《训令》）。《训令》揭露了"马日事变"的真相，号召各级农民协会一致请求武汉国民政府明令制止许克祥等人屠杀革命人民的叛逆行为；明令保护工农组织及工人纠察队和农民自卫军；惩办一切屠杀工农、扰乱北伐后方的反动派；明令惩办许克祥等叛军，解散其"救党委员会"，恢复湖南省农协、省总工会、国民党湖南省党部；明令禁止江西朱培德部驱逐共产党员及工农领袖；肃清湖北各县土豪劣绅、逆军、土匪，镇压蒋介石的奸细。《训令》还号召各省农协，"尤应更加努力，团结〈农〉民，严密组织，武装自卫，以反抗土豪劣绅武装袭击，而镇压一切反动封建势力之挑拨离间。"[①]

就在这样的情形之下，中央农民运动讲习所的学员毕业了。1927年6月18日，国民党中央农民部、全国农民协会举行了"欢送农讲所学生毕业会"，邓演达在毕业典礼上勉励学员们到农村去发动群众开展革命斗争。全体学员都得到了由所长毛泽东颁发五星证章，上面刻有"农民革命"4个字。经过了三个多月的学习、军事训练和实际战斗，大部分学员在返回原籍工作后，由各省农民协会委任为特派员，负责组织各地方的农运工作。他们中的许多人后来成为武装反抗国民党反动派、工农武装割据斗争中的骨干。

[①] 《汉口民国日报》1927年6月15日、17日。

第六章　广州农民运动讲习所的历史贡献

广州农民运动讲习所是国共第一次合作的产物,是农民运动发展的理论逻辑和实践逻辑的有机统一。在两年多的创办、续办和发展历程中,广州农讲所形成了新式农民教育理论,开辟了农民教育的新路子,培养了大批农民运动领袖和骨干。它丰富、发展和创新了中国共产党关于农民问题的理论,大大推动了广东和全国农民运动的发展,同时也支持和配合了工人运动和北伐战争的开展,为土地革命的兴起和发展培养了最初的一批领导者,为中国革命新道路的探索作出了重要贡献。

第一节　开创新式农民教育,培养农民运动指导人才

共产党人主办、主持和主导的广州农讲所,提升了共产党对新式农民教育的认知,发展了新式农民教育理论,形成了自己的特色,积累了丰富的经验,在实践中走出了一条适合中国农民教育的新路子,不仅培养了大批农民运动骨干,也为以后的农民教育提供了重要启示。

一、提升了对农民教育的认知

开办农民运动讲习所是共产党人倡导的,体现了共产党人对农民问题的认知、对农民教育问题的认知和对农民教育状况的认知。众所周知,在封建社会,农民处于社会的底层,无论从精神上还是物质上,农民都被剥夺了受教育的权利。这既是农民教育生活的现状,也是农民长期以来受剥削受压迫的重要根源。即使是最简单和最基础的农民教育,基本上都是忠孝主义教育。这种教育,建立在封建制度所产生和约束下的私塾基础上,完全不适合农民追求解放和自身发展的需要。毛泽东对中国农民没有受教育权的悲惨境遇认识颇深,对农村教育的弊端把握至准,对创办农民教育关注已久。在读书期间,他就深刻认识到封建教育的不合理性,认为有钱人就能受教育,没钱人只能做光眼瞎子,是极为不合理的。农民阶级和工人阶级是中国社会的中坚力量,他们没有接受教育的机会,觉悟就不能提高,知识就不能增进,这是太严重的问题。因此,为了解决工农不能接受教育的严重社会问题,他积极创办和从事工农教育。他认为只有开展工农教育,才能使工农大众学习知识、接受革命思想,形成阶级自觉,才能团结起来为自身的利益而斗争。正是由于毛泽东对中国农民问题有深刻的认识,对农民教育中存在的现实问题有切实的体会,所以他对农民教育极为重视,在极其艰苦的条件下,倾力于开展农民教育,特别是在主持第六届广州农讲所时期,更是不遗余力。

毛泽东关注农民问题和农民教育由来已久。特别是1925年回到韶山之后,逐步把精力转移到农民运动方面。他深刻认识到农民问题对中国革命的极端重要性,指出:"农民问题乃国民革命的中心问题"。①这为毛泽东重视农民教育提供了思想认识根源。从 1926 年起，他把注意力转变到发展农民教育，形成了初具体系的农民教育理论。他任第六届广州农讲所所长时，亲自讲授《农村教育》课程。他指出："农村教育是现社会很大的问题，所以作这种运动的人不可不注意。"②他认为，受剥削压迫的贫苦农民几无机会接受教育。因此，农民应该办自己的教育。他说："举办这种教育，只能是农民自己的团结，即农民协会。没有农民协会，便没有农民教育——农民学校。"③同时，毛泽东还指出，农民教育也需要一定的经济条件，即"普通的农民教育，须农民在经济上能够舒一口气，方能够举办。"④他特别强调要办农民需要的教育，"以后农民所要的教育，乃适合于农民需要的教育——适合于农民经济之发展，并使农民得到解放之教育，即适合于解决农民问题之教育。"⑤在这里，毛泽东基于对农民问题重要性的认识，积极倡导开展与农民生活状况相适应，与农民实际需要相适合的农民教育，并把农民问题与农民教育紧密联系起来。要开展农民运动，就必须兴办农民教育，兴办农民教育，既要从农村经济的现实出发，开展与经济发展状况相适应的农民教育，又要从发展农民经济、求得农民解放出发，开展有明确价值取向的

---

① 《国民革命与农民运动——〈农民问题丛刊〉序》，广东农民运动讲习所旧址纪念馆编：《广州农民运动讲习所资料选编》，人民出版社 1987 年版，第 163 页。

② 广东农民运动讲习所旧址纪念馆编：《广州农民运动讲习所资料选编》，人民出版社 1987 年版，第 203 页。

③ 广东农民运动讲习所旧址纪念馆编：《广州农民运动讲习所资料选编》，人民出版社 1987 年版，第 207 页。

④ 广东农民运动讲习所旧址纪念馆编：《广州农民运动讲习所资料选编》，人民出版社 1987 年版，第 208 页。

⑤ 广东农民运动讲习所旧址纪念馆编：《广州农民运动讲习所资料选编》，人民出版社 1987 年版，第 207 页。

农民教育，以解决农民问题为指引。也就是说，这种教育由农民阶级掌控教育的主导权，农民教育要从维护和发展农民切身利益出发，为农民大众服务，同时又是革命的反帝反封建的教育。这种农民教育观正是兴办广州农民运动讲习所，并开展具有中国特色农民教育的理论指导。早期农民运动领袖彭湃等人，同样认为要实现农民解放，就要开展农民运动，开展农民运动就需要培养农民运动的人才，而培养农民运动的人才，就必须开展农民教育。这是共产党倡导举办农民运动讲习所的理论逻辑和实践逻辑。

二、确立和凝固了学以致用的办学理念

广州农讲所的创办和发展，充分体现了学以致用的办学理念，从改造社会和发展农民运动的现实需要出发，培养实用型人才。彭湃认为，开展农民运动，最要紧的是农民运动干部的短缺，因此要办农讲所，培养农民运动的骨干。罗绮园在总结第一至五届农讲所工作时指出"对于农民运动之指导人才，益感缺乏，而要求亦非常急切。"[①]可见培养农民运动的"指导人才"是开办农讲所的主要目标。广州第六届农讲所开办时也明确指出"以农民运动须先认真多造指导人员"。[②]可以说，从第一届到第六届农民运动讲习所，都固守这一理念，旨在养成农民运动人才，使他们能够担负领导农民运动的职责和使命。特别是毛泽东，不仅在理论上对农民教育问题有较为系统和深刻的思想认识，而且在实践上曾经开展过农民教育，并亲自给农民讲课，讲学生用得着的

---

① 广东农民运动讲习所旧址纪念馆编：《广州农民运动讲习所资料选编》，人民出版社1987年版，第35页。

② 《国民新闻》1926年3月19日，广东农民运动讲习所旧址纪念馆编：《广州农民运动讲习所资料选编》，人民出版社1987年版，第18页。

知识，讲农民应该怎么办的道理和方法等等，非常强调学以致用的办学理念。在担任第六届农讲所所长期间，他不仅秉承了这一办学理念，而且使之更加规范化和具体化。

首先，在学员入学关口严格把关。毛泽东认为，农民运动人才不仅需要一定的文化水平，而且更要善于宣传号召，具有组织能力。同时，在当时的环境和条件下，还要具有战胜困难以及不畏牺牲的革命精神。为此，在学员招生方面做了明确的规定，学员要具有一定的文化水平，文理通达，能够经过严格的入学考试，同时还要有从事农民运动的决心和毅力，并且富有勇敢奋斗的精神。这些规定为培养意志坚定、能力突出、具有敬业和牺牲精神的农民运动骨干提供了重要前提和可靠保证。

其次，作为培养农民运动指导人才的学校，农讲所注重专业知识和核心能力的培养。广州农讲所自始至终办学理念清晰，培养目标明确，聚焦于培养农民运动指导人才和领导骨干，在教学中把农民问题与农民运动方面的知识，作为核心教学内容。比如第六届农讲所设置了8门有关农民问题与农民运动的课程，占课程总量的1/3。通过农民问题和农民运动方面的教学，学员们掌握了开展农民运动最重要的专业知识，能够提升核心专业能力，对领导和开展农民运动奠定了扎实的知识和能力基础。

再次，注重武装斗争方面的教育和训练。开展农民运动，需要建立农民自卫军，以抵御反动民团侵害，保卫农民利益，为此需要武装斗争方面的知识和本领。因此，共产党人在主办农讲所的过程中，一直重视军事训练，不仅开设理论课程，而且开展教学实习。《广州民国日报》曾报道第一期学员开展军事训练情况："该所以各生将来到农村组织农会，关于农民自卫军之设备，务须略具军事常识，指导农民方能妥善，乃于六日送各生去黄埔军官学校学习军事十天",①并记述了 10 天的训练活动和日程安排。毛泽东认为，没有农民武装就不能推翻地主武装团防局，不能保护农民的利益，中国革命也不能成功。所以，他非常重视在农讲所开展武装斗争教育，以备将来能够更好地组织农民自卫军，既可以防御地主阶级和军阀的侵害，又可以养成有纪律有组织的农民运动战斗员。因此，毛泽东在讲授《中国农民问题》课程时，特别补充了武装斗争方面的内容。毛泽东还专门聘请周恩来为学员讲授军事运动方面的课程。与此同时，第六届农讲所还有计划有组织地进行严格的军事训练，一是保证 10 个星期的充裕时间，每日操练近 4 个小时，占总学时的 1/3。二是设立军事训练部专门主管训练，黄埔军校毕业生赵自选担任总教官。三是按照军人标准接受系统训练，除了军事技能训练外，还安排野外实战演习等。另外，学员实行军事化管理，像军人一样穿制服和参加各项社会活动。

此外，农讲所根据开展农民运动的实际需要，在教学内容中特别设置了革命画和革命歌，其中革命画 14 小时，与帝国主义课教学时长相同。毛泽东还委托阮啸仙到广东省农民协会宣传部聘请美术家，以更专业地开展教学，帮助学员们掌握美术常识和绘画技巧，更好地进行革命理论的宣传和教育，以便在组织和发动农民运动时取得更好效果。同时，毛泽东还因材分层施教，先选出绘画能力较强的学员，组成临时训练班，晚上练习素描，展现农村生活场景。随后，这些学员再做老师，向其他同学们传授相关知识和技能，带动所有学员提高绘画水平，更好地适应开展

---

① 《广州民国日报》1924 年 7 月 21 日，广东农民运动讲习所旧址纪念馆编：《广州农民运动讲习所资料选编》，人民出版社 1987 年版，第 46 页。

农民运动的需要，在教育宣传过程中发挥应有的作用。

总之，广州农讲所坚持学以致用的办学理念，从开展农民运动的现实需要出发去设计课程、开展教学、强化管理，为培养实用型农运人才发挥了应有的作用。

三、确立和传承了理论联系实际的教学原则

坚持理论联系实际的教学原则，革命理论教育与社会实践并重，并把二者紧密结合起来，是广州农讲所办学的一个重要特色。国民党第一任农民部长林祖涵在谈到开办农讲所的起因时，提到"第一、调查广东大势；第二、派特派员到农村工作。"[①]这里突出了办学的方向和学员的去向是要到农村去开展农民运动。所以，在招生时也明确提出"多招致在乡村农民运动中及市劳工运动中之与我们接近的工人农民入所，查东西北三江之重要乡村都有人，此亦为将来扩充农民运动之准备"。[②]可见，广州农讲所是要培养未来开展农民运动的人才，因此坚持理论联系实际，注重革命理论教育与社会实践相结合，必然是农讲所秉持的教学原则。

纵观第一至六届农讲所教授的科目，在讲授革命理论的同时，"注重农民运动之理论及其实施方法"，"注重集会结社之实习及宣传之训练；而尤注重于军事训练，盖学生熟习军事训练"。[③]

---

① 林祖涵：《中国国民党农民部两年来工作状况》，《中国农民》第6、7期合刊，1926年7月，广东农民运动讲习所旧址纪念馆编：《广州农民运动讲习所资料选编》，人民出版社1987年版，第4页。

② 广东农民运动讲习所旧址纪念馆编：《广州农民运动讲习所资料选编》，人民出版社1987年版，第8页。

③ 罗绮园：《本部一年来工作报告概要》，《中国农民》第2期，1926年2月1日，广东农民运动讲习所旧址纪念馆编：《广州农民运动讲习所资料选编》，人民出版社1987年版，第35页。

即是说，把革命理论与方法的学习与相关的社会实践和军事训练结合起来。如第一届农讲所，"学生除正式授课外，最注意于所外活动，凡星期日须有农村运动实习，步行之训练，马术之训练，又有农民党员联欢大会之组织，市郊农民协会之成立，及东西南北四郊之实际调查与宣传组织。"[①]1925年11月19日，广州农讲所学员120人赴韶关参加曲江县农民协会成立大会，会后即分组在城乡内外及附近乡村进行宣传并调查农民状况。各届农讲所都坚持了理论教育与社会实践并重的教学原则。毛泽东很早就对官僚式教育深恶痛绝，努力打破学校教育与社会隔绝的痼疾，提出教育要与时代同步、与国际接轨、与社会相融的思想，力戒脱离世界、脱离时代、脱离社会、脱离生活。毛泽东在主办第六届农民运动讲习所时，充分地贯彻落实了理论教育与社会实践相结合的教学原则。

第六届农讲所承袭了前五届的办学经验，同时又予以发展与创新。一方面加强学员的革命理论与方法教育，与此同时引导和组织学员积极参加社会实践。在理论课程教育方面，开设有25门课，共252小时，"于革命之理论及方法，尤以农民运动之理论及方法，大体已备。"[②]另外，毛泽东还经常邀请党内理论专家以及社会进步人士给学生作时事报告或者理论演讲。农讲所还设立了图书馆，提供《中国农民问题》等革命理论书籍，并设有专任教师指导学员学习。在开展理论教育的同时，毛泽东非常重

---

① 罗绮园：《本部一年来工作报告概要》，《中国农民》第2期，1926年2月1日，广东农民运动讲习所旧址纪念馆编：《广州农民运动讲习所资料选编》，人民出版社1987年版，第42页。

② 《第六届农民运动讲习（所）办理经过》，《中国农民》第9期，1926年11月，广东农民运动讲习所旧址纪念馆编：《广州农民运动讲习所资料选编》，人民出版社1987年版，第81页。

视社会实践,努力把二者紧密结合起来。在农讲所的课程设置上,理论课程与社会实践课程学时之比为34∶48,社会实践课时要多于理论课时。毛泽东组织了许多行之有效的社会实践活动,包括到韶关和海丰农村实习,开展调查研究。教务部门拟出调查项目,学员们到各地农村开展多方面、多领域、多角度调查研究以提高观察问题与解决问题的能力。社会实践不仅使理论教育有了用武之地,而且坚定了学员们投身农民运动的决心和信心。

总之,农讲所秉持理论联系实际的教学原则,坚持革命理论教育与社会实践并重,坚定了学员们投身农村农民运动的决心和信心,使学员在掌握理论知识的同时,学习了实践知识,提高了实践能力,为培养适应农民运动需要的人才奠定了坚实的基础,正如阮啸仙指出的,"政治训练要与军事教育并重,才能养成全材"。①

四、培养了大批农民运动指导人才

从1924年7月到1926年9月,广州农讲所一共举办六届。每届结束后,学员们奔赴各地,在领导和指导开展农民运动的同时,仿效广州农讲所的办学模式和方式,通过多种途径举办地方性农讲所和农训班,培养农民运动干部。由于广州农讲所的广泛影响,加之农讲所毕业生的宣传和实践,地方性农讲所和农训班在全国各地像雨后春笋破土而出,广东乃至全国各地相继创办了不少培养农民运动干部的学校,培养了数千名革命干部,对中国革命作出了重大贡献。据初步统计,在广州农讲所的影响和带动

---

① 《民校第二届农民运动讲习[所]事件》,广东农民运动讲习所旧址纪念馆编:《广州农民运动讲习所资料选编》,人民出版社1987年版,第8页。

下，从1926年底至1927年上半年，全国多省陆续创办起地方性农训班、农讲所或农军学校。如广东农民训练所、广东北江农军学校、广西东兰农民运动讲习所、湖南衡阳农民运动讲习所等。这些农民教育机构分布较为广泛，为当时的农民运动培养了急需人才，推动了各地农民运动的发展。例如，第三届学员韦拔群，提前肄业，仿效广州农讲所的模式，于1925年9月"在武篆区创办了农民运动讲习所，以培植农运干部"，[①] 韦拔群担任主任。东兰农民运动讲习所培养的农运干部，有力地推动了右江流域、红水河两岸农民运动的发展。第六届学员王首道、雷晋乾和喻东声等人，也在大革命轰轰烈烈开展之际回到湖南，创办农讲所，培养革命干部，为推动农民运动发展作出了重要贡献。

以上这些地方性农讲所大都为广州农讲所学员仿效广州农讲所开办的。在办学方针、教学方式、课程设置、招生条件以及教学活动等方面，继承了广州农讲所的传统和经验。可以说，广州农讲所培养了大批农民运动指导人才，而这些指导人才又在全国各地举办农讲所和农训班等，培养了大批农民运动骨干，有力地推动了农民运动在全国各地星火燎原。

第二节　师生投身国民革命，
推动中国革命发展

广州农讲所培育了七百多名农民运动骨干。他们毕业后立即投入到发动农民运动的革命斗争之中。同时，农讲所师生还积极支持和配合工人运动，参加和支持广东革命根据地的统一和巩固，

[①]《中国国民党广西省第二次全省代表大会日报》，1926年3月。

支持并参加了北伐战争。他们中的一部分人还领导和参加了反抗国民党反动派的武装起义,为探索中国革命新道路作出了贡献。

一、推动全国农民运动

毕业后的广州农讲所学员,根据革命斗争的需要,服从分配原则,积极投身于农民运动。据《中国农民问题》记载:"为养成农民运动人材,先后办理五届农民讲习所,毕业学生总共四百五十四人,三分之一由中央农民部分派为广东各地特派员,从事工作,三分之二则分遣回籍,从事地方农民运动。"① 第六届农讲所毕业生也多是分遣原籍从事农民运动。国民党第二次全国代表大会上的《农民运动报告》第三章指出:"农民讲习所,即是农民运动的干部,领导革命之先锋。"罗绮园总结认为,农讲所学员实为"农民运动之推进机,现在亦为主持各重要农民协会区域之战斗员。"② 这些学员在全国各地建立和发展党的基层组织,宣传和发动群众,组织农民协会,建立农民武装,积极开展农民运动,发挥了指导和引领作用,推动各地农民运动蓬勃发展,为农民运动高潮的到来作出了重要的贡献。

据记载:"所有廣東各地農民協會,多於此時組織起來,廣東省農民協會亦於此時(一九二五年五一節)宣告成立。"③ 如第一届毕业生黄学增被派到广东南路(现湛江地区)后,很快就

---

① 《全国农民运动概观》,《中国农民问题》,1927年1月,广东农民运动讲习所旧址纪念馆编:《广州农民运动讲习所资料选编》,人民出版社1987年版,第78页。
② 罗绮园:《本部一年来工作报告概要》,《中国农民》第2期,1926年2月1日,广东农民运动讲习所旧址纪念馆编:《广州农民运动讲习所资料选编》,人民出版社1987年版,第42页。
③ 《全国农民运动概观》,《中国农民问题》,1927年1月,广东农民运动讲习所旧址纪念馆编:《广州农民运动讲习所资料选编》,人民出版社1987年版,第78页。

开创了农民运动的新局面。女学员高恬波毕业之后,作为广东农民运动特派员到中山、顺德等地开展农民运动。为了与农民打成一片,增加亲和力和信赖感,她在工作中学会了多种方言,被农妇们称为"活观音"。[1]第二届学员黄克,毕业之后作为农民运动特派员,被派往新会、清远等地发展农民组织,后来在家乡龙川成立了农民协会。彭湃高度评价了第二届学员,认为他们工作得很好,花在他们身上的金钱和精力没有白费。1925年5月,广东省农民协会成立。到1926年5月,统计有农会组织的县已达61个,区177个,乡4216个。[2]同年8月,全省农民协会组织增加537个,有组织的农民增加到约七十万人。可以说,广州农讲所的学员为推动广东农民运动的发展作出了重要贡献,也推动了全国农民运动的发展。

广州农讲所的毕业生在推动各地农民运动中发挥了重要的作用。从第三届开始,广州农讲所在广东省外招生,当届招收广西籍学生2名、四川籍学生1名。从第四届开始,扩大广东以外招生的名额。这些广东省外的学员毕业后基本都回到了来源地,积极开展农民运动,许多地方特别是大革命波及的地方,农民运动较快地发展起来。如第五届"农民运动讲习所有二十九个学生回去湖南各地实地工作,农民运动在湖南便萌芽起来了。"[3]学员们毕业之后,奔赴全国各地,点燃了农民运动的星星之火,农民运动逐步发展起来。如《汉口民国日报》曾经报道,湖北籍学员

---

[1] 陈登贵、林锦文:《广州农民运动讲习所人物传略》,中山大学出版社1996年版,第121—122页。

[2] 《广东农民运动概况》(1922—1926),《第一次国内革命战争时期的农民运动资料》,人民出版社1983年版,第134页。

[3] 阮啸仙:《全国农民运动形势及其在国民革命中的地位》,《犁头》第19、20期合刊,1926年11月29日。

王平章、刘茂世，江苏籍的陆铁强，江西籍的舒国藩等，在宣传教育、号召和动员农民运动方面发挥了重要作用。再如福建的朱积垒、湖南的周振汉等，都在当地组织农民协会，动员开展农民运动，发挥了重要作用。经过广州农讲所学员的努力，加之大革命的影响，各省农民运动迅速发展起来。

综上所述，广州农讲所自开办以来，共有七百多名学员毕业之后奔赴各地，建立地方性农讲所或农训班，宣传和发动农民，组织农民协会和农民武装，开展农民运动，成为农民运动的先锋和推进者，对推动各地农民运动的快速发展发挥了重要作用，充分实现了农讲所的办学目标，彰显了广州农讲所的历史作用。

二、支持和配合工人运动

广州农讲所自举办之日起，就在中国的政治舞台上扮演了重要角色。农讲所师生以高度的政治热情和高昂的革命斗志，投身于革命活动之中。除了开展农民运动，他们还以强烈的革命责任感，宣传革命道理，强固工农联盟，支持和配合工人运动。第一届农讲所学员向全国发表了两次《敬告农民书》，深刻揭露帝国主义对中国犯下的种种罪恶，号召"赶快大家联合起来，组织农民协会，组织农民自卫军，同工人们团结一致向前猛攻！推翻帝国资本主义！！"[1]1924年"双十节"，第二届农讲所学员集会声讨帝国主义和封建军阀，游行时遭到反动商团军惨杀。事后，本届农讲所连同29个单位发表了《告全国国民》书，呼吁国人："打倒帝国主义！打倒军阀！打倒一切的卖国商人！全国同胞，起来响应啊！"[2]农讲所的师生通过实际行动，支持和推动工人斗争。

---

[1] 《新琼崖评论》（半月刊）第14期，1924年。
[2] 《向导》第89期，1924年10月29日。

1925年6月,为了声援五卅运动,反抗帝国主义的压迫,广州、香港的工人举行了著名的省港大罢工。在此期间,广州农讲所学员黄超凡奉令组织农军纠察队负责巡逻沿海口岸,封锁淡水、澳头水陆交通,切断与香港的来往,截获偷运香港的走私货物,并逮捕走私分子,打击走私贩运。另外,他们还募捐和慰问罢工工人,给予工人阶级大力支持。对此,团中央机关刊物《中国青年》评论称:"在这次'反帝'运动中,除各县有组织农民有种种运动外,广州亦有代表农民的'农民运动讲习所'学生参加。……在这次'反帝'运动中,这一般青年农民的学生,对宣传及援助罢工工人亦做了许多工作。"[①]为了帮助和支持工人运动,第四届农讲所"特在讲习所内附设一罢工工人补习班,使工人经过一度训练,并熟悉农民运动情形,然后出发宣传,收效益当伟大。"[②]农讲所学员绝大部分回乡开展农民运动,还有一部分根据革命斗争需要从事工人运动。国民党肯定农讲所学员和农民在广东革命根据地统一中作用的同时,对农民在支援香港罢工中的作用也给予了充分肯定,《国民政府对农民问题第三次宣言》指出:"农民之参加国民革命,不仅此也;彼等并曾极力援助吾人反抗帝国主义之斗争,拥护香港罢工即其证明;盖农民对于香港罢工,除召集各种会议予罢工工人以精神上之援助外,并实行参预对香港帝国主义者经济绝交之行动也。"[③]

三、推进国共合作的军事斗争

广州农讲所的学员,在学习期间实行军事化管理,开设有军

---

① 《反帝国主义运动的广州青年》,《中国青年》第99期,1925年9月28日。
② 《工人之路》,1925年8月31日。
③ 《第一次国内革命战争时期的农民运动资料》,人民出版社1983年版,第41页。

事课程,参加了严格的军事训练,有些还到黄埔军校等地方参加了实习,所以在组织动员农民开展农民运动之外,还积极参加了多种形式的武装斗争。比如1924年平定商团叛乱等斗争中,就有他们的身影。他们中的许多人直接参加东征、南讨和北伐等,为统一和巩固广东革命根据地,为大革命的发展作出了直接贡献。

1925年,广东革命政府两次东征讨伐军阀陈炯明、洪兆麟等。为支援革命斗争,农讲所先后派遣彭湃以及学员们随军出征,除直接参加军事行动外,还开展组织宣传,做政治思想工作。他们利用善于开展农民运动的特点,深入农村发动群体,沿途向民众宣传东征的意义,动员民众支援东征军。沿路的各级农民协会都积极组织农民开展宣传、后勤保障等工作。《中国农民》曾记载:"农民运动讲习所第三届东江籍学生十人,组织宣传队随军出发,担任宣传工作。"[1] 国民革命军讨伐邓本殷时,农讲所第三、四、五届等多届学生被农民部派遣到南路开展宣传、做向导等战地服务。在农讲所学员的努力下,沿途农民群众给予了大力支持,革命军的军事讨伐行动进展顺利,农讲所学员作出了应有贡献。国民党对农讲所和农民运动在统一广东中的作用给予充分肯定,《国民政府对农民问题第三次宣言》中指出:"农民之援助政府,略如上述,试观广东今日之能实行统一,及国民革命基础之日臻巩固,亦可知其取效之宏伟矣。"[2] 广州农讲所也为北伐军的顺利进军贡献了力量。广州农讲所培养大批农运干部,推动了农民运动的兴起和发展,使北伐战争有了克敌制胜的群众基础和重要保

---

[1] 阮啸仙:《惠阳县农民协会成立之经过》,《中国农民》第3期,1926年3月1日,《阮啸仙文集》,广东人民出版社1984年版,第138—139页。

[2] 《犁头》第16期,《第一次国内革命战争时期的农民运动资料》,人民出版社1983年版,第41页。

障。广东农民运动的发展，不仅使北伐战争有了策源地，而且有了巩固的根据地。北伐战争开始后，广州农讲所毕业学员在开展农民运动的同时，积极参加和支持北伐战争，成为大革命的先锋。1926年7月，北伐军挺进湖南，北江农民协会组织了约一万农民随军。他们主要负责运输队等战争勤务工作，给两湖战场以极大的支援。湖南、湖北等地，之所以很快出现大革命高潮，也有广州农讲所毕业学员的功劳。从广州农讲所毕业的湖南和湖北籍学员，也包括外省的学员，对两湖农民运动的兴起和轰轰烈烈地发展，具有举足轻重的作用，既有力支持了北伐战争，也成为大革命的重要内容。《广州民国日报》曾宣传报道称："此次北伐胜利夺得平江，其力量全在农民。"[①] 这个报道真实地反映和证实了农民在北伐战争中的重要作用。同时，还有一些农讲所学员从广州跟随北伐军一路北上，参加了国共合作的大革命。如第一届学员来自广东惠阳的高恬波，担任"妇女北伐救护队"队长，不畏牺牲，冒着枪林弹雨，率领几十名女队员，转战于湖南、湖北、江西等省，救治伤病员，积极支持了北伐战争，为大革命作出了应有的贡献。

河南等地农民运动的兴起以及随后形成的北伐的顺利进军，也与广州农讲所密不可分。第六届农讲所有河南学员29名，他们毕业后一路北上，基本都回到河南，积极开展农民运动。据回忆，"吴芝圃同志于1927年组织和领导了河南省杞县、睢县、陈留县的农民武装暴动，彤德忱同志担任了中共许昌县委书记，有的在豫南发动农民组织暴动，有的在豫北活动天门会、红枪会，

[①] 《广州民国日报》1926年9月28日。

准备策应国民军北伐。"①第六届学员郭绍仪毕业后在河南、湖北开展农民运动，支援北伐战争。与此同时，全国其他省的学员毕业之后回原籍，并即刻投入组织和开展农民运动的革命斗争，有些还直接参加了北伐战争。

可以说，广州农讲所的学员毕业之后奔赴各地，领导开展农民运动，参加和支持北伐战争，在全国各地撒下了革命的种子，点燃了农民运动的星星之火，并逐步形成燎原之势，有力地推动了全国农民运动和革命斗争的发展。国民党对农民运动的作用给予充分肯定，《国民政府对农民问题第三次宣言》中指出："因农民曾实行参加国民解放运动，遂成为革命主要势力之一，且农民曾在反对军阀斗争中，屡显其能，且曾屡次为此种斗争而牺牲其性命，此足为其有政治觉悟及愿效忠于国民政府之表示"。②这其实也是对农讲所和学员们的充分肯定，因为在各地组织和发动农民运动的，大都有农讲所学员的功劳。

四、开启对中国革命新道路的探索

广州农讲所不仅培养了农民运动人才，而且这些学员后来也成为中国革命的宝贵人才，可以说广州农讲所为中国革命锻炼和造就了大批干部，在大革命失败后毅然走上了反抗国民党反动派的革命前线，参与了对中国革命新道路的探索。

工农运动的不断高涨和深入发展，不仅动摇了帝国主义和封建军阀的统治，而且也触动了地主阶级和资产阶级右翼的利益。国民党反动派背叛了反帝反封建的革命初衷，向曾经的合作伙伴

---

① 《广州第六届农民运动讲习所中的河南学员》，河南省地方志编纂委员会总编室编：《河南地方志征文资料选》第2辑，1983年6月印制，第28页。

② 《第一次国内革命战争时期的农民运动资料》，人民出版社1983年版，第41页。

举起了屠刀,国共第一次合作破裂了,共产党员和革命群众遭到了国民党反动派的屠杀。为了挽救革命,探索中国革命的新道路,共产党领导了南昌起义、秋收起义、广州起义以及各地的秋收暴动一百多起。在这些起义中,有不少广州农讲所的师生参加,为探索中国革命新道路继续奋斗。

在南昌起义领导人中,前敌委员会书记周恩来曾是农讲所教员,委员中有曾经的农讲所教员彭湃、谭平山、恽代英、李立三等。广州农讲所毕业学员卢耀门、张明生、钟肇尧、黄益善、王平章、周振汉、刘乃宏、舒国藩等参加了南昌起义。起义失败后,黄益善又辗转从江西来到湖南,参加了湘南暴动。后来,他跟随朱德、陈毅率领的部队到达井冈山,参加了创建第一块革命根据地的斗争。9月,曾任第六届农讲所所长的毛泽东领导了湘赣边界秋收起义,袁福清等毕业生参加了起义。第六届学员、湖南宁乡的喻东声率领宁乡农军大队,参加了围攻长沙的战斗。后来,在宁乡开展武装斗争,响应湘赣边界秋收起义。同年12月1日,共产党人发动广州起义。广州农讲所的师生发挥了重要作用。曾经的农讲所教员恽代英、周其鉴、赵自选等参加了起义的筹备工作。毕业生高恬波、张秋、黄克、宋华、梁显云、陈世聪、谭其聪、苏其礼等直接参加了广州起义。

除了上述三大起义之外,广州农讲所的教员和学员还领导和参加了多次武装起义。如第二届学员、广东龙川的黄克与第三届学员、广东紫金的戴耀田和钟一强等参加了创建广东东江革命根据地的斗争。第四届学员、琼州的何毅和第五届学员、广东乐会的欧赤等领导了海南陵水县农民起义,建立了海南第一个苏维埃政权,举起了苏维埃的旗帜。第六届学员吴芝圃领导了河南省杞县等地的农民暴动。第六届学员、河北无极县的解学海等领导了著名的河北玉田暴动。教员唐澎和第六届学员霍世杰在关中豫陕交界开展农民运动，参加了著名的渭华起义。第六届的福建籍学员朱积垒在家乡领导了平和暴动。第六届学员、河北籍的韩永禄在家乡领导了完县五里岗农民暴动，后来组建了工农红军第二十二军。

　　从上可见，在极端险恶的环境和白色恐怖下，为了政治信仰和革命理想，面对国民党的屠杀政策，广州农讲所的教员和学员们义无反顾地投身于反抗国民党反动派的武装斗争之中，展现出大无畏的革命精神，为探索中国革命的新道路发挥了重要作用，而且相当一部分人为革命事业献出了宝贵生命。少数幸存者为中国革命和建设作出了杰出贡献。他们的历史贡献和奉献精神将彪炳史册。

结　语

　　广州是第一次大革命的策源地和根据地。广州农民运动讲习所与广东大学（1926年改名中山大学）、黄埔军校以及东园（省港罢工委员会）并誉为国共第一次合作时期的四大革命基地。广州农讲所作为培养农民运动指导人才的机构，在两年多的办学过程中，培养了七百多名学员。这些学员经过短期而卓有成效的教育，奔赴农民运动第一线，成为农民运动的中坚力量，推动了广东乃至全国农民运动的勃兴。他们投身于轰轰烈烈的北伐战争，为第一次大革命的高潮作出了历史性贡献。他们义无反顾地投入武装反抗国民党反动派的英勇斗争，为探索中国革命的新道路贡献了力量。历史证明，广州农讲所开辟了中国现代农民教育的新道路，在农民教育史上写下了光辉的一页，给我们留下了极其宝贵的经验和弥足珍贵的启示。

一、不忘初心，牢记使命，把农民教育融入实现中华民族伟大复兴的中国梦

　　五四运动前后，平民教育思潮泛起。这个时期，毛泽东就关注到农民教育问题。他深刻认识到封建教育非常不合理，占人口绝大多数的工人和农民没有机会受到教育，不仅知识不能增进，而且阶级觉悟不能提高，这是"太严重"的问题。为此，他积极

创办和从事工农教育。李大钊在《青年与农村》中，也号召青年和知识阶级"把现代的新文明，从根底输到社会里面"，[①]用教育去解除农民的痛苦和愚暗。中国共产党成立后，对农民问题重要性的认识不断加深，对农民教育给予高度重视。1923年7月，陈独秀在《中国农民问题》一文中，提出解除农民痛苦的办法，第一就是教育宣传。8月，一部分社会主义青年团员在湖北黄冈县开展"乡村教育"运动，组织"黄冈平民教育社"，开办平民书报室，在农民当中进行宣传和教育，揭露帝国主义和军阀的罪恶，提出解决人民痛苦的办法。11月，中共中央召集了三届一次中执委会议，专门通过了《教育宣传问题议决案》，提出在农民中开展教育宣传的要求和方法。在1924年1月5日，邓中夏发表《中国农民状况及我们运动的方针》一文，专门论述了农民的教育宣传问题，指出要多设补习学校或讲演所，力量不及的时候，可以利用现成的教育机关等。国共合作实现后，我们党对农民问题重要性和农民教育必要性的认识进一步加深，毛泽东在农讲所授课时指出："农村教育是现社会很大的问题，所以作这种运动的人不可不注意。"[②]这为加强农民教育提供了思想认识根源。此时，我们党已经把农民教育与农民问题联系起来，纳入中国大革命的全局，这也正是中国共产党提议举办农民运动讲习所的直接原因。

新民主主义革命时期，我们党始终重视农民教育。《中华苏维埃共和国宪法大纲》中正式提出："中国苏维埃政权以保证工农劳苦民众有受教育的权利为目的"，[③]强调教育的任务"是要

[①] 《李大钊选集》，人民出版社1959年版，第146页。

[②] 广东农民运动讲习所旧址纪念馆编：《广州农民运动讲习所资料选编》，人民出版社1987年版，第203页。

[③] 中共中央文献研究室、中央档案馆编：《建党以来重要文献选编》（1921—1949）第8册，中央文献出版社2011年版，第652页。

用教育和学习的方法，启发群众的阶级觉悟，提高群众的文化水平与政治水平，打破旧社会思想习惯的传统"。① 此时的农民教育大大提高了苏区民众的文化水平，初步养成了农民政治参与意识和现代文明意识，同时培养了大批农民干部。抗日战争和解放战争时期，党组织开展的农民教育更加有声有色，效果愈加突出，有力地支持了革命斗争。毛泽东在《论人民民主专政》中指出："严重的问题是教育农民。"② 农民教育是农业合作化的重要条件和保证。这种认识为当时的农民教育指明了方向。

新中国成立后，中国共产党以扫盲识字作为农民教育的切入点，大力推动农民业余教育。毛泽东认为，农民教育得不到重视和发展，农民的思想和文化技术水平得不到提高，就无法实现国家现代化。为此，我们党始终致力于开展农民教育。1950年12月，政务院颁布《关于开展农民业余教育的指示》，把有计划有步骤地开展农民业余教育，作为提高农民文化水平和加强我国文化建设的重大任务。此后，在五六十年代，教育部就加强农村业余教育工作多次发出通知。总的来看，农民教育提高了农民的政治觉悟和文化水平，培养了各种技术人员，提高了农民的生产技术水平和经营管理能力，为巩固和发展集体经济、实现农业现代化发挥了积极作用。

改革开放以来，我们党不忘初心，牢记使命，致力于为人民谋幸福，为民族谋复兴，始终把"三农"问题作为工作重点，坚持农民科技文化教育优先发展的战略定位，把农民教育与党的"三农"政策结合起来，与解决农民问题结合起来，与为农民办实事

---

① 《中华苏维埃共和国临时中央政府教育人民委员部训令第一号：目前的教育任务》，陈元晖等编：《老解放区教育资料》（一），教育科学出版社1981年版，第29页。

② 《毛泽东选集》第4卷，人民出版社1991年版，第1477页。

办好事结合起来，把实现农民利益放在第一位，积极发展农民教育，实行科教兴农战略，纳入建设社会主义新农村和乡村振兴战略全局，纳入全面建成小康社会和夺取新时代中国特色社会主义新胜利的战略规划，融入实现中华民族伟大复兴的中国梦，树立了当代农民教育的光辉典范。

二、不断推进农民教育理论创新，丰富习近平新时代中国特色社会主义思想

马克思主义者历来重视农民问题，重视农民教育。马克思恩格斯对农民问题和农民教育都有论述。列宁认为，在革命斗争中，农民受到政治教育就更懂得革命的意义，而且使革命的规模更大，更容易取得革命胜利。在社会主义建设时期，要继续开展农民基础文化教育、思想政治教育、农业技能教育，并且保证针对性，以提高农民的政治思想觉悟、社会地位和更好地维护农民利益。列宁的农民教育思想以提高农民综合素质为目标，以维护农民利益为取向，以时代要求和农民需要为依据，以灵活多样为方式，对我们具有重要的启发意义。

中国共产党以马克思主义农民教育理论为指导，结合中国实际，在开展农民教育的实践中注重理论创新。在国共第一次合作的背景和条件下，中国共产党从农民运动发展和推动中国大革命的时代使命出发，提出要培养农民运动人才，兴办农民运动讲习所。特别是毛泽东在主持第六届广州农讲所时期，不遗余力地办好"农民需要的教育"，"解决农民问题之教育"，[①]

[①] 广东农民运动讲习所旧址纪念馆编：《广州农民运动讲习所资料选编》，人民出版社1987年版，第207页。

形成了具有特色的农民教育思想。从第一到第六届农讲所，明确"以农民运动须先认真多造指导人员"为出发点，坚持学以致用的办学理念，旨在养成农民运动人才，使他们能够担负领导农民运动的职责和使命。广州农讲所在讲授三民主义和国民革命理论的同时，"注重农民运动之理论及其实施方法"，"注重集会结社之实习及宣传之训练；而尤注重于军事训练，盖学生熟习军事训练"。[①] 也就是说，首先对农讲所学员开展思想政治教育，以培养农民运动的指导者作为开办农讲所的直接目标。同时，体现作为培养农民运动人才学校的特点，注重专业知识和核心能力的培养，比如设置了系统化的课程体系，注重武装斗争方面的教育和训练，培养学员开展农村调查的实际能力以及特别设置革命画和革命歌等教学内容，培养学员工作技能。为了增强教学的针对性和有效性，教学内容和方法上注重理论联系实际的原则，把理论学习与军事训练和社会实践相结合，注重联系中国农村的实际，联系学生自身的实际，创新教学方法，对农民教育理论和实践作出了新的贡献，初步形成了农民教育思想，开创了农民教育的新路子，培养了农民运动的高素质、应用型指导人才。

改革开放以来，邓小平从现实国情、农情和民情出发，提出了一系列发展农民教育的理论。他强调思想政治教育在农民教育中的极端重要性和首要地位，有针对性地把科技文化教育作为农民教育的主要内容，提出了一靠政策二靠科学来发展的思想。江泽民在此基础上，提出要把政治教育作为农民教育的首要工作，

---

① 罗绮园：《本部一年来工作报告概要》，《中国农民》第2期，1926年2月1日，广东农民运动讲习所旧址纪念馆编：《广州农民运动讲习所资料选编》，人民出版社1987年版，第35页。

形成了科教兴农战略，提出科教兴农一靠科技二靠教育的思想。胡锦涛提出，建设社会主义新农村，要把提升农民的综合素质作为基础工作，尤其要重视农民的精神文明建设。习近平总书记从劳动力资源的高度和视角，提出办好农民教育的一系列重要论述，极大地拓展和深化了农民教育理论，丰富了习近平新时代中国特色社会主义思想。

三、从时代和实际出发开展农民教育，走新时代中国特色农民教育之路

广州农讲所在两年多的办学过程中，形成了具有特色的农民教育之路。农讲所始终坚持把革命理论教育放在首位，加强学员的革命理论和思想政治教育。在理论课程教育方面，开设有《中国农民问题》等二十多门课，"于革命之理论及方法，尤以农民运动之理论及方法，大体已备。"[1] 第六届学员王首道在回忆录中说到，他在农讲所"接受革命的启蒙教育和马克思主义的基本训练"。[2] 此后至今，我们党始终把思想政治教育贯穿于农民教育始终，放在第一位，形成了中国农民教育的最突出特色。广州农讲所坚持从时代需要和农民实际出发开展农民教育。毛泽东极其反对"不察世界潮流"的教育，主张必须革新教育，"外观世界之潮流，内审自身之缺陷，勉负职责，振起朝气"。[3] 即是说教育要与时代同步，与社会相融，与实际相符，从时代需要、社

---

[1]《第六届农民运动讲习（所）办理经过》，广东农民运动讲习所旧址纪念馆编：《广州农民运动讲习所资料选编》，人民出版社1987年版，第81页。
[2] 王首道：《革命的摇篮（节录）——回忆广州农民运动讲习所》，广东农民运动讲习所旧址纪念馆编：《广州农民运动讲习所资料选编》，人民出版社1987年版，第315页。
[3]《毛泽东早期文稿》，湖南出版社1990年版，第495页。

会需要和农民需要出发，开办农民教育。广州农讲所教学内容和课程体系，充分体现了这些理念，符合培养农民运动人才的目标要求，开创了成功的农民教育之路。

改革开放以来，特别是新时代，以习近平同志为核心的党中央高度重视乡村振兴下的农民教育问题。2014年6月，习近平总书记就加快发展职业教育，特别是农村地区、民族地区、贫困地区的职业教育作出重要指示，提出要加大支持力度。他提出"扶贫必扶智，治贫先治愚"的思想，指出贫困地区教育事业必须下大力气抓好，职业教育培训要重点做好。在新时代农民教育中，贵州省创新性地兴办了"新时代农民讲习所"，传承和弘扬了广州农讲所的一些历史经验，在对广大农民群众进行理论政策教育的同时，开展经营管理和文化技术方面的培训，在探索培育新型职业农民中发挥了重要作用。习近平总书记指出，新时代的农民讲习所是一个创新。新时代的农民讲习所也是农民教育的平台，可以说是广州农讲所在新时代的延伸与发展。2018年中央一号文件指出："农民适应生产力发展和市场竞争的能力不足，新型职业农民队伍建设亟需加强"。[①] 习近平总书记强调，中国现代化离不开农业农村现代化，农业农村现代化关键在科技、在人才。因此，今天的农民教育，必须从社会发展和实现农民利益出发，从现实的实际情况出发，走新型职业农民培育之路，走新时代中国特色农民教育之路。

广州农讲所的创办是国共合作的产物，凝聚着国共两党的辛勤劳动，特别是共产党人的心血。新时代对农民教育提出了新的要求，我们要始终坚持党和政府在农民教育中的主导地位，逐步

---

① 《中共中央国务院关于实施乡村振兴战略的意见》，2018年1月2日。

建立起农民教育培训体系，形成农民教育培训新格局。同时，创新农民教育机构运行体制机制，探索学历教育与培训实用技术教育为一体的农村职业教育新模式，走出一条新时代中国特色农民教育之路，为乡村振兴和民族复兴作出应有的贡献。

参考文献

著作、资料类

中共广东省委党史研究委员会办公室、毛泽东同志主办农民运动讲习所旧址纪念馆编：《广州农民运动讲习所文献资料》，1983年印制。

广东农民运动讲习所旧址纪念馆编：《广州农民运动讲习所资料选编》，人民出版社1987年版。

广州农民运动讲习所旧址纪念馆编：《广东农民运动资料选编》，人民出版社1986年版。

《第一次国内革命战争时期的农民运动资料》，人民出版社1983年版。

杨绍练、余炎光：《广东农民运动（1921—1927）》，广东人民出版社1988年版。

广州农民运动讲习所纪念馆编写：《毛泽东同志主办农民运动讲习所》，上海人民出版社1978年版。

中国国民党中央执行委员会农民部：《第五届农民运动讲习所章程》，广州农讲所纪念馆藏。

《第一届农讲所学员钟觉的回忆材料》（1964年5月20日），广州农讲所纪念馆藏。

《第一届农讲所学员萧一平的回忆材料》（1964年12月13日），广州农讲所纪念馆藏。

《第六届农讲所学员档案》，广州农讲所纪念馆藏。

毛泽东同志主办农民运动讲习所旧址纪念馆编：《毛泽东同志主办农民运动讲习所旧址纪念馆资料汇编》第1—3集，1974年。

毛泽东同志主办农民运动讲习所旧址纪念馆编：《毛泽东同志主办农民运动讲习所旧址纪念馆资料汇编》第4、5集，1975年。

广东省档案馆、毛泽东同志主办农民运动讲习所旧址纪念馆编：《广州农民运动讲习所研究文集》，1986年印制。

广州农民运动讲习所旧址纪念馆编：《毛泽东同志在广东革命活动大事记》，1979年印制。

高熙：《中国农民运动纪事（1921—1927）》，求实出版社1988年版。

广东省档案馆、中共广东省委党史研究委员会办公室编：《广东区党、团研究史料（1921—1926）》，广东人民出版社1983年版。

《蔡洛传》《余炎光传》《刘林松传》《罗可群传》《彭湃传》，人民出版社1986年版。

《阮啸仙文集》，广东人民出版社1984年版。

陈登贵、林锦文主编：《广州农民运动讲习所人物传略》，中山大学出版社1996年版。

梁尚贤：《国民党与广东农民运动》，广东人民出版社2004年版。

中共广东省委党史研究室编：《广东党史资料》第24、25、26辑，广东人民出版社1994年版。

中共海丰县委党史办公室、中共陆丰县委党史办公室编：《海陆丰革命史料》第1辑，广东人民出版社1986年版。

中央档案馆、广东省档案馆编：《广东革命历史文件汇集》（甲种本第 3 册），1982 年印制。

叶左能等：《海陆丰农民运动》，中共中央党校出版社 1993 年版。

黄志坚：《第一次国共合作在广州》，暨南大学出版社 2015 年版。

中共中央文献研究室、中央档案馆编：《建党以来重要文献选编》（1921—1949）第 1—3 册、第 8 册，中央文献出版社 2011 年版。

中央档案馆编：《中共中央文件选集》第 1—3 册，中共中央党校出版社 1989 年版。

中共中央文献研究室编：《毛泽东年谱（1893—1949）》上卷，人民出版社、中央文献出版社 1993 年版。

中共中央文献研究室编：《毛泽东文集》第 8 卷，人民出版社 1996 年版。

陈铁健主编：《中国近代思想家文库·瞿秋白卷》，中国人民大学出版社 2015 年版。

中共中央党校党史教研室资料组编写：《中国共产党历次重要会议集》（上），上海人民出版社 1982 年版。

荣孟源主编：《中国国民党历次代表大会及中央全会资料》（上），光明日报出版社 1985 年。

安徽大学马列主义教研室编：《苏联报刊关于中国革命的文献资料》第 2 辑，1982 年印制。

《党史研究资料》1988 年第 7 期。

张腾霄主编：《中国共产党干部教育研究资料丛书》第 3 辑，中国人民大学出版社 1989 年版。

于建嵘主编：《中国农民问题研究资料汇编》（1912—1949）（下），中国农业出版社2007年版。

中共肇庆市委党史研究室主编：《西江地区大革命时期史料选编》（1），2003年印制。

《广州市文物志》编委会编著：《广州市文物志》，岭南美术出版社1990年版。

广东省社会科学院历史研究所编：《廖仲恺文集》，中华书局2011年版。

《邓中夏文集》，人民出版社1983年版。

《瞿秋白选集》，人民出版社1985年版。

周永祥：《瞿秋白年谱》，广东人民出版社1983年版。

陈锡祺主编：《孙中山年谱长编》第3卷，中华书局1991年版。

曾宪林、万云主编：《邓演达历史资料》，华中理工大学出版社1988年版。

中共中央党史研究室第一研究部编：《共产国际、联共（布）与中国革命文献资料选辑（1926—1927）》（上），北京图书馆出版社1998年版。

卢洁、谭逻松主编：《毛泽东文物图集（1893—1949）》，湘潭大学出版社2014年版。

王全营等编：《中国现代农民运动史》，中原农民出版社1989年版。

陈晋：《毛泽东阅读史》，生活·读书·新知三联书店2014年版。

[美]莫里斯·迈斯纳著，中共北京市委党史研究室编译组译：《李大钊与中国马克思主义的起源》，中共党史资料出版社1989年版。

欧阳斌、唐春元主编：《毛泽东农民问题理论研究》，浙江人民出版社1993年版。

黄修荣：《第一次国共合作》，上海人民出版社1986年版。

杨资元、冯永宁：《邓演达》，广东人民出版社2008年版。

论　文

陈登贵：《彭湃与广州农民运动讲习所》，《历史教学》，1983（4）。

陈登贵：《国共合作与广州农讲所的创办》，《广东党史》，1994（3）。

陈登贵、林锦文：《毛泽东在广州办农民运动讲习所的历史功绩》，《岭南文史》，1993（4）。

林锦文：《关于广州农讲所的名称》，《学术研究》，1981（5）。

邵雍：《毛泽东与农民运动讲习所》，《广东社会科学》，2014（1）。

梁尚贤：《国民党与广东农民运动之崛起（1924年1月—1925年5月）》，《近代史研究》，1993（5）。

梁尚贤：《关于"国民党与广东农民运动"》，《红广角》，2001（2）。

梁尚贤：《"彭湃把持农民部"说辨析——以台北中国国民党中央党史馆所藏档案为中心》，《近代史研究》，2004（5）。

黄振位：《论广州农讲所的建立发展及其历史作用》，《暨南大学学报（哲学社会科学版）》，1981（3）。

吴九占：《第一次国共合作的"党内合作"形式新探》，《社会科学战线》，2006（4）。

吴九占：《国共"党内合作"最好说的多维质疑》，《甘肃社会科学》，2006（3）。

吴九占：《再论国共"党内合作"的维持与破裂》，《西南师范大学学报》，2002（6）。

吴九占：《共产国际的策略战线与国共党内合作的逻辑发展》，《河南师大学报》，1996（6）。

汪路勇：《广州农民运动讲习所的创办及其历史功绩》，《福建党史月刊》，2005（2）。

苏华：《毛泽东〈国民革命与农民运动〉的理论贡献》，《毛泽东思想研究》，1985（4）。

方向阳：《中央农民运动讲习所史料剪辑》，《理论战线》，1959（11）。

卜穗文、孟育东：《第一次国共合作时期的广州农民运动讲习所》，《中国纪念馆研究》，2013（1）。

王玉顺：《毛泽东与彭湃农民运动思想之比较》，《中共党史研究》，1999（3）。

余炎光：《彭湃——中国现代农民运动的先驱》，《暨南大学学报（哲学社会科学版）》，1980（3）。

张劲、李义凡：《再论大革命时期党对农民问题的认识和实践》，《河南大学学报（社会科学版）》，1994（5）。

陈立人：《农民运动讲习所与第一次国共合作》，《湖南工业大学学报（社会科学版）》，2010（6）。

金以林：《毛泽东与广东农民运动讲习所——台北国民党党史馆藏毛泽东两封亲笔信函考证》，《党的文献》，2003（3）。

司马文韬：《彭素民与广东农民运动》，《近代史研究》，1993（2）。

郭桂英、吕连仁：《毛泽东农民问题理论的形成》，《文史哲》，1993（6）。

王浩然：《广州农民运动讲习所与马克思主义大众化》，《广东省社会主义学院学报》，2012（3）。

杨建中：《试析第一次国共合作为农民运动高涨创造的条件》，《沧桑》，2003（3）。

黄毓婵：《毛泽东在广州农民运动讲习所期间对农民运动的认识》，《广东省社会主义学院学报》，2015（2）。

黄毓婵：《广州农讲所广东籍毕业学员构成因素初探》，《韶关学院学报（社会科学）》，2016（3）。

王丽：《党在农民运动讲习所中开展思想政治教育的探索及其特点——以广州农民运动讲习所为例》，《福建党史月刊》，2011（4）。

金怡顺：《论大革命时期国共两党在农民运动中的合作》，《青海社会科学》，1994（2）。

聂治本：《孙中山与大革命时期的农民运动》，《中国青年社会科学》，1994（3）。

梁延器：《毛泽东主持的六届农讲所的特色》，《邵阳师专学报》，1996（4）。

曾炳荣：《成人教育之先河——浅析毛泽东主办广州第六届农民运动讲习所》，《广州市财贸管理干部学院学报》，1993（4）。

洪霓：《毛泽东在广州农民运动讲习所》，《广东党史》，2009（6）。

魏雅丽：《大革命时期广州农讲所学员充任农民运动特派员探析——以第一届农讲所学员为例》，《红广角》，2013（6）。

刘锐宁：《廖仲恺农民革命思想渊源探析》，《惠州学院学报》，

2017（4）。

毕耕、李永雪、薛娜：《毛泽东为何主编〈农民问题丛刊〉》，《光明日报》2013年7月13日，第11版。

王莲花：《毛泽东〈中国社会各阶级的分析〉的面世》，《党史博览》，2016（11）。

柯楚彬：《第一次国共合作期间农讲所的创办》，《广州社会主义学院学报》，2018（3）。

河北省南皮县档案馆：《张隐韬烈士日记连载》（四），《历史档案》，1989（2）。

东平：《第一届广州农民运动讲习所》，《团结报》2014年7月3日。

刘旭：《红旗卷起农奴戟——大革命时期的农运特派员》，《世纪风采》，2019（4）。

陈国威：《广州国民政府农民运动特派员与广东农村革命关系探析》，《红广角》，2018（5）。

薛毅：《农民运动讲习所与北伐战争》，《江汉论坛》，2002（4）。

李贵中：《大革命时期毛泽东对农民问题的认识》，《内蒙古师范大学学报（哲学社会科学版）》，2004（5）。

王永乐、刘妮妮、宣跃文：《试论大革命时期农民协会的发展状况》，《党史文苑》，2007（8）。

李庆刚：《带领第六届广州农讲所学员到海丰实习的人究竟是谁》，《广东党史与文献研究》，2019（3）。

石仲泉：《武昌农讲所与毛泽东探索中国革命道路的初始之基》，《中国井冈山干部学院学报》，2014（2）。

罗文华：《青年毛泽东对农村教育的探索》，《湖南师范大学社会科学学报》，1992（5）。

李健宁、阳国利：《从秋收起义看毛泽东的农民情结及其启示》，《党史博采》（下），2019（4）。

王奇生：《论国民党改组后的社会构成与基层组织》，《近代史研究》，2000（2）。

吴九占：《论 1924 年国民党改组后的政党性质》，《甘肃社会科学》，2004（3）。

吴九占：《土地问题上的分歧与国共第一合作的破裂》，《史学月刊》，1993（4）。

吴九占：《论共产党在大革命领导权问题上的误区与教训》，《甘肃社会科学》，2005（4）。

黄家猛：《中央农民运动讲习所的历史功绩再认识》，《长江大学学报（社会科学版）》，2011（11）。

白晓波：《毛泽东一生关注民生问题的故乡渊源》，《毛泽东思想研究》，2012（6）。

吴礼林：《北伐战争时期湖北农运的几个特点》，《中南民族大学学报（人文社会科学版）》，1986（3）。

李吉：《论毛泽东建党至大革命时期农民革命理论的特性和地位》，《上海社会科学院学术季刊》，1991（3）。

王隼：《农运干部的摇篮——农民运动讲习所》，《怀化学院学报》，2007（8）。

邱春林：《我党早期农民干部培养模式及对构建新农村的启示》，《山东省农业管理干部学院学报》，2006（4）。

管仕福：《孙中山农村建设思想述论》，《湖南大学学报（社会科学版）》，1994（2）。

李永雪：《毛泽东主编的〈农民问题丛刊〉评析》，《理论月刊》，2014（7）。

夏晓丽：《大革命时期国共两党农民政策比较研究》，《党史研究与教学》，2000（2）。

苏海新、刘程利：《中共早期领导人关于农民问题的认识——以李大钊、毛泽东、陈独秀的农民思想为例》，《山西农业大学学报》，2014（7）。

江侠：《大革命时期毛泽东邓演达关于农民问题的思想与实践之比较》，《江汉论坛》，1989（2）。

贾钢涛：《大革命期间陈独秀与毛泽东的农民观探析》，《武汉理工大学学报（社会科学版）》，2017（4）。

孟庆延、吴金华、黄玲玲：《"东江三杰"及河源人民对新民主主义革命的贡献》，《红广角》，2008（5）。

李定仁、赵昌木：《毛泽东教学思想探析》，《教师教育研究》，1991（3）。

杨彬、杨洪杰、尹慧茹：《浅论毛泽东教育思想的中国特色》，《吉林教育科学》，1994（2）。

雷晔：《毛泽东早期教育观评述》，《兵团教育学院学报》，1993（4）。

李秀豪、王凤飞：《毛泽东在中国教育史上的伟大功绩》，《江西教育科研》，1993（6）。

王如才：《毛泽东同志1927年前的农村教育实践及农村教育思想初探》，《山东教育科研》，1992（5）。

吕福松：《试论毛泽东启发式教学理论的哲学基础》，《江西教育科研》，1993（6）。

李红梅：《论毛泽东在广州农讲所时期的农运干部教育思想》，《白城师范学院学报》，2016（3）。

邱春林：《我党早期农民干部培养模式及对构建新农村的启

示》，《山东省农业管理干部学院学报》，2006（4）。

马桂萍、关德芳：《改革开放40年中国共产党解决农民问题的基本遵循》，《马克思主义与现实》，2019（1）。

何鑫：《从中国共产党诞生到中华人民共和国成立时期的农民问题——中国共产党对农民的政策》，《云南社会主义学院学报》，2013（3）。

杨露：《建国以来中国共产党对农民问题的认识历程及其启示》，《理论导刊》，2013（8）。

张可、宗成：《马克思主义关于农民问题在中国的实践和发展》，《理论界》，2014（1）。

邹春梅、方燕：《毛泽东对农民教育工作的探索及其新时代意蕴》，《陕西行政学院学报》，2017（4）。

谢文雄：《中共在苏区时期的农民教育实践》，《中共党史研究》，2017（6）。

樊荣、秦燕：《中国共产党农民教育政策的演进逻辑（1949—1966）》，《内蒙古社会科学（汉文版）》，2016（6）。

王玉东：《改革开放四十年我国农民教育思想的回顾与展望》，《中共南昌市委党校学报》，2018（4）。

苏江：《乡村振兴战略背景下新型职业农民教育体系的优化》，《教育与职业》，2019（10）上。

附录1：广州农讲所的杰出学员

一、第一届农讲所的杰出学员

黄学增。小名阿贵，学名学曾，1900年9月14日出生于广东遂溪县乐民区敦文村一个贫苦农民家庭。1923年加入中国共产党，曾担任广东省农民协会执行委员会委员兼秘书、中共广东区委农民运动委员会委员、广东省农民协会南路办事处主任、中共广东省委常委候补委员、中共琼崖特委书记等职。黄学增是广东南路农民运动杰出领导人，大革命时期与彭湃、阮啸仙、周其鉴并称为广东农民运动四大领袖。1924年8月从第一届农讲所毕业后任国民党中央农民部农民运动特派员，前往花县等地开展农民运动，1925年赴广东南路地区从事革命活动。在他的组织和领导下，广东南路的遂溪、海康等县纷纷建立了中国共产党的组织机构，各地的农民协会、工会、妇女解放协会的组织也相继成立[①]，中共南路组织不断壮大，为农民运动筑起了坚强的战斗堡垒。1927年春，黄学增在雷州主持了一期农民运动宣传讲习班，培养农运和农军干部，有力促进高雷地区农民运动向纵深发展。

---

① 《广东省第二次农民代表大会的报告及决议案（节录）》（1926年5月），广州农民运动讲习所旧址纪念馆编：《广东农民运动资料选编》，人民出版社1986年版，第389页。

1929年8月，因叛徒出卖，黄学增在海口英勇就义，时年29岁。

陈伯忠。乳名新启，1901年2月出生于广东广宁县江头村（现四会市黄田镇）一个大地主家庭。1923年加入中国共产党，次年7月到广州参加第一届农讲所学习，毕业后以国民党中央农民部农民运动特派员的身份，回广宁协助农会领导人周其鉴等开展农民运动。1924年9月中旬，陈伯忠率先在黄田江头村组建农会，并建立农民自卫军。当时他把家里的枪支交给农军使用，把自家佃户、债户的欠账一笔勾销，并当众把田契、借据全部烧掉。江头乡农会的成立和陈伯忠的革命义举，给各乡农民很大鼓舞。10月，广宁县农民协会成立，陈伯忠当选为农民协会执行委员会副委员长兼广宁县农民自卫军军长。在县农民协会的领导下，各地农民协会取得了减租减息斗争的胜利。次年9月，陈伯忠到四会县领导工农运动和建党工作。他把在革命斗争涌现出来的骨干分子如陈壁如、伍明生、李木、唐少彬等人介绍加入中国共产党，建立了中共四会支部，由陈伯忠任支部书记，成为中共四会党组织的创始人。1926年2月，组建国民党四会县党部，陈伯忠为县党部负责人。此时，他便将一批共产党员安排到县党部担任要职。3月，中共四会支部改为特别支部，陈伯忠仍任特支书记。陈伯忠以国民党四会县党部的名义领导工农运动。此后，工农运动在四会城乡以燎原之势蓬勃发展。1926年10月，陈伯忠在四会迳口被地主豪绅杀害，时年25岁。

韦启瑞。又名韦元，字灵五，1900年8月出生于广西邕宁县蒲庙镇联团村统坡一个壮族农民家庭。1924年加入中国共产党，同年7月到广州参加第一届农讲所学习，毕业后曾担任国民党中央农民部农民运动特派员、共青团广东区委执行委员、广东省农民协会执行委员等职，负责指导广东中路各县农民运动。先后在清远、高要等地发展党团组织，建立了中国共产党清远支部，在农村发展了一大批共产党员和共青团员，领导农民运动。1926年初赴西江高要县处理"高要惨案"，依法维护了广大农民的利益。在他的动员和组织下，高要县参加农会的农民近二万九千人，成为全省农民运动最活跃的地区之一。此后韦启瑞便留在西江肇庆任广东省农民协会西江办事处主任，领导西江各县的农民运动。1927年四一二反革命政变发生后，韦启瑞在江门惨遭枪杀，时年27岁。

梁桂华。原名贵华，1893年12月21日出生于广东云浮县思劳乡三坑村一个贫苦家庭。1922年加入中国共产党，开始从事工人运动。1924年7月到广州参加第一届农讲所学习，毕业后任国民党中央农民部农民运动特派员，到南海、番禺、中山及云浮等地开展农民运动。当时中山县是国民党右派势力比较强大的地方。梁桂华在中山县九区上下栅（乡），以理发工人的身份为掩护，深入发动群众，逐步组织起农民运动，建立了中山县九区农民协会和上下栅（乡）农民协会，为深入发展中山县的农民运动打下了坚实的基础。1925年梁桂华当选中华全国总工会执委和中共广东区委监委，组织和发动了一系列工人罢工斗争。1927年四一五反革命政变发生后被捕入狱，惨遭敌人严刑拷打，后被营救出狱。同年冬，梁桂华积极投身到广州起义的准备工作中，配合周文雍组织改编工人赤卫队，并任赤卫队的副总指挥，积极筹款，建立武器运输站和秘密机关。12月11日，广州起义爆发，梁桂华带着敢死队，身先士卒，浴血奋战，最终被敌人逮捕杀害，时年34岁。

高恬波。乳名慕德，1899年出生于广东惠阳县淡水镇三角村一个医生家庭。1924年春加入中国共产党，成为广东第一个女共产党员，后以个人身份加入国民党，任国民党中央妇女部干事。

同年8月从第一届农讲所毕业后到花县、顺德、中山、曲江、潮梅等地开展农民运动，发动农民群众与地主豪绅作斗争。1925年冬，高恬波在何香凝、邓颖超等人发起组织的"军人家属妇女救护员传习所"里教授救护知识并兼管所中事务。1926年，该所学员毕业后组成北伐妇女救护队，高恬波被推举为队长，带领队员随国民革命军北伐。同年8月，在北伐军进攻汀泗桥的战斗中，她带队冒着枪林弹雨，奋不顾身地抢救伤员，在中弹负伤的情况下，顽强地将伤员救下火线，被官兵们称赞为救护队的"女将军"。1927年广州起义时，高恬波发动妇女，组织救护队护理受伤的战士。后来她和军队一起撤离广州，被派往江西省委工作。1929年12月，由于叛徒出卖，高恬波在江西被捕后英勇就义，时年31岁。

二、第二届农讲所的杰出学员

黄克。学名新强，1905年出生于广东龙川县佗城四甲一个贫农家庭。1924年8月赴广州参加第二届农讲所学习，并加入中国共产党。毕业后担任国民党中央农民部农民运动特派员，到花县、清远、广宁、惠阳、仁化等地从事农民运动，开展武装斗争。1925年10月，国民革命军东征期间，他曾到惠阳县宣传发动农民，组织成立了惠阳县农民协会，有力地配合了国民革命军的行动。同年底赴仁化县筹建区、乡农会，次年又在广宁、清远、英德等地举办了县农民军事训练班，培养农运骨干，并组织农军模范队。1927年底返回家乡龙川县，改组了中共龙川县特支，并任书记，宣传发动农民，在佗城建立农民协会，开办农训班，培养革命干部。1928年在四甲创建东江工农革命军，成立龙川县苏维埃政府，任主席兼革命军军事主任。同年4月21日被国民党反动派杀害于佗城郊区，时年23岁。

宋华。又名宋华兴，1902年出生于广东佛冈县石角镇诚迳村一个贫农家庭。1924年8月赴广州参加第二届农讲所学习，并加入中国共产党。毕业后担任国民党中央农民部农民运动特派员，到北江指导农民运动。同年11月，组织成立了清远县第一个农会——石板乡农民协会。接着又到庙仔岗、石角、太平、三坑、元岗、上黄塘、洲心、龙颈等地发动农民组织农会，至1925年5月，先后成立了十余个区、乡农会，发展会员九千余人，并在此基础上成立了清远县农民协会，把该县的农民运动推向高潮。此后奔赴乐昌、三水、仁化等县开展农民运动。1927年四一二反革命政变发生后，中共广东区委在北江建立工农自卫军总指挥部，率领武装队伍北上。正在仁化的宋华，遵照指挥部命令，与蔡卓文率领仁化农民自卫军另行北上，到郴州和大部队会合。7月底，北江工农军奉命到南昌参加起义。起义后编入第二十军第三师第六团，宋华在该团任连指导员，随军征战，参加了壬田、会昌、三河坝、汕头、流沙等战斗。起义军主力在潮汕失败后，宋华回到北江坚持革命斗争。12月宋华到广州组织工农军参加广州起义。起义失败后，辗转到香港接受新的革命任务。1929年1月，宋华受中共广东省委派遣到南雄县，研究开辟游击根据地和开展武装斗争问题，并考察了该县各乡农民运动情况。宋华从南雄返回香港途中路过广州时，被国民党反动派逮捕，牺牲于东较场，时年27岁。

雷永铨。1898年出生于广东琼东县第四区昌文村（今属海南省琼海市）一个农民家庭，1925年加入中国共产党。在第二届农讲所学习期间，参加了农讲所为对付商团叛乱而组织的农民自卫军，毕业后暂留广州，与琼崖籍同志一起探讨如何在琼崖开展革命宣传活动问题。1925年6月，中共广东区委派他回琼东担任嘉积农工职业学校校长。该校为半工半读、带有革命性质的学校，是共产党员罗汉在1924年创办的，设农工两科，学制一年。雷永铨到任后，逐渐把它转变为完全在共产党领导下、培养革命干部的政治军事学校。次年2月，雷永铨等在本校成立了中共琼东支部，任组织委员。3月，嘉积农工职业学校改名为琼崖仲恺农工学校，雷永铨参加该校的领导工作，不久接替符世梁任校长。学校课程增设政治、军事两科，并先后开办了两期军事班。来自各县的数百名学员大部分是党团员、农民协会积极分子和进步青年，雷永铨和教务主任陈秋辅等以马克思列宁主义教育学员，讲授社会发展史、共产主义原理和农民运动理论，并对学员进行严格的军事训练；同时运用理论联系实际的教学方法，组织学员到农村实习、宣传，号召农民开展打倒土豪劣绅、废除旧礼教等斗争。这些学员毕业后回到各县发展农民协会和农民自卫军，开办农民训练所，为后来的武装起义创造了有利条件。1927年雷永铨担任中共琼崖东路特别支部书记，同陈秋辅等人组织工会、妇女会、学生会等团体，领导琼东的革命活动。1932年在党内"肃反"中被错杀，解放后被追认为革命烈士。

三、第三届农讲所的杰出学员

韦拔群。又名韦秉吉、韦秉乾、韦萃，壮族人，1894年12月6日出生于广西东兰县武篆区中和乡勉峨村东里屯一个地主家庭。1926年加入中国共产党。从1921年起，韦拔群领导农民开展革命活动，先后组织"改造东兰同志会"（后称农民自治会）和"国民自卫军"（后称农民自卫军）。1923年夏，韦拔群带领农民自卫军三次进攻东兰县城，开启了右江农民武装斗争的征程。1925年1月前往广州参加第三届农讲所学习，他和同届学员陈伯民为了革命的需要，提前肄业以国民党中央农民部农民运动特派员的身份回广西从事农运工作，恢复和建立各区、乡的农民协会，加强农民自卫军的建设。1925年8月13日，东兰县农民协会成立，陈伯民任主任，韦拔群任委员兼军事部长。至1926年冬，全县建立区农会11个、乡农会134个，会员达七万八千余人，农民自卫军有五百多人。1925年11月至1927年间，韦拔群、陈伯民效仿广州农讲所的办学内容和方法，先后举办了三届东兰农民运动讲习所，培养农运骨干，为右江各地革命活动的开展输送了人才。1929年12月，作为百色起义领导者之一的韦拔群，建立了右江根据地，任右江苏维埃政府委员、中国工农红军第七军第三纵队司令、二十一师师长。红七军主力于1930年11月奉命北上时，韦拔群带领百余名战士坚守右江地区，扩建军队，坚持游击斗争。1932年10月在广西东兰赏茶洞遭叛徒杀害，时年38岁。

陈均权。原名福庆，又名履楠，1903年出生于广东东莞县虎门南面村。1925年1月赴广州参加第三届农讲所学习，并加入中国共产党。毕业后返回东莞县，在虎门各乡组织发动群众，开展农运工作。后被委任为国民党中央农民部农民运动特派员，负责领导开展郁南县的农民运动，同年10月，组织成立了郁南县第一个乡农民协会——庙门农会。接着又指导河田、练村、古同等地农民群众陆续建立乡农会。1926年2月16日，在陈均权的领导下，郁南县第六区农民协会成立，此后第四区、第五区的农民协会相继组建起来，全县农民运动的发展出现了新的高潮。同年4月，陈均权任广东省农民协会西江办事处委员，组织成立了县农民协会和农民自卫军，推动了郁南县农民运动的蓬勃发展。1927年四一五反革命政变发生后，陈均权被国民党反动派逮捕，同年9月10日英勇就义，时年24岁。

赖松柏。1901年出生于广东清远县回澜乡庙仔岗村。1925年1月赴广州参加第三届农讲所学习，并加入中国共产党。毕业后返回清远从事农民运动。在赖松柏的宣传发动下，清远县的乡农会组织纷纷建立，1926年3月14日，第六区农会成立，赖松柏任委员长，会员达三千余人。同年6月，在他和其他农运积极分子的努力下，清远县农会成立，会员发展到九千五百余人，同时还组织了农民自卫军，赖松柏被选为县农会执行委员，兼任农民自卫军常备大队长，带领农民群众发动了二五减租、反对苛捐杂税、惩办破坏农运的劣绅等一系列革命行动。1927年1月，为了破坏农运，封建地主和土豪劣绅指使反动民团制造了震惊全省的"山塘惨案"，死伤农军达二百余名。赖松柏带领农军主力英勇抗击敌人，杀出重围，保存了实力。四一二反革命政变发生后，清远县成立非常时期特别委员会，叶文龙、刘清、赖松柏等任特委委员。根据上级指示，叶文龙、赖松柏率二百八十名农军前往韶关，与各县农军汇合，由北江特委组成的北江工农自卫军北上武装，改编为国民革命军第十三军补充团，开赴江西南昌，参加了南昌起义。赖松柏率清远农军英勇战斗，编入叶挺部十一军，任中队长。起义部队撤出南昌，南下广东，赖松柏随军作战，参与会昌、上杭、闽南等战役，转战三河坝、潮汕，抵达海陆丰。后奉命转移到香港，1927年10月15日，当选中共广东省委委员，次年4月，再次当选改组后的广东省委委员。1928年夏秋间，由于叛徒出卖，赖松柏在广州沙河瘦狗岭石场被捕，不久被杀害于黄花岗，时年27岁。

四、第四届农讲所的杰出学员

祝君。又名钟祝君、钟竹筠、竹君，女，1903年出生于广东遂溪县杨柑区忐忑塘村一个贫农家庭。1925年5月赴广州参加第四届农讲所学习，并加入中国共产党，成为广东南路地区最早的女共产党员。毕业后曾任国民党南路特委委员、中共遂溪县委委员、县妇女解放协会主席等职，先后在广州、雷州一带领导妇女反对缠足，反对包办买卖婚姻，是广东南路妇女解放运动的领导人。受中共南路党组织和南路办事处的委派，钟祝君于1926年10月赴防城县东兴镇指导开展建党工作，同时领导防城的工人、农民和妇女运动，成效显著，被推举为东兴妇女解放协会主席。次年春，中共防城县第一个支部——中共东兴支部成立，钟祝君任支部书记。四一五反革命政变发生后，钟祝君强忍失去亲人的悲痛，不畏追捕通缉，在东兴镇坚持开展地下工作。同年9月被捕入狱，1929年7月在北海西炮台英勇就义，时年26岁。

林培斌。1900年出生于广西岑溪县上化乡福传村一个贫农家庭。1925年春赴广州参加第四届农讲所学习，并加入中国共产党。毕业后留任第五届农讲所乙班的区队长。同年12月，返回广西从事农民运动，领导成立了"国民党中央农民部特派员驻梧办事处"，任主任。次年春，指导成立了苍梧多贤乡农民协会和梧州市郊农民协会，后又发展苏志才等农运积极分子加入共产党，于3月建立广西农村第一个党支部——中共苍梧十二区支部，并任支部书记。1926年11月任广西省农民部苍梧道办事处主任兼农民运动委员会主任委员。该办事处下辖苍梧、岑溪等15个县。至1927年3月，据不完全统计，除信都、陆川两县外，其他13个县成立了乡农民协会521个，区农协会29个，会员人数达四万余人，并建立了农民自卫军，把广西的农民运动推向新高潮。1927年四一二反革命政变发生后被捕，同年10月牺牲于梧州，时年27岁。

何毅。又名君佩、电臣，1899年出生于广东乐会县第一区不偏村（今属海南省琼海市）一个手工业者家庭。1925年5月参加第四届农讲所学习，并加入中国共产党。毕业后留任第五届农讲所助教。1925年冬，他和第五届农讲所学员欧赤被国民党中央农民部委任为特派员，赴阳江开展农民运动。在他和同志们的努力下，至1926年初，阳江农民参加农民协会者已达数千人。2月，何毅任广东省农民协会琼崖办事处书记，主管东路（包括琼东、乐会、万宁、陵水等县）的农民运动。在何毅的积极推动下，海南东路各县都建立了农民协会办事处，农民运动形成前所未有的高潮。5月1日至15日，何毅代表琼崖农民出席了在广州番禺学宫召开的广东省第二次农民代表大会，并参加了大会的领导工作，何毅当选大会提案及决议审查委员会委员和广东省农民协会第二届执行委员会候补委员。由于何毅等同志大力开展农运，在短短一年里，琼崖农会会员由不满一万人发展到二十万之众，并建立了农民自卫军，为后来的武装斗争打下了基础。同年秋，广东省农民协会琼崖办事处开办琼崖高级农民军事政治训练所，何毅兼任教员，把在广州农讲所学到的知识和自己从事农运的经验传授给学员，培养了大批农民运动骨干。1932年在党内"肃反"中被错杀，解放后被追认为革命烈士。

五、第五届农讲所的杰出学员

第五届农讲所的招生范围进一步扩大，录取的学员来自广东、湖南、广西、湖北、江西、安徽、山东、福建8个省区，在推动全国各地农民运动蓬勃发展中起到重要作用。

谭作舟。1903年出生于广东阳江县雅韶村一个贫农家庭。1925年8月谭作舟与敖华衮、黄贞恒在阳江二区雅韶乡建立了农民协会，这是南路地区最早的农会之一。同年9月，谭作舟到广州参加第五届农讲所学习，并加入了中国共产党。毕业后被委任为国民党中央农民部农民运动特派员，返回阳江地区担任国民党中央农民部特派员驻阳江办事处主任，1926年3月，任中共阳江县党支部农民运动委员。为了开展各区的农民运动，谭作舟经常深入农村，向贫苦农民进行宣传教育，并指导各区组织农民协会，开展减租活动。在他的努力下，阳江地区农民运动蓬勃发展起来，至1926年底，已建立区、乡农民协会八十余个，会员达一万二千余人，还成立了农民自卫军。在此基础上，同年11月阳江县农民协会和阳江县农民自卫军大队成立，谭作舟任大队队长。1927年，蒋介石发动四一二反革命大屠杀，谭作舟在农运办事处开会时被捕，次年9月15日，被杀害于广州，时年25岁。

谢铁民。原名谢振武，1904年出生于广西桂林县。1925年9月至12月在第五届农讲所学习期间，加入了共产主义青年团，后转为中国共产党党员。毕业后被委任为国民党中央农民部农民运动特派员，前往广西梧州组织成立农会，开展一系列卓有成效的农运工作。1926年夏，谢铁民协助筹建了中共桂林县支部，并利用国共合作的大好时机，积极开展党的工作。他先后担任了国民党桂林县党部干事、农民部长、宣传部长，并担任桂林《民国日报》《革命周刊》《教育日报》等刊物的编辑，以报纸为阵地，积极撰文写诗，翻译列宁小传和外国进步书刊，宣传革命思想，传播马列主义。此外还亲自到街道、学校、工厂、农村进行宣传，把桂林近郊农民群众组织起来，成立了农民协会，促进桂林的农民运动飞速发展。后来国共合作破裂，白色恐怖笼罩桂林，谢铁民仍在逆境中坚持工作。当时家人极力劝说他离桂躲避，但他置个人安危于不顾，对家人说："做革命工作，只有斗争，决不畏缩。"1927年7月11日，谢铁民不幸被捕，10月13日在桂林丽泽门外英勇就义，时年24岁。

夏明震。字春根，1906年出生于上海。1922年加入中国共产党。1925年9月到广州参加第五届农讲所学习，毕业后返回湖南进行革命活动。1926年春，夏明震到衡阳工作，任中共湘南特委委员、衡阳县委委员、衡阳农民协会委员长。为了在农村建立党组织，深入开展农民运动，夏明震与戴今吾等秘密串连发动，宣传革命道理，启发教育群众。3月，建立了中共衡阳县最早的党支部——神皇乡支部。8月，先后组织成立了神皇乡农民协会和衡阳县农民协会，并任县农会委员长。他深入各乡宣传、组织农会，至1927年4月，全县农会会员发展到六十万人，成为湖南省农会会员最多的地区。为培养农民运动骨干开展农运，夏明震还组织创办了衡阳农民运动讲习所，任教务长兼教员。他仿照广州农讲所的办学模式，既传授革命理论，又联系实际，组织学员开展农民问题讨论，并下乡进行社会调查和参加实际斗争。大革命失败后，夏明震受党组织的委派到湖南郴州组织暴动工作，任郴州县委书记和工农革命军第七师党代表，积极恢复和发展党的组织，领导全县人民进行革命斗争。1928年3月20日，在"郴州事变"中牺牲，时年22岁。

聂洪钧。1905年11月26日出生于湖北咸宁县拦马圻村一个贫农家庭。1925年9月至12月在第五届农讲所学习期间，加入了中国共产党。毕业后返回湖北，任省农民协会秘书长兼组织部长，协助主持全省农民运动工作。1926年3月10日，湖北省农协机关被破坏，聂洪钧被捕入狱。出狱后被分配回咸宁从事农民运动。期间，聂洪钧积极联络革命青年和工农积极分子，开展反捐税、反豪绅、反军阀的斗争，秘密建立农协小组和工会小组，组织了逾十万名工农和各阶层人民群众迎接北伐军，对北伐军攻打武昌城的战斗给予了巨大的人力和物力支持。12月，咸宁县农民协会成立，聂洪钧当选会长。1927年3月，出席了湖北省农民代表大会，被选为省农民协会委员，带领全省人民群众进行反地主豪绅、反贪官污吏的革命斗争。大革命失败后，聂洪钧受湖北省委委派赴苏联学习。1929年1月，由苏联回到上海，此后继续从事革命工作，在不同的岗位上为党的事业作出了重要的贡献。1966年8月12日聂洪钧在北京病逝，终年61岁。

薛卓汉。1898年出生于安徽安庆市，祖籍寿县窑口集。1923年加入了中国共产党。1925年9月参加第五届广州农讲所学习。毕业后担任国民党安徽省党部执行委员兼农民部长，为发展安徽省的农民运动作出了积极的贡献。此外他还是寿县共产党组织和共青团的领导人。经他的努力，党团的组织发展较快，共产党员达八十多名，共青团员达四十多名，1927年他还兼任了安徽省农民协会筹备处主任。他为筹备省农民协会夜以继日地工作，曾派员到安庆附近的集贤关、广济圩、广丰圩、海口等地进行农村调查，成立农会组织，发动农民开展减租减息的斗争。对其他各县的农民运动，也分别派员前往指导。在安徽省农民协会的领导下，全省农民运动得到蓬勃发展。1931年冬被张国焘以莫须有的罪名杀害。中共中央称其为"安徽党创始人"。

六、第六届农讲所的杰出学员

王首道。1906年5月生于湖南浏阳县张坊区上洪乡一个农民家庭。1925年秋,参加中国共产主义青年团。1926年5月,由党组织选送,进广州农民运动讲习所第六届学习。期间,由共青团员转为共产党员。1926年9月,从农讲所毕业后,即被中共湖南区委和国民党湖南省党部委以农民运动特派员,到祁阳县负责农民运动工作。经王首道等人的调查研究和宣传发动,同年冬祁阳县农民协会成立,雷晋乾任委员长。王首道接任中共祁阳特别支部书记。次年1月至2月,他们仿照广州农讲所的模式,开办党务训练所,培训党、政、农、工、青、妇工作干部,王首道兼任教员,讲授农运课程。在他和雷晋乾的领导下,祁阳农民运动发展迅猛。土地革命时期王首道先后任中共湘鄂赣边特委书记、湖南省苏维埃政府代理主席、临时湘赣省委书记、中央组织局秘书长等职。抗日战争时期主要在中央办公厅工作,曾任秘书长、办公厅主任等职。解放战争时期被调到东北工作,曾任东北财经委员会主任、工业部部长等职。新中国成立后曾任中共湖南省委第一副书记兼湖南省人民政府主席、中共广东省委书记、第五届全国政协副主席等职务。

王平章。1894年6月生于湖北汉川县一个贫苦农民家庭。1923年加入中国共产党。1925年,在中共武汉区委指导下,王平章、刘子谷等学生成立了汉川县反帝外交后援会指挥部,领导了汉川反帝爱国斗争。1926年春,王平章被调到湖北省农民运动委员会工作,常驻黄冈县的团风等地指导鄂东的农运工作。5月,进入第六届农讲所学习,并列席了广东省第二次农民代表大会。从农讲所毕业后，以湖北省农民运动特派员的身份返回湖北汉川县从事农民运动，秘密建立农民协会和农民自卫军。次年1月，兼任武昌县农民协会执行委员长，3月当选为湖北省农协执行委员。7月，前往南昌参加起义。之后，和萧人鹄共同负责鄂中特委工作。他通过各级党组织发动和组织群众与土豪劣绅进行斗争，抗粮、抗捐、抗租、抗税，没收其财产，还组建了天汉游击队和义勇队，组织领导了天汉暴动。土地革命时期，王平章曾任皖西北军事委员会主席、皖西北特委书记、红二十八军政治委员等职。1932年3月28日，王平章亲自带领交通队冲进安徽省金寨县坎门山的敌军阵地时，不幸头部中弹牺牲，时年39岁。他牺牲后，鄂豫皖省委向中央报告："王平章在火线上牺牲了，皖西北失一柱石。"

朱积垒。1906年4月生于福建平和县九峰镇上坪村。1924年入读厦门集美学校师范部。因积极投身革命活动，1925年被开除出校。1926年初，中共广东区委派罗明为广州农讲所第六届招生，朱积垒应招，5月入学。6月在农讲所加入中国共产党。9月毕业后，以国民党中央农民部特派员身份，在北伐军东路军总政治部工作。10月，随北伐军东路军回到福建平和，开展农民运动。他在家乡上坪村建立了闽南第一个农民协会和平和县第一个共产党支部。1927年1月，中共闽南特委在漳州成立，他被选为特委委员。随后，在朱积垒等人努力下，以长乐乡下坪村农会为中心，周围一百多个乡村的农民运动蓬勃开展起来。9月，平和县农民协会召开成立大会，朱积垒当选为会长。1928年3月，朱积垒领导一千多农民武装暴动，一举攻陷了平和县城，营救了七十多位革命同志，没收了反动地主恶霸的财产分给贫苦农民，在闽粤赣边掀起了轰轰烈烈的革命浪潮。平和暴动"是福建农民自动夺取政权的第一幕"。8月，朱积垒在赴广东大埔县工作途中不幸被捕。

敌人一方面对他严刑拷打,另一方面派人劝降。他说:"要杀便杀,何必多言。共产党人好比韭菜,是越割越长的。"随后英勇就义,年仅23岁。

陆铁强。1907年生于江苏崇明县(现属上海市)北排衙镇。1926年春,得知国民党江苏省党部为培养农运骨干,要在崇明县选派两名青年学习的消息后,他立即报名,后入广州农讲所第六届学习。在农讲所期间加入中国共产党。9月毕业回到上海,担任江浙地区农民运动委员会委员,并受委派回崇明县开展农运和建党工作。通过举办农民夜校,组织七千多农民示威游行,发动近万名农民参加"议租大会"等活动,与反动势力展开斗争。在他领导下,成立了崇明县农民协会,建立了一支有三百多人的农民自卫军,并培养和吸收了六十名经过斗争考验和锻炼的贫雇农和知识分子入党,先后组建了五个党支部。八七会议后,陆铁强以特派员的身份,化名沈惠农来到海门县开展工作。经他和同事的宣传发动,在曹家镇建立了农运基地,并成立了海门第九区农民协会。1927年10月下旬,中共海门县委成立,陆铁强任县委书记和中共江北特委委员。随后,他多次组织召开农民大会,筹建乡农民协会,组织开展减租减息斗争等。陆铁强领导的农民运动持续发展壮大,引起地主阶级及反动政府的恐惧和仇恨。11月11日,反动政府派兵前来镇压。陆铁强获悉后,决定抢在敌人镇压前举行武装暴动。12日上午,他和一批农会骨干正准备暴动时,被反动军警包围。他指挥农运骨干与警察展开搏斗,但由于敌强我弱,为保护农友,他挺身而出,被敌人逮捕。13日凌晨,陆铁强被秘密枪杀,时年仅20岁。

吴芝圃。1906年3月生于河南杞县赵村。1925年3月,加入中国共产主义青年团,同年12月加入中国共产党。1926年5月,由中共豫陕区委选送到广州农讲所第六届学习，毕业后回到开封进行革命活动。1927年初，任中共杞县地委书记。他根据党的指示，认真分析豫东局势，领导农民开展抗捐抗税斗争，秘密发展农会会员，建立农会组织，召开农民代表大会，成立豫东农民自卫军。5月，吴芝圃执行区委指示，在杞县何寨村发动豫东农民武装起义。在豫东各县农民自卫军的相互配合下，起义军先后攻占杞县、睢县、通许、陈留4座县城，建立农民武装政权，给反动军阀和土豪劣绅以沉重打击。土地革命时期和抗日战争时期，吴芝圃主要在豫东、豫西坚持革命斗争，曾任豫西特委书记、豫东抗日第三游击支队支队长、新四军游击支队副司令员等职。解放战争时期，曾任豫皖苏区党委书记、豫皖苏军区政委等职。新中国成立后曾任中共河南省委书记、中南局书记处书记等职。

乔国桢。1907年3月生于陕西葭县店镇乔家寨一个农民家庭。1924年冬，加入社会主义青年团，后转为中共党员。根据中共北方区委指示，入国民军第二军胡景翼部在北京创办的学兵队学习军事。1926年春，由中共北方区委派往广州，进入毛泽东任所长的第六届农讲所学习。9月毕业后回到陕西，先在富平县，后去三原县武字区开展农运。在他领导下，12月武字区农民协会和农民自卫军同时成立。1927年1月，国民党陕西省第一次代表大会召开，成立了省党部农民运动委员会，乔国桢为省党部农民部渭北区办事处负责人。24日，渭北地区农运办事处召开会议，乔国桢当选为主席团成员，在大会上他报告了武字区农民运动情况和经验。这一经验很快在渭北推广，农民群众称乔国桢为"农运大王"。土地革命时期，乔国桢主要从事工运工作，曾任唐山市委委员兼职工运动委员会书记、天津市总工会书记等职，期间因革命工作数次被捕。1942年9月，乔国桢再次入狱，被关在新疆第一监狱。他在狱中带病坚持斗争，说："我反省一生，对党对事业无愧于心，然而监牢和疾病剥夺了我太多的时间，使我对党不能尽什么力量！"1945年7月31日，七次被捕、八年坐牢的乔国桢，在敌人的残酷迫害和严重肺病的折磨下，心脏停止了跳动，时年38岁。

附录 2：广州农民运动讲习所大事记（1924—1930 年）

1924 年

6月30日

中国国民党中央执行委员会第三十九次会议通过共产党人的提议，决定"组织农民运动讲习所，以一个月为讲习期间；讲习完毕后，选为农民运动特派队员"。

7月3日

第一届农讲所开学。所址在越秀南路惠州会馆。彭湃为主任。学员38名（其中女生2名），来自广东各地。

7月28日

在广东大学礼堂举行"中国国民党农民党员联欢会"，第一届农讲所学员到会演白话剧。

7月

第一届农讲所全体学员发表《敬告农民书》，号召农民"组织强大有力之团体——农民协会，以收患难相扶之功效，反抗地主豪绅的压迫并武装起来，组织农民自卫军，用于抵御土匪，反抗军阀，保护身家性命，共谋农民利益"。同时发表《敬告农民书（二）》，号召农民"同工人们团结一线向前猛攻！推倒帝国资本主义"！

8月3日

第一届农讲所学员分为东西南北四组，每组分若干小组，分赴市郊各乡农区实习，大受农民欢迎，"愿意加入市郊农民协会者，已有万余人"。

8月7日

广州市郊芳村农会邀请彭湃、法朗克（第一届农讲所教员）前来演讲，"历陈我国农业不振，农民历久所受压迫之痛苦，种种情形，淋漓尽致，听者为之动容"，农民"莫不欲从速加入该会，共同一致奋斗，以争回农民权利"。

8月6日—16日

第一届农讲所全体学员在长洲陆军军官学校（黄埔军校）进行军事训练。

8月17日—18日

第一届农讲所学员军训完毕后，即与国民党军校特别党部在深井、鱼珠、东圃、黄埔、长洲等处进行宣传，"斯时长洲农民协会成立，即当时之宣传结果"。

8月20日

第一届农讲所学员中有24人被中国国民党中央农民部委派为特派员。

8月21日

第一届农讲所行毕业礼。毕业生33名。中国国民党总理孙中山到会致训词，要求毕业生"要根据三民主义，大家到各乡村去宣传，便要把三民主义传到一般农民，要一般农民都觉悟"。

同日

第二届农讲所开学。所址在惠州会馆，罗绮园为主任。学员

225名（其中女生13名），来自广东各地。

8月下旬

扣械潮事件发生，广州反动商团鼓动商家罢市，第二届农讲所即将200名学员（女生除外）改组为农民自卫军（这是广东农民自卫军成立之开始），移驻省署，训练了半个多月。

9月20日—30日

第二届农讲所学员160人与工团军全队赴韶关。21日听大元帅孙中山演说。22日分为十小队，往各乡村及城内调查，"结果甚得当地农民之欢迎。嗣后每日以四人为一队，共三十六队，出发到韶关城附近数十里内一切农村作宣传运动"。在韶关活动共11天，其中3天上课，由罗绮园、谭平山、阮啸仙讲授；2天筹备赞助北伐大会；一天巡行市面散发传单；5天到农村宣传。30日返广州。

10月5日—10日

社会主义青年团粤区代表会议在广州召开，第一届农讲所学员黄学增被选为团粤区执行委员会候补执委，任农工部助理。

10月10日

广宁农会举行县农会成立大会，国民党农民部代表阮啸仙带领农讲所学员及广东农民自卫军10人到县，第一届农讲所学员陈伯忠当选为县农民协会执行委员会副委员长兼农民自卫军军长。

同日

第二届农讲所全体师生在广州参加游行，行至太平路西河口转角处，遭反动商团武装袭击，重伤4人，轻伤多人；一部分被商团、福军协同拘往福军本部，夜间放回。

10月11日

第二届农讲所与广州反帝国主义大同盟等联合发表《三十团

体告全国国民》书，号召群众团结起来，打倒帝国主义，打倒卖国商人。

10月11日—27日

第二届农讲所全体学员在黄埔实行军事训练。

10月28日

军训结束后回广州从事政治讲演及做学习总结。

10月30日

第二届农讲所学员毕业。毕业生142人，分别往广东各县从事农运。

12月下旬

农讲所部分毕业生在广州积极参加"反基督教同盟"的讲演和散发传单等宣传活动。

12月底

黄学增以农民运动特派员的身份到宝安开展农民运动，并发展党员，成立党支部。黄学增成为宝安党组织的创始人。

1925年

1月1日

第三届农讲所开学。所址在东皋大道1号，阮啸仙为主任，学员128名，除3人外，其余都是广东人。

2月

第一次东征时，第三届农讲所抽出10名学员参加宣传队，随军出发，担任宣传工作，沿途帮助农民组织农民协会。

3月下半月

第三届农讲所武装考察团十余人赴海丰考察该县农民运动，

同时带去子弹及宣传品十余担，过各乡村时散发传单并讲演，受到彭湃领导的农会及农民自卫军的热烈欢迎。

3月

第三届农讲所学员林道文以海丰农民协会特派宣传员身份在公平区宣传，"乡民等始大悟，由是入会者益众。"

4月1日—3日

1日，第三届农讲所学员毕业；3日，行毕业礼。毕业生114名，其中15名留下再受军训，预备派往各乡训练农民自卫军或在第四届农讲所当军事助教；20名在农民部做见习员；其余回原籍从事农运。

4月1日—20日

第四届农讲所招生。

4月30日

进行入学检查，取录学生98名，其中一部分来自湖南，大部分来自广东。

5月1日

第四届农讲所开学。所址在东皋大道1号。谭植棠为主任。是日适逢广东全省农民协会在广州开成立大会，农讲所遂决定全体新生到会参加旁听，一连12天，直至该会闭会。

5月17日

正式上课。

6月4日

鉴于刘震寰、杨希闵即将叛乱，第四届农讲所遂将学员遣回原籍指导农民斗争。

6月中旬

第三届农讲所毕业生陈克武、卢耀门、杨日良受广东省农民协会之派遣，赴高要领导农民与地主斗争。

7月1日

第四届农讲所恢复上课。

7月27日

省港罢工委员会发出第一三二号通告，号召工人报名到农讲所讲习班学习。

7月31日

省港罢工委员会宣传部通知各工友投考农讲所宣传班。

9月1日

第四届农讲所学员毕业。毕业者正取生51名，旁听生25名。其中留所见习者16人。

9月2日

第四届农讲所附设的省港罢工工人补习班学员，经过训练后派往农村宣传，调查反帝运动状况。

9月14日

第五届农讲所开课。此届学员114名，来自湖南、广东、江西、广西、湖北、山东、安徽、福建8个省，分为甲、乙两班，甲班64名，乙班50名。所址在东皋大道1号。彭湃为主任。

9月

第三届农讲所毕业生陈均权在郁南县开展农运，农民"受宣传后即踊跃组织农民协会"。

同月

第三届农讲所学员韦拔群、陈伯民在广西创办东兰农民讲习所，至1927年6月，共举办了三届。

秋

农讲所29名学员回湖南工作，促进了湖南农运的发展。

10月11日

第五届农讲所甲、乙两班开联欢大会，交换知识，联络感情。

11月1日

全体学员参加番禺县第二区农民协会成立大会。

11月3日

全体学生由罗绮园带领到石井兵工厂参观实习，练习实弹射击。

11月7日

为纪念苏俄革命成功八周年，农讲所除召开纪念会外，还分派学生到各处演讲，成绩颇优。

11月19日—21日

第五届学员120人由主任彭湃率领，到韶关参加曲江县农民协会成立大会并调查该处农民状况。19日，在途中讨论"阶级斗争与国民革命"等问题。20日，参观曲江第一高小学校；参加曲江县农民协会成立大会；散会后各组随即出发各街市及附近农村演说。21日，返农讲所，在途中各组讨论"国家主义与国民革命"、"农民到什么时候才能完全解放"等问题。

12月8日

第五届农讲所举行毕业礼。甲、乙两班共114名学员全部毕业。甲班分发往河南、湖南、安徽、山东、广西、福建各省工作，乙班则多发往广东的东江及南路。

12月26日

中国国民党农民运动讲习所特别区党部发出《国民党农民运动讲习所特别区党部请严惩邹鲁等叛党行为代电》。

12月27日

第二届农讲所肄业生吴兆元在中山县张家边乡领导农民协会及农民自卫军时，被土豪劣绅杀害。

冬

农讲所毕业生黄克、戴耀田、黄超凡、古柏桐、卢耀门、余子光等在惠阳县筹建农会。

1925 年

第一届农讲所毕业生侯凤墀、第三届农讲所毕业生刘胜侣赴曲江开展农运和建党工作。12 月，介绍曲江县农会骨干加入中国共产党，成立中共曲江支部。

1925 年至 1926 年初

农讲所毕业生何毅、梁本荣等十多人，先后在广东南路开展农运，配合国民革命军南征。

农讲所毕业生黄杰、刘坚、苏天春、黄广渊等在遂溪组织农会、工会。

1925 年至 1926 年间

第一届农讲所毕业生黄学增在海康县农讲所讲课。

1926 年

1 月 9 日

在广州参加国民党二大的中共四川省委负责人杨闇公发信回四川，催促派人来广州农讲所学习。

1 月

农讲所毕业生韦启瑞、蔡日升、邓广华等在高要领导农民与地主战斗。

同月

中国国民党第二次全国代表大会通过农民运动决议案："于中央党部指导之下，在本国中北两部选择相当地点，各设农民运动讲习所,以扩大中国之农民运动。"

2月5日

中国国民党中央农民部发出第一号通告:"一月廿三日,第二届中央执行委员会第一次全体会议;第二日,常务委员会提出以林祖涵同志为农民部长,决议通过。林同志经于廿五日到部视事。"

2月6日

中国国民党中央农民部向各省党部农民部发出第二号通告:"为发展全国农民运动起见,特扩充广州农民运动讲习所,从各省选派学生来所肄业"。通告中列出了选派学生应注意之五点。

3月12日

第四届农讲所毕业生林培斌等在广西梧州各乡宣传,"当在筋竹演讲时,农民环听者千数百人,经数小时之久,屹然不去。"

3月16日

国民党中央农民部农民运动委员会举行第一次会议,出席者:林祖涵、甘乃光、毛泽东、谭植棠、阮啸仙、罗绮园。林祖涵为主席。罗绮园报告第六届农民运动讲习所招生经过。会议决议:"遵照中央决议,以番禺学宫全部为农讲所所址";"名额扩充至三百名";"所长决议请毛泽东同志担任,请求中央照准"。

3月19日

国民党中央党部第十三次党务会议讨论了农民部提出的农民运动讲习所经常费7980元,请中央设法拨给,以及请任毛泽东为所长等问题。会议决议:经常费交政治委员会核发;任命毛泽东为所长。

3月21日

省港罢工委员会机关报《工人之路特号》第266期报道国民

党中央党部决议：为加强农民运动，造就指导人员，决议续办第四〔六〕届农民讲习所，学生名额300人，所址在番禺学宫，所长由毛泽东担任。

国民党中央执行委员会发出决定委派毛泽东任农民运动讲习所所长的文件，由国民党中央农民部长林祖涵、组织部秘书杨匏安共同签署。

3月30日

国民党中央农民部农民运动委员会召开第二次会议，林祖涵报告："农所经常费七千九百八十元，经中央常务委员议决交政治委员会开会提出讨论，结果交预算委员会审核。"决议："由部函预算委员会从速决定。"

春

中共广东区委派罗明往福建为第六届农讲所招生，招到朱积垒、郭滴人等十多人。

4月10日

国民党中央农民部指派毛泽东、林祖涵、高语罕、罗绮园、阮啸仙、谭植棠组成的第六届农民运动讲习所考试委员会，对各省选派的学生进行复试。

5月3日—15日

第六届农讲所于3日开学。课堂被广东省第二次全省农民代表大会（5月1日至15日）用作会场，全体学生到会旁听实习。

5月5日

学员在本所参加中国第三次全国劳动代表大会及广东省第二次全省农民代表大会联合纪念马克思诞辰108周年大会。

5月15日

开始上课。理论课程共有25门，教员有毛泽东（兼）、萧楚女、彭湃、周恩来、李立三、恽代英、周其鉴等二十多人。

同日

所长毛泽东在广东省第二次农代会演说，"所言关于农民之经济斗争与政治斗争之关系，并指出其敌人压迫原因。"

5月30日

第六届农讲所给学生发放"中国国民党农民运动讲习所证章"。

同日

全体师生在本所召开纪念五卅大会；会后往东较场参加广州各界纪念五卅大会并游行示威。回所后，毛泽东又冒雨演说10分钟。

5月—9月

毛泽东给学生讲授《中国农民问题》第一至第八章，从人口、生产、革命力量、战争关系、革命目的等方面，具体说明农民问题在国民革命中的地位。

农讲所对学生实行正规的军事训练，共计训练10星期。由总队长赵自选等负责军训。

6月初

彭湃给学生讲授广东农民生活状况并介绍从事农运的经验。

6月7日

农讲所全体到广东大学操场参加援助英国工人大罢工大会。

6月23日

全体师生一起参加广州沙基惨案一周年纪念大会。全市各界群众游行时，忽然狂风大作，暴雨骤降，毛泽东率领全体学生走在最前列，高呼口号，冒雨行进。

夏

第二届农讲所毕业生雷永铨在海南岛担任琼崖仲恺农工学校

校长，历时将近一年。

7月15日

第一届农讲所毕业生黄超凡在淡水从事工农运动时被奸商、逆匪残杀。

7月

毛泽东带领第六届学生五十人赴韶州实习一星期，参观并考察农民运动的情况。

8月1日

第六届农讲所教员周其鉴、第二届毕业生赖彦芳在曲江参加领导减租斗争，"一致通过七成交租办法"。

8月10日

第六届农讲所全体学生三百余人乘船前往海丰县实习。翌日，抵汕尾时，受到当地党、政、工、农、商各界两千余人的热烈欢迎。在两个星期的实习中，"亲入革命的农民群众中，考察其组织，而目击其生活，影响学生做农民运动之决心极大"。

8月12日

第六届农讲所学生在海丰实习期间，参加了海丰县农民协会召开的"七五农潮"三周年纪念大会，追悼农运死难烈士，激发革命热情。

8月14日

所长毛泽东应邀参加在广州中山大学礼堂举行的中华农学会第九届年会开幕大会并致辞，指出"农民是农业的根本，也是中国的根本！诸位今天参观，最好就下乡去，到民间去，直接去指导农民，唤醒他们守旧的劣根性，根本救治农业"。

8月17日

广东省农民协会执行委员会扩大会议在广州举行，"下午行开会礼，农民运动讲习所所长毛泽东诸先生均到会致训，诸先生都以很诚恳的态度，给大会以许多很有价值的意见"。

9月1日

毛泽东为其在农讲所主编的《农民问题丛刊》写了序言，指出："农民问题乃国民革命的中心问题。农民不起来参加并拥护国民革命，国民革命不会成功；农民运动不赶速的做起来农民问题不会解决；农民问题不在现在的革命运动得到相当的解决，农民不会拥护这个革命。"

9月11日

第六届农讲所举行毕业试。毛泽东在毕业典礼上作总结报告。毕业生318人，截至10月5日，除生病3人未出所外，所有学生均已遣送回籍，从事革命工作。

9月21日

第六届农讲所学生舒国藩在《农民运动》第八期上发表文章，题为《农运初步之工作》。

9月29日

第一届农讲所毕业生陈伯忠在广东省四会县领导农民运动时，被土豪劣绅杀害于三丫口。

9月

《农民问题丛刊》开始陆续出版。毛泽东主持编印的这套丛刊，是在主办农讲所期间，在条件十分困难的情况下进行的。原计划出五十二种，为条件所限只出版了二十六种。丛刊主要介绍中国农村政治、经济和各阶级的情况，各地特别是广东农民运动的经验，中国国民党的农民政策，以及苏俄和其他国家的农民运动。其中各省农村状况调查，为第六届农讲所学生所做。

第六届农讲所毕业生属广西籍者40人，由国民党中央农民部介绍回省工作者三十余人，10月初，由国民党广西省党部全数委为特派员，回原籍工作。

第五届农讲所毕业生夏明震在湖南任衡阳农民运动讲习所教务长兼教员。

秋

第一届农讲所毕业生高恬波担任北伐妇女救护队队长，随北伐军转战湖南、湖北、江西等地。

12月14日

第五届农讲所毕业生聂洪钧在湖北省咸宁县组织、领导农民协会。

冬

第六届农讲所教员赵自选在番禺学宫主持了广东省农民协会农民训练所。

第六届农讲所毕业生刘友珊在陕西主持长安农民运动讲习班。

同年

第一届农讲所毕业生李民智在广东从事农运期间，由增城返广州途中被逆匪枪杀。

1927年

1月

第六届农讲所毕业生霍世杰在陕西华县筹办农民运动讲习所。

2月

第一届农讲所毕业生黄学增在雷州城主持农民运动宣传讲习班。

同月

第六届农讲所毕业生李联星等担任福建漳州农工运动讲习班和工农政治讲习班教员。

3月7日至6月9日

毛泽东总结并发展了他在广州担任第六届农讲所所长的办学经验，主持了武昌农讲所；恽代英、彭湃等任教员，继续培训农运干部。

3月

第六届农讲所毕业生王奎福担任福建汀属八县社会运动人员养成所筹备员。

第六届农讲所毕业生舒国藩、丘倜、黄兑等被选为江西省农民协会执行委员。

春

第六届农讲所毕业生舒国藩、丘倜在南昌参加举办农民训练班并担任教员。

5月1日至11月

第三届农讲所毕业生林道文参加领导海陆丰三次武装起义。

5月底6月初

陕西省农民协会执行委员会成立，第六届农讲所毕业生亢维恪、马价人、李维屏、李波涛、王述绩、霍世杰等6人当选为省农协执行委员和候补执行委员。

7月—12月

农讲所第四届毕业生何毅、第五届毕业生欧赤参加领导了海南陵水县农民武装起义，建立了海南第一个苏维埃政权。

8月1日

南昌起义爆发。原广州农讲所的师生，有许多人参加这次起义，其中有教员周恩来、恽代英、李立三、谭平山、彭湃、周其鉴；毕业生钟肇尧、黄益善、周振汉、刘乃宏、张明生、赖松柏、舒国藩、周廷恩、蔡协民、王平章等。

9 月

毛泽东领导了湘赣边界的秋收起义。广州农讲所毕业生袁福清参加了这次起义，喻东声发动了响应秋收起义的沩山暴动。

11 月

广州农讲所第六届毕业生解学海在河北省参加领导了玉田起义，攻占玉田县城，组织冀东人民革命军（后改编为红军），成立冀东人民政府（后改苏维埃政府）。

12 月 11 日

广州起义爆发。原广州农讲所的师生，有许多人参加了这次起义，其中有教员恽代英，赵自选、周其鉴；毕业生梁桂华、宋华、高恬波、张秋、陈世聪、谭其聪、黄克、苏南、王蔚垣、梁显云、苏其礼、温梦雄、易礼耕、陈炳辉等。配合起义的有徐树桂、赖松柏等。

冬

第六届农讲所毕业生赵秉寿在广西举办恩隆师范讲习所和模宁讲习班，秘密培养革命干部。

同年

第六届农讲所毕业生吴芝圃组织和领导了河南省杞县、睢县和陈留县的农民武装暴动。

1928 年

2 月 29 日

第六届农讲所毕业生李维屏在陕西参加发起了打击国民党反动派的"宣化（小学）事件"，揭开了渭华暴动的序幕。

3 月 8 日

第六届农讲所毕业生朱积垒组织和领导了平和暴动，攻占了县城。这次暴动"是全福建暴动的先声，是福建空前的壮举，是全福建工农兵平民自求解放的信号"。

1929 年

12 月

韦拔群（第三届农讲所学生）和邓小平、张云逸等在广西百色、恩隆发动广西警备第四大队教导队和右江农军起义，建立了红七军和右江工农民主政府。

1930 年

8 月 23 日

第六届农讲所毕业生韩永禄在河北省领导了完县五里岗农民武装暴动。"五里岗起义是华北地区点起的农民革命的火把。"

后　记

　　本书的写作历时近两年。2019年7月底，在中共广州市委宣传部常务副部长，广州市社科联党组书记、主席曾伟玉的部署下，《中国共产党与大革命丛书》的编写工作正式启动。作为该丛书中的一部，本著作主要论述广州农讲所的创办和发展与农民问题理论和农民运动实践的历史逻辑，以呈现广州农讲所在中国农民运动中的贡献，同时彰显广州在中国革命史、中共党史、中国近现代史上的地位和作用。中共广州市委宣传部非常重视丛书的编写工作，多次召集编写组负责人会议，进行专家咨询，确定书名和编写提纲，安排编写进度，并对书籍编写提出具体意见和建议。2020年1月10日，中共广州市委宣传部专门组织召开丛书研究写作专题培训和学术研讨会，邀请中共中央党史和文献研究院的专家开展著作写作的专题辅导，提出写作的原则、要求和方法等，并对每本书的写作提纲、内容等具体问题提出意见和建议。1月开始的新冠肺炎疫情在客观上给本书的编写提供了时间保障，但也带来了查找资料和沟通协调上的不便。在这种背景和条件下，书稿写作有条不紊地推进。在此期间，编写组以《广州农民运动研究》为题，申报广州市哲学社会科学研究重大项目，获得立项和支持。经过编写组的协同努力，本书的第一稿在5月初完成，交中山大学民国史研究专家周兴樑教授审读。6月19日，"英雄城市·红色印记——农民运动讲习所与工农运动"

研讨会在广州市社科联召开，就著作中的相关理论和写作问题进行了深入研讨。6月24日，编写组召开全体会议，周兴樑教授就书稿编写的提纲、内容、观点、行文等问题进行了系统指导，提出了许多中肯的意见和有益的建议。此后，编写组成员对书稿进行了认真修改。8月17日，中共广州市委宣传部再次召开研究写作工作会议，听取了书稿写作进度和审读修改情况，并研究了下一步工作计划。此后，书稿写作进入了再次统稿和进一步修改完善的阶段。

本书由广州大学吴九占教授负责拟定写作提纲、全书的统稿以及第一章、结语、前言与后记的写作工作；广州农讲所纪念馆颜晖馆长负责附录一的撰写和第二、三章与附录的统稿工作；广州城市理工学院孟凤英教授撰写第六章；南方医科大学讲师王微博士撰写第四章；广州农讲所纪念馆魏雅丽副研究馆员撰写第三章；广州大学讲师张琳撰写第五章；广州农讲所纪念馆刘锐宁撰写第二章；广州农讲所纪念馆魏雅丽和刘锐宁共同撰写附录二。本书的编写和出版得到了中共广州市委宣传部、广州市社科联和出版社的大力支持，特别是中共广州市委宣传部常务副部长，广州市社科联党组书记、主席曾伟玉的关心、指导和支持，也得到了广州大学、广州农讲所纪念馆、中共广州市委宣传部理论处的有力支持，得到了中共中央党史和文献研究院李蓉研究员、薛庆超研究员，中山大学周兴樑教授的悉心指导，同时也参考了相关专家的研究成果，在此表示衷心感谢！

由于时间较为紧迫，加之新冠肺炎疫情的影响，以及相关资料和作者水平所限，书中难免存在错漏之处，敬请同行与读者指正。

编写组
2020年9月

图书在版编目（CIP）数据

农民运动的摇篮：广州农民运动讲习所 / 吴九占，孟凤英等著.
—北京：中央文献出版社，2021.11

（中国共产党与大革命丛书）

ISBN 978-7-5073-4844-6

Ⅰ.①农… Ⅱ.①吴…②孟… Ⅲ.①农民运动讲习所—纪念馆—历史—广州 Ⅳ.①K262.27

中国版本图书馆CIP数据核字（2021）第195338号

农民运动的摇篮：广州农民运动讲习所
（中国共产党与大革命丛书）

著　　者：吴九占　孟凤英等
责任编辑：田雪鹰　司文君

出　　版：	中央文献出版社
地　　址：	北京西四北大街前毛家湾1号
邮　　编：	100017
网　　址：	www.zywxpress.com
发　　行：	中央文献出版社
销售热线：	010-83072509 / 83072511 / 83089394 / 83089404 / 83072503
电子邮箱：	zywx5073@126.com
排　　版：	北京中献唐人数字技术有限公司
印　　刷：	广东新华印刷有限公司

700×1000mm　16开　19.75印张　224千字
2021年11月第1版　2021年11月第1次印刷

ISBN 978-7-5073-4844-6　定价：60.00元

本书如存在印装质量问题，请与本社联系调换。

版权所有　违者必究